놀 라 운
리얼 종이접기 3

땅을 걷는 생물편

* 에밀은 도서출판 더숲의 임프린트입니다.

놀라운 리얼 종이접기 3

땅을 걷는 생물편

후쿠이 히사오 지음
민성원 옮김
오경란 감수

e-미일
E-MEAL

소 ▶ 18쪽
난이도 ★★☆☆☆

하마 ▶ 22쪽
난이도 ★★⯪☆☆

땅돼지 ▶ 26쪽
난이도 ★★★☆☆

양 ▶ 30쪽
난이도 ★★★☆☆

기린 ▶ 34쪽
난이도 ★★★☆☆

시작하기 전에

판다 ▶ 38쪽

난이도 ★★★★☆

사슴 ▶ 44쪽

난이도 ★★★★⯪

수록 작품 소개 포유류 ② 소형 동물

쥐 ▶ 50쪽

난이도 ★⯪☆☆☆

닥스훈트 ▶ 54쪽

난이도 ★⯪☆☆☆

아기곰 ▶ 58쪽

난이도 ★⯪☆☆☆

일본원숭이 ▶ 61쪽

난이도 ★★⯪☆☆

긴팔원숭이 ▶ 64쪽
난이도 ★★½☆☆

파피용 ▶ 68쪽
난이도 ★★★½☆

다람쥐 ▶ 72쪽
난이도 ★★★½☆

아르마딜로 ▶ 77쪽
난이도 ★★★★★

수록 작품 소개 갑각류 · 파충류

전갈 ▶ 84쪽
난이도 ★★★½☆

도마뱀 ▶ 90쪽
난이도 ★★★★☆

디플로도쿠스 ▶94쪽
난이도 ★★☆☆☆
트리케라톱스 ▶97쪽
난이도 ★★★☆☆
에다포사우루스
▶102쪽
난이도 ★★★☆☆
테리지노사우루스
▶106쪽
난이도 ★★★★☆
파라사우롤로푸스
▶111쪽
난이도 ★★★★☆

리얼 종이접기는 동물, 공룡, 곤충 등을 소재로 실제 모습에 최대한 가깝게 접는 창작 종이접기입니다. 처음에는 어려워 보이지만 작품마다 '기초접기'*라는 단계가 있어 우선 그것을 접고 나면 점차 실감나고 복잡한 형태로 나아갈 수 있습니다. 기초접기 자체의 과정이 긴 것도 있으나 그다지 어렵지 않으므로 몇 번 도전하다 보면 어린이부터 노인까지 누구나 접을 수 있습니다.

앞서 출판한 두 권의 책 『놀라운 리얼 종이접기』와 『놀라운 리얼 종이접기2: 하늘을 나는 생물편』이 좋은 반응을 얻어 감사의 마음을 깊이 느끼는 한편, 많은 사람이 리얼 종이접기에 커다란 관심을 갖고 있다는 사실을 다시 한 번 실감했습니다. 이 책은 '땅'에 관계있는 생물을 비교적 쉬운 것부터 난이도가 높은 것까지 폭넓은 작품으로 구성했습니다. 초보자에서 취미로 종이접기를 즐기는 사람까지 많은 사람이 이용할 수 있도록 까다로운 부분에는 사진을 이용한 설명을 삽입했습니다.

과정 그림을 보면서 접기란 결코 쉬운 일이 아니어서 어떻게 접을지 잘 모를 때에는 다음 순서의 그림에서 힌트를 얻는 경우가 종종 있으니, 항상 다음 순서의 그림과 설명을 미리 보아 두는 습관을 들이면 좋습니다. 또한 사소한 착각을 해결할 수도 있습니다. 그리고 그렇게 접는 까닭을 이해할 수 있으므로 접는 방법의 포인트도 읽으면 도움이 됩니다. 기초접기가 완성되면 그다음

Memo

*** 기초접기**

리얼 종이접기의 작품에는 '기초접기'라는 단계가 있는데, 이것은 '설명 그림대로 접으면 누가 접어도 똑같은 형태가 되는 단계'를 의미한다. 기초접기까지만 정확하게 접으면 그후는 접는 사람의 개성에 따라 접는 위치와 각도를 다소 응용해도 된다. 완성 작품의 모양은 미묘하게 달라지지만, 그것이 바로 리얼 종이접기의 매력이다.

은 반드시 순서에 충실하게 접지 않아도 됩니다. 예를 들어 동물을 접을 때, 머리의 위치와 다리의 모양에 변화를 주어 접는 사람이 만족할 수 있는 형태로 완성하는 것이 가장 좋은 방법입니다. 리얼 종이접기의 특징은(리얼한 작품뿐 아니라) 완성품이 입체적이고 곡선 부분이 많다는 점입니다. 그래서 마지막의 '모양을 정리하여 완성한다'의 단계에서 시간이 꽤 걸리는 경우가 있습니다. 때로는 며칠씩 걸려 형태를 잡아 가기도 합니다. 이 부분이 지면의 설명으로는 표현하기 어려워서 참으로 안타깝지만, 완성한 모양은 책에 실린 사진을 참고하기 바랍니다.

리얼하고 입체적인 형태를 오래 유지하게 하려면 아무래도 '풀먹이기'가 필요합니다. 풀먹이기는 이 책에 사진을 넣어 설명해 두었으므로 중급 이상의 솜씨를 가졌다면 꼭 도전해 보기를 권합니다. 하지만 처음부터 풀먹이기를 하는 데에는 용기가 필요할 수 있으니 우선은 풀먹이기를 하지 말고 끝까지 접어 보도록 합니다. 처음에는 일단 끝까지 접어 보고 나서 '풀먹이기 시작'이 표시된 시점까지 되돌린 다음 풀을 먹이는 겁니다. 풀먹이기를 하지 않고 접는다면 시중에서 판매하는 종이접기용 종이가 화지보다 적합하며, 작품에 따라 다르지만 종이접기용 종이를 이용할 때에는 가능한 한 얇은 종이를 선택하는 편이 좋습니다.

후쿠이 히사오

감수자의 말

『놀라운 리얼 종이접기3: 땅을 걷는 생물편』 감수를 의뢰받아 원고를 보는 순간, 우리에게 친근한 땅을 걷는 생물들이 눈에 들어와 큰 기대를 하고 작품을 접기 시작했다. 나에게 종이접기는 아주 즐거운 휴식과도 같다.

종이접기를 좋아하는 사람들이 알아보기 쉬운 상세한 도면과 군데군데 있는 사진 설명은 많은 도움이 되었고, 쉬운 작품에서부터 난이도가 높은 작품까지 다양하게 수록되어 있어 누구에게나 흥미를 주는 책이다. 한 작품을 접을 때마다 작가가 언급한 Point를 읽고 시작하면 아주 쉽게 접어 나갈 수 있다. 리얼 종이접기를 처음 접한 독자라면 쉬운 작품부터 어려운 작품 순으로 접고, 땅을 걷는 생물부터 하늘을 나는 생물, 또 다리가 많은 곤충 순으로 접기를 권한다.

또한 작가가 제시한 방법인 풀먹이기를 통해 생물의 발, 다리 등을 더 가늘고 실물에 가깝게 마무리할 수 있어 접는 이들이 원하는 완성도 높은 동물, 공룡을 만들어 낼 수 있다. 같은 작품을 반복해서 접어보고 자신감이 생겼을 때 풀먹이기를 통해 더욱더 정교한 작품을 만들어 보기 바란다.

기초접기에 맞추어 작품을 여러 번 끝까지 접어본 후, 작가가 머리말에서 언급했듯이 팔, 다리, 귀, 꼬리 등을 접을 때 각도를 조금만 다르게 하여 자유롭게 변형한다면 훨씬 재미있고 생동감 있는 자신만의 작품을 만들 수 있을 것이다.

이 책의 모든 작품을 접어보고 나서 작가가 추구하는 작품세계를 조금은 파악할 수 있었고, 종이접기를 좋아하는 사람들이 더 쉽게 이해할 수 있도록 작가가 얼마나 큰 노력을 기울였는지 흔적을 엿볼 수 있었다.

한 작품이 탄생하기까지 얼마나 많은 땀과 시간이 필요한지 감수자 또한 잘 알고 있기 때문에 이와 같은 훌륭한 작품을 만나게 해준 작가에게 감사함을 전하며, 많은 종이접기 애호가들이 이 책을 통해 리얼한 작품을 감상하면서 종이 한 장으로 만드는 경이로운 세계에 빠져보기를 바란다.

오경란

종이접기 방법의 기호

골짜기접기선(골짜기접기)

접은 선이 안쪽이 된다.
본문 그림에서는 '골짜기접기' 라고 표시하기도 한다.

골짜기

산접기선(산접기)

접은 선이 바깥이 된다.
혹은 뒤집어 골짜기접기로 접어도 된다.
본문 그림에서는 '산접기' 라고 표시하기도 한다.

산

숨은 골짜기접기선(숨은 골짜기접기)

종이 아래에 숨겨져 있는 골짜기접기선.
가는 골짜기접기선으로 표시한다.
본문 그림에서는 '숨은 골짜기접기' 라고 표시하기도 한다.

숨은 골짜기접기선

골짜기접기선

숨은 산접기선(숨은 산접기)

종이 아래 숨겨져 있는 산접기.
가는 산접기선으로 표시한다.
본문 그림에서는 '숨은 산접기' 라고 표시하기도 한다.

산접기선

숨은 산접기선

숨은 외형선

종이 아래 숨겨져 있는, 접어 올리는 선(외형선)을 필요에 따라 표시한다.

숨은 외형선

접었다 편다

접고 나서 다시 펴 보조선을 만든다.

사이를 펼친다

(화살표) 부분을 펼쳐 눌러접는다.

종이를 꺼낸다

종이를 잡아뺀다

똑같이 나누어 접는다

종이를 뒤집는다

그림을 확대한다

부분 접기의 종류

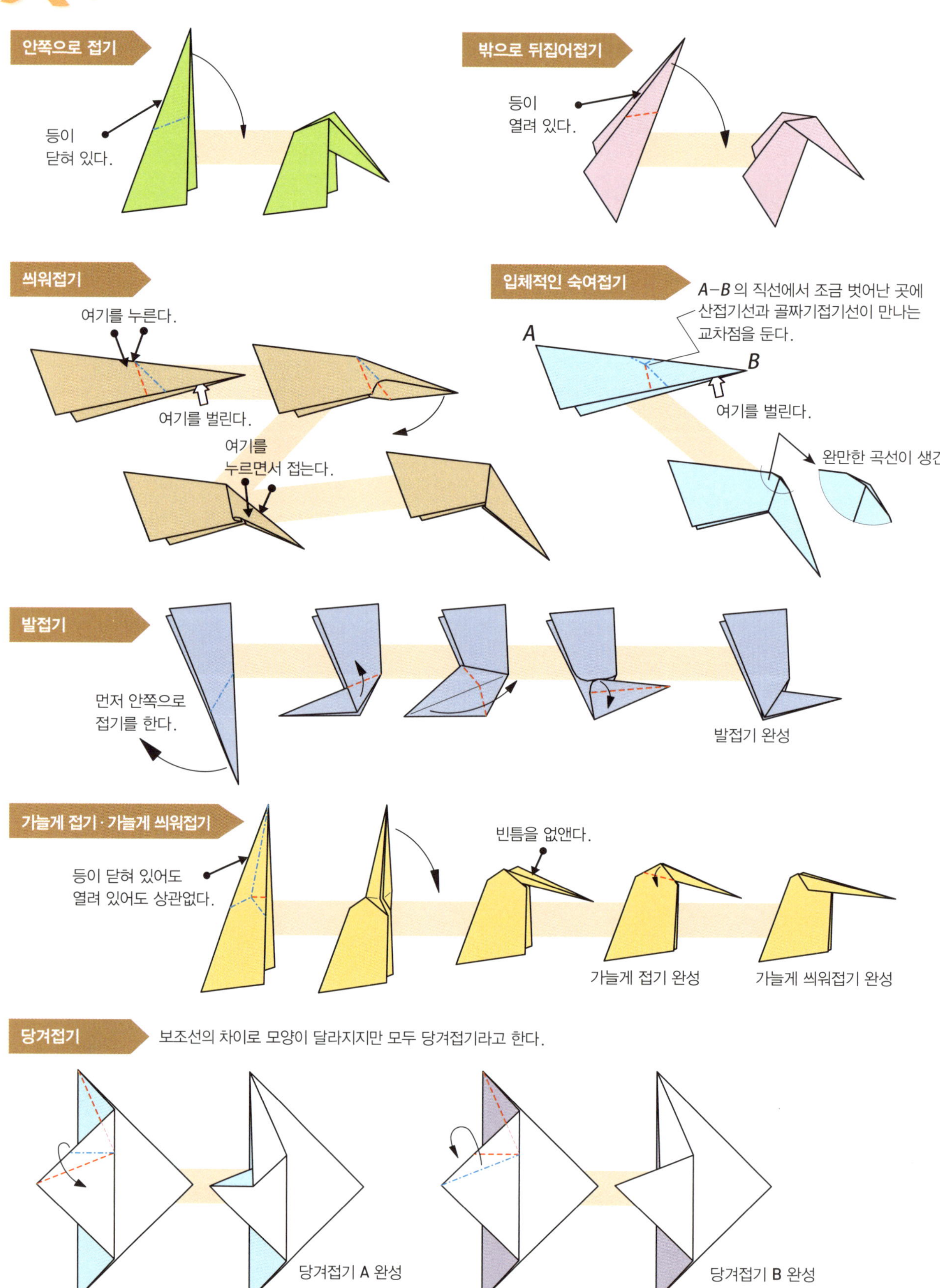

안쪽으로 접기
등이
닫혀 있다.
밖으로 뒤집어접기
등이
열려 있다.
씌워접기
여기를 누른다.
여기를 벌린다.
여기를
누르면서 접는다.
입체적인 숙여접기
A-B의 직선에서 조금 벗어난 곳에
산접기선과 골짜기접기선이 만나는
교차점을 둔다.
A
B
여기를 벌린다.
완만한 곡선이 생긴다.
발접기
먼저 안쪽으로
접기를 한다.
발접기 완성
가늘게 접기 · 가늘게 씌워접기
등이 닫혀 있어도
열려 있어도 상관없다.
빈틈을 없앤다.
가늘게 접기 완성
가늘게 씌워접기 완성
당겨접기
보조선의 차이로 모양이 달라지지만 모두 당겨접기라고 한다.
당겨접기 A 완성
당겨접기 B 완성

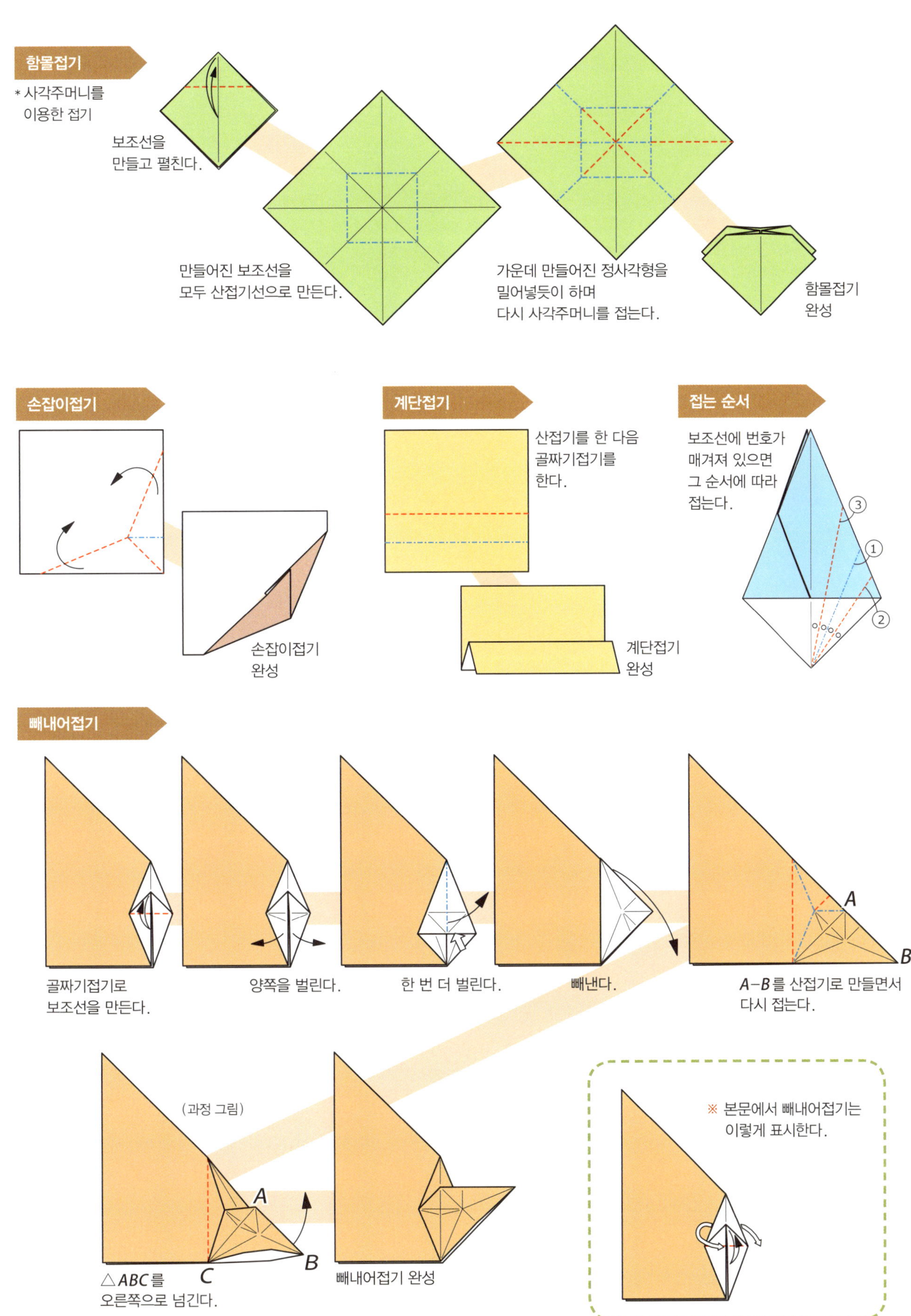
함몰접기
* 사각주머니를
이용한 접기
보조선을
만들고 펼친다.
만들어진 보조선을
모두 산접기선으로 만든다.
가운데 만들어진 정사각형을
밀어넣듯이 하며
다시 사각주머니를 접는다.
함몰접기
완성
손잡이접기
손잡이접기
완성
계단접기
산접기를 한 다음
골짜기접기를
한다.
계단접기
완성
접는 순서
보조선에 번호가
매겨져 있으면
그 순서에 따라
접는다.
③
①
②
빼내어접기
골짜기접기로
보조선을 만든다.
양쪽을 벌린다.
한 번 더 벌린다.
빼낸다.
A
B
A–B를 산접기로 만들면서
다시 접는다.
(과정 그림)
A
B
C
△ABC를
오른쪽으로 넘긴다.
빼내어접기 완성
※ 본문에서 빼내어접기는
이렇게 표시한다.

기본형의 종류

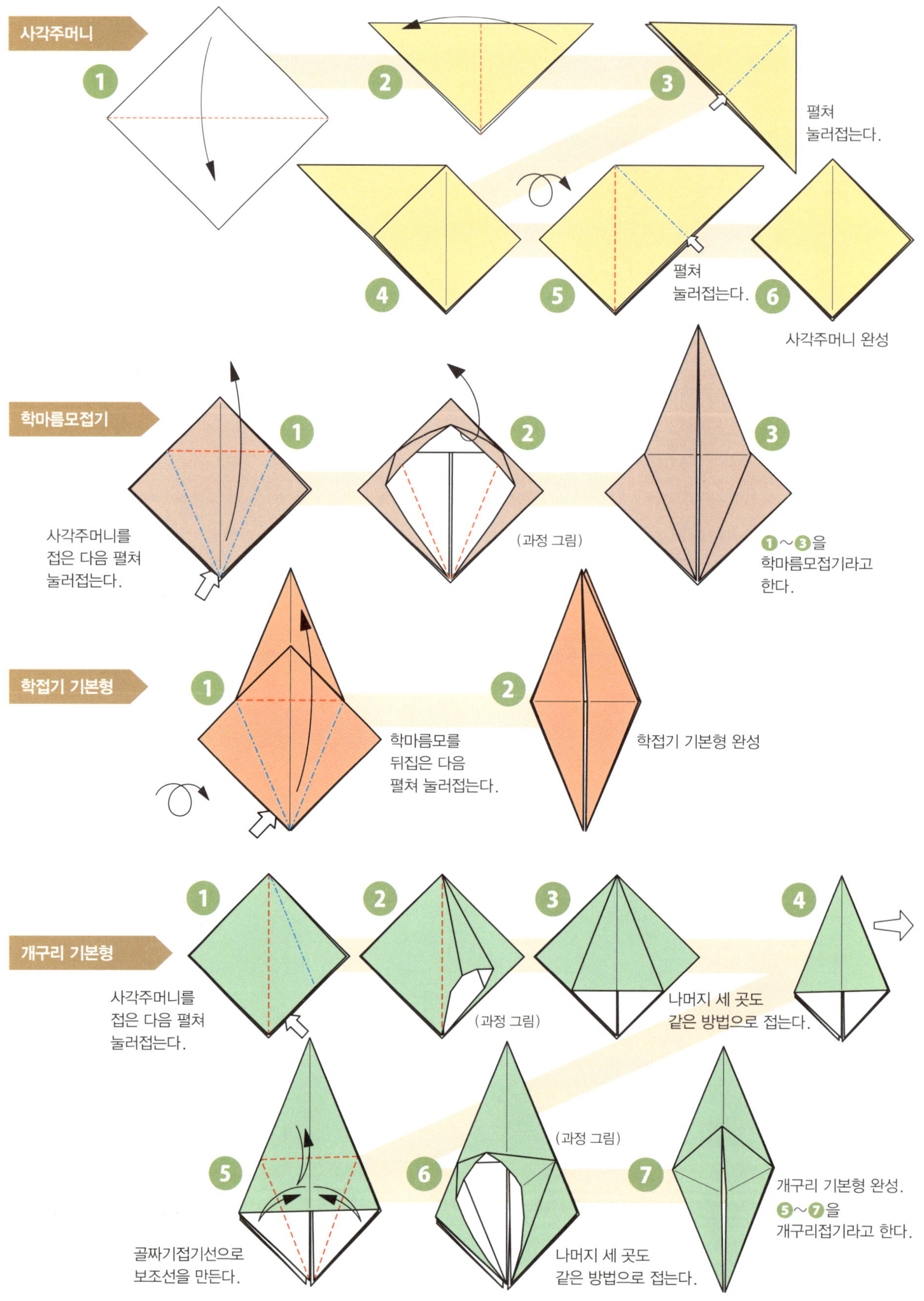

사각주머니
1
2
3
펼쳐
눌러접는다.
4
5
펼쳐
눌러접는다.
6
사각주머니 완성
학마름모접기
1
사각주머니를
접은 다음 펼쳐
눌러접는다.
2
(과정 그림)
3
❶~❸을
학마름모접기라고
한다.
학접기 기본형
1
학마름모를
뒤집은 다음
펼쳐 눌러접는다.
2
학접기 기본형 완성
개구리 기본형
1
사각주머니를
접은 다음 펼쳐
눌러접는다.
2
(과정 그림)
3
나머지 세 곳도
같은 방법으로 접는다.
4
5
골짜기접기선으로
보조선을 만든다.
6
(과정 그림)
나머지 세 곳도
같은 방법으로 접는다.
7
개구리 기본형 완성.
❺~❼을
개구리접기라고 한다.

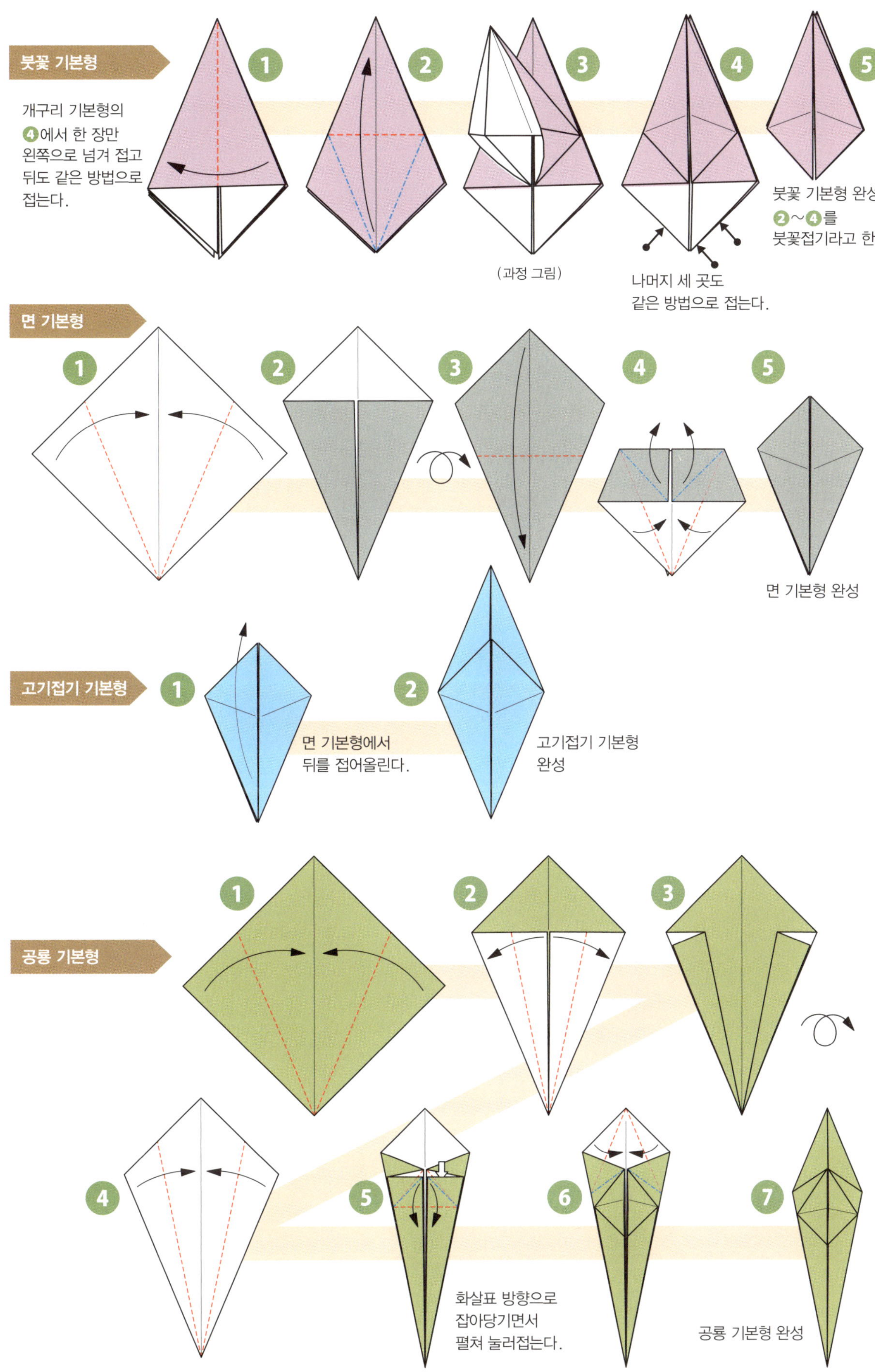
붓꽃 기본형
개구리 기본형의
4에서 한 장만
왼쪽으로 넘겨 접고
뒤도 같은 방법으로
접는다.
(과정 그림)
나머지 세 곳도
같은 방법으로 접는다.
붓꽃 기본형 완성.
2~4를
붓꽃접기라고 한다.
면 기본형
면 기본형 완성
고기접기 기본형
면 기본형에서
뒤를 접어올린다.
고기접기 기본형
완성
공룡 기본형
화살표 방향으로
잡아당기면서
펼쳐 눌러접는다.
공룡 기본형 완성

풀먹이기에 대하여

풀먹이기 방법

풀먹이기는 리얼 종이접기의 커다란 특징 중 하나로, 보다 실감나게 완성하기 위한 과정입니다. 한층 보기 좋게 정리할 수 있는 데다 강도와 내구성이 향상되므로 중급자 이상은 시도해 보기 바랍니다.

풀먹이기는 기초접기가 완성된 시점이나 그 전후에 하며, 본문에는 '풀먹이기 시작'이라고 표기되어 있습니다. 먼저 종이 뒷면의 필요한 부분에 풀(목공용 본드를 물로 희석한 것)을 먹입니다. 기초접기 후 접는 과정마다 풀을 먹이고 가능한 한 겉면의 빈틈에도 풀을 먹이는데, 다만 기초접기 후 함몰접기를 하거나 주저앉히는 순서가 있으면 그 과정을 끝내고 풀을 먹이거나 그 부분을 제외하고 풀을 먹여야 하기 때문에 주의해야 합니다. 실수로 칠했을 때는 바로 지우고 말리거나 닦아 내면 문제없으며, 말라 버렸더라도 물을 묻힌 붓으로 그 부분을 적셔 1~2분 후 닦아 내면 됩니다.

◀풀은 목공용 본드를 물로 조금 희석하여 준비한다. 풀을 바르는 붓은 털끝의 폭이 1cm 정도인 것이 사용하기 편하며, 붓을 씻을 물과 붓을 닦을 헝겊을 준비한다.

1 각 작품의 '풀먹이기 시작' 표시까지 접어 나간다. 사진의 예는 하마(22쪽)이다.

2 종이를 살짝 벌려 넓힌다.

3 모서리에 덧댈 종이*를 붙일 때는 한 변의 약 5분의 1 크기로 자른 종이를 필요한 만큼 준비한다.

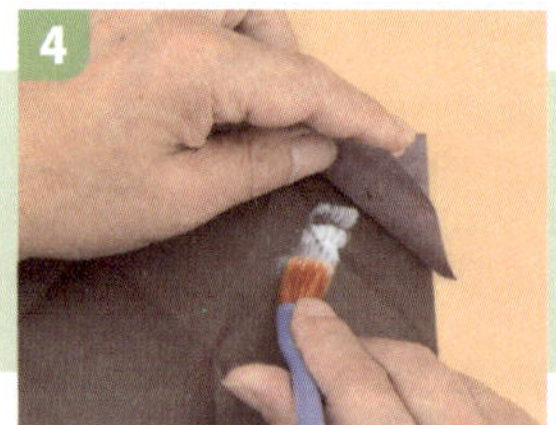

4 덧댈 종이의 모서리에 풀을 조금 바르고 접을 종이 뒷면의 모서리에 맞춘 후 접을 종이에 풀을 칠한다.

5 모서리에 덧댈 종이를 붙인 모습(이 경우에는 세 장)

6 보조선에 주의하면서 종이 뒷면의 필요한 부분에 풀을 칠한다.

7 풀먹이기를 하면서 원래의 기초접기 모양으로 다시 접는다.

8 접기과정을 생각하며 필요한 부분에만 풀을 칠한다.

9 풀먹이기를 하면서 기초접기까지 다시 접은 모습

10 과정 그림을 따라 접으며 완성해 간다.

▼ 풀먹이기를 하지 않은 작품

▲ 풀먹이기를 한 작품

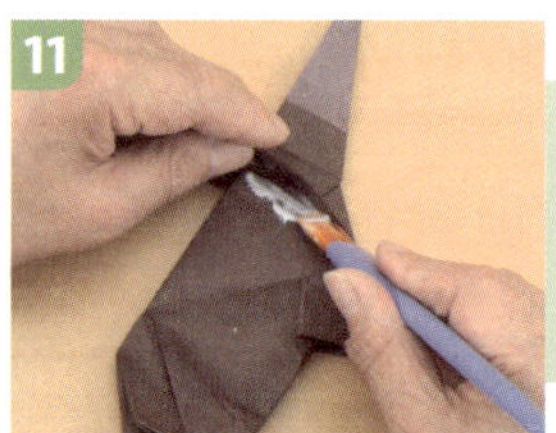

11 머리 뒤처럼 작고 가는 부분에도 가능한 한 풀먹이기를 한다.

12 접기를 마치면 손가락으로 눌러 곡선을 만드는 등 실감나는 형태로 정리하며 모양을 잡아 간다.

Memo

풀먹이기가 리얼 종이접기의 중요한 요소이기는 하지만 하지 않아도 된다.

* **덧댈 종이** : 여기에서는 이해하기 쉽도록 접을 종이와 다른 색의 종이를 사용했지만, 본래는 같은 색의 종이를 사용해야 한다.

종이에 대하여

준비할 종이의 크기와 종류

이 책에서는 사용될 종이의 크기를 적어 두었으므로 참고하면 좋을 것입니다. 모두 화지(오른쪽 사진)를 사용했습니다. 화지에는 다양한 종류가 있는데, 가능한 한 얇은 것이 적합합니다. 한층 실감나고 볼품 있게 완성하려면 알맞은 탄력과 강도가 있는 화지가 좋습니다. 특히 풀먹이기를 하려면 일반적인 종이접기용 종이로는 어려울 뿐 아니라 완성 후에 고급스러운 느낌이 나지 않기 때문입니다.

물론 초보자는 일반적인 종이접기용 종이를 이용하면 되는데, 다만 18cm×18cm 이상의 큰 종이가 좋습니다.

준비

필자는 약 90cm×60cm 정도의 종이를 직접 잘라 사용하는데, 여기에서 그 방법을 소개하겠습니다. 여유가 있을 때 사각주머니(14쪽)를 접어 보관해 두면 종이접기를 하고 싶을 때 언제든지 시작할 수 있어서 편리합니다.

1 큰 종이를 여섯 개로 접는다.

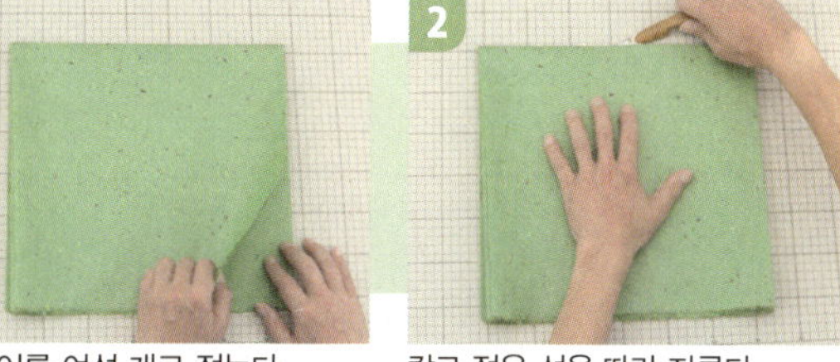

2 칼로 접은 선을 따라 자른다.

3 여섯 장으로 자른 모습

4 삼각형으로 접는다.

5 한 번 더 삼각형으로 접는다.

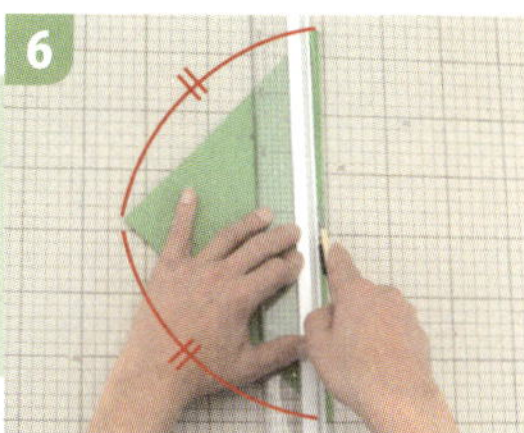

6 이등변삼각형이 되도록 긴 변을 칼로 잘라낸다.

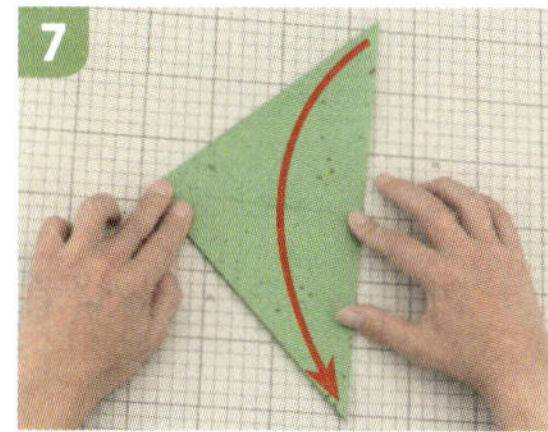

7 위의 한 장만 삼각형으로 접는다. 이 단계에서 모서리가 딱 맞으면 제대로 된 것이다.

8 사각주머니(14쪽)를 접는다.

9 완성. 햇볕에 노출되면 바래므로 주의하여 보관한다.

앞뒤의 색이 다른 종이를 이용하고 싶으면 덧대기*를 하고 나서 자른다.

종이를 보강하는 방법

종이가 너무 얇을 때에는 CMC(오른쪽 사진 ① 카복시 메틸 셀루로스)를 바른 후 사용합니다. 필자는 물 500cc에 가죽공예용 분말 CMC 20g을 녹여 사용하는데 특히 얇은 종이에 바릅니다(오른쪽 사진 ②). 마른 다음 자르면 강도에 문제없이 종이접기에 사용할 수 있다.

①

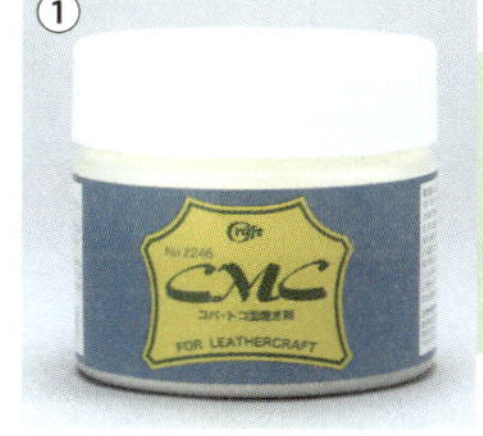

②

* 덧대기 : 시중에서 판매하는 도배용 풀을 약 2배의 물로 희석하여 붓으로 바르고 다른 종이와 마주 붙인다.

▶ 난이도 ★★☆☆☆

포유류 ① 대형 동물

소

★ 사용한 종이

24cm×24cm 1장

POINT

가장 간단한 기본형의 하나인 고기접기 기본형(15쪽)에서 접기 시작한다. 쉬운 기본형부터 시작하나 함몰접기(순서 9)를 하여 네 다리와 뿔과 귀까지 접을 수 있다. 순서 8~9의 과정은 특별히 어렵지는 않지만, 그다지 자주 이용되는 방법이 아니므로 사진 설명을 두었다.

머리가 지나치게 커지면 전체의 균형이 맞지 않으므로 그러한 때에는 순서 11의 계단접기로 크기를 조절한다. 순서 18에서 뒷다리의 길이를 결정할 때 너무 길면 앞으로 넘어질 것처럼 되니 앞다리의 길이를 확인하면서 균형을 잡는다. 순서 24~26은 콧구멍을 접기 위한 과정인데, 생략해서 단순한 형태로 만들어도 괜찮다. 마무리 단계에 몸통을 부풀리고 두 앞다리와 뒷다리 사이에 간격을 두어 안정되게 설 수 있게 만든다.

★★☆☆☆

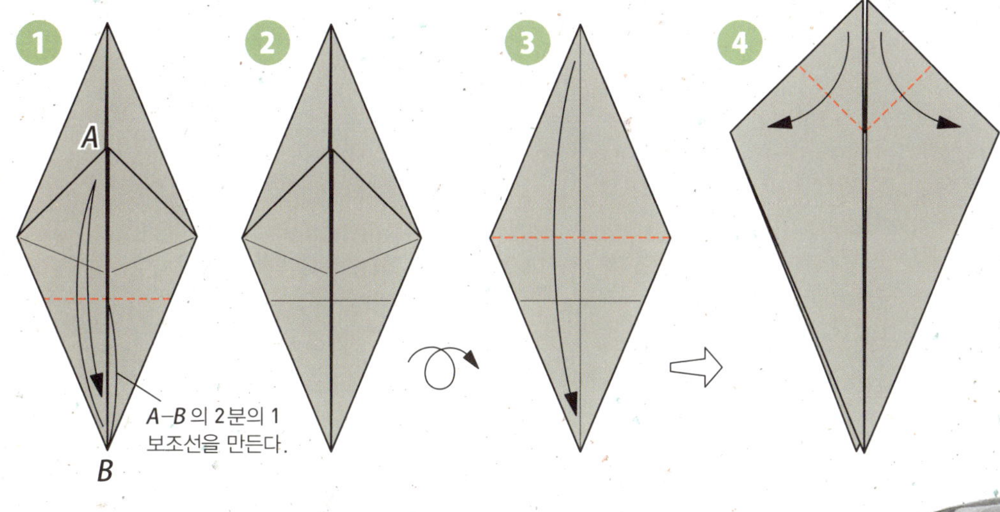

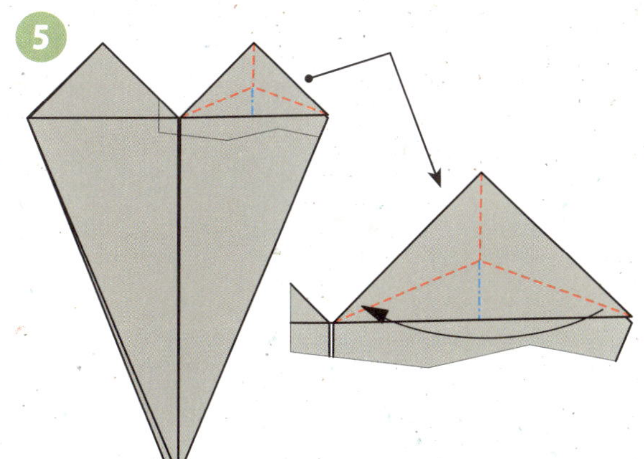

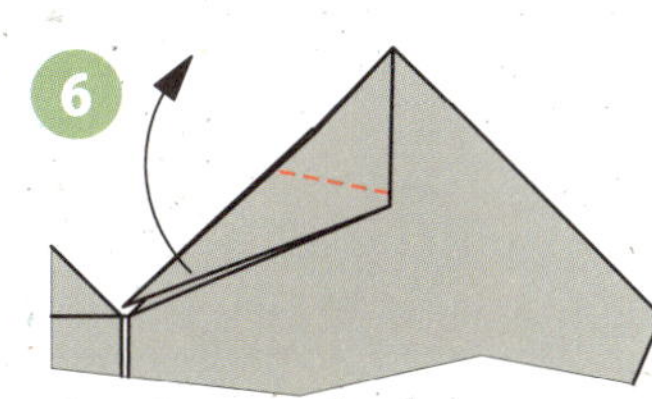
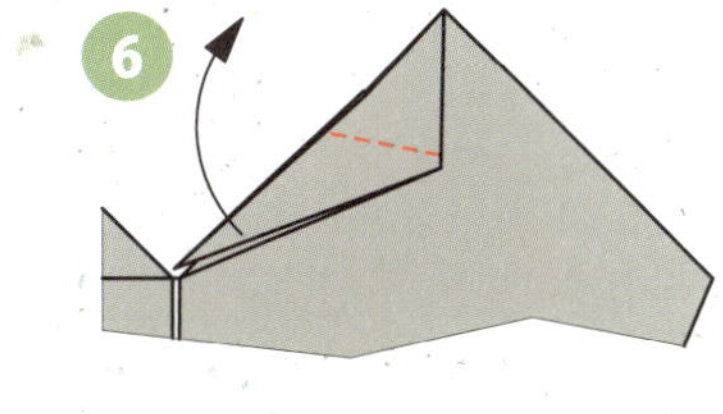

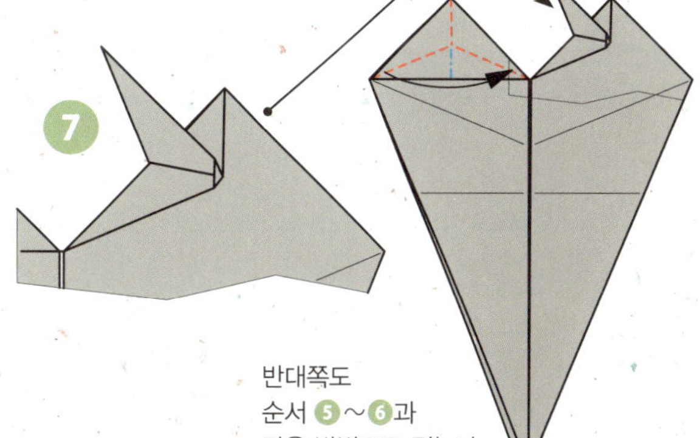

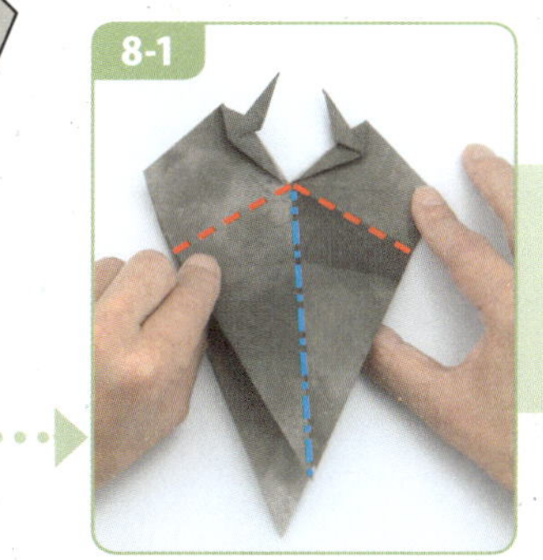

8-1

골짜기접기선을 만들어 8을 벌린다.

8-2

골짜기접기를 한다.

8-3

보조선을 따라 눌러 접는다.

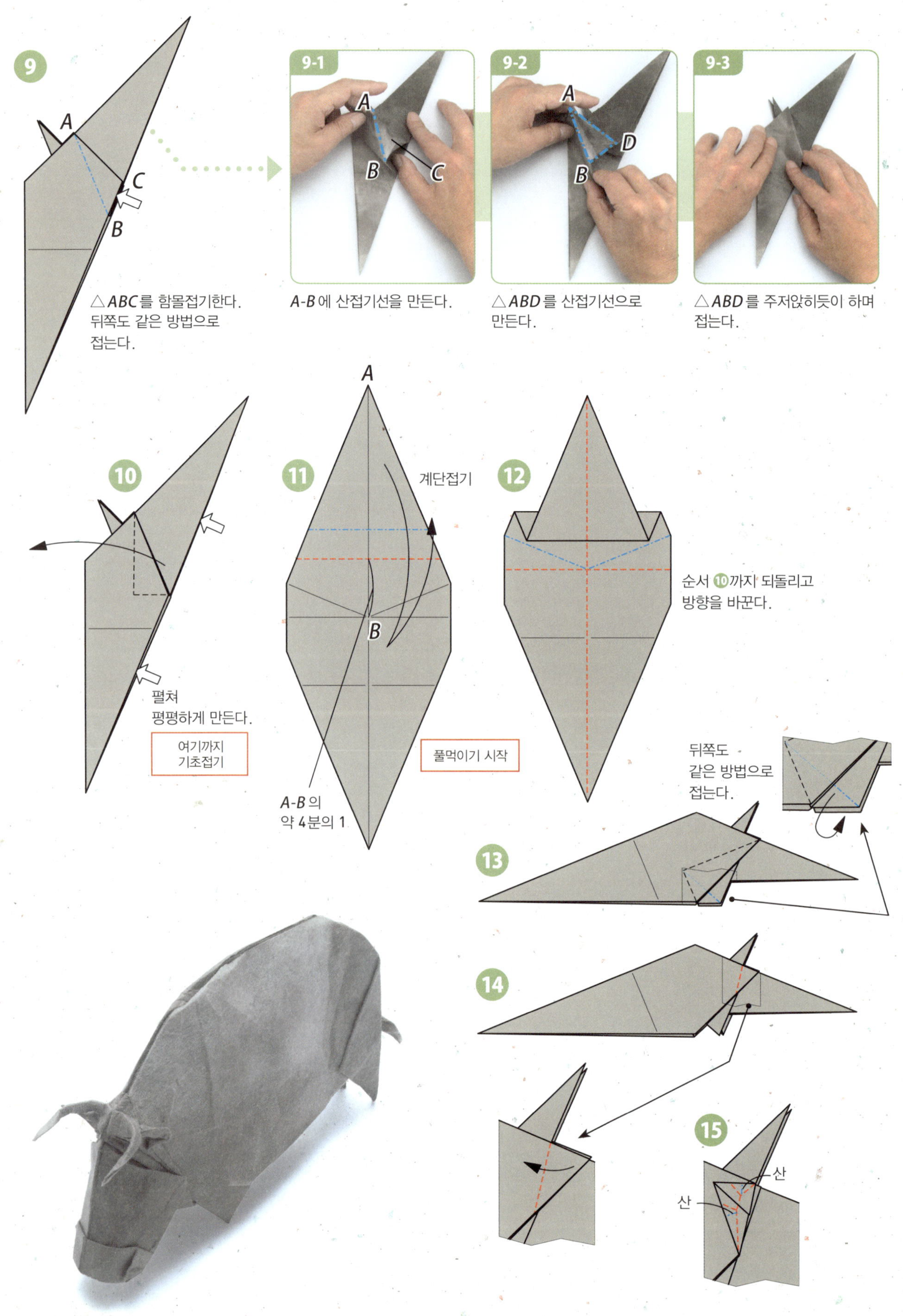
9
A
C
B
△ABC를 함몰접기한다.
뒤쪽도 같은 방법으로
접는다.
9-1
A
B
C
A-B에 산접기선을 만든다.
9-2
A
D
B
△ABD를 산접기선으로
만든다.
9-3
△ABD를 주저앉히듯이 하며
접는다.
10
펼쳐
평평하게 만든다.
여기까지
기초접기
11
A
계단접기
B
A-B의
약 4분의 1
풀먹이기 시작
12
순서 10까지 되돌리고
방향을 바꾼다.
뒤쪽도
같은 방법으로
접는다.
13
14
15
산
산

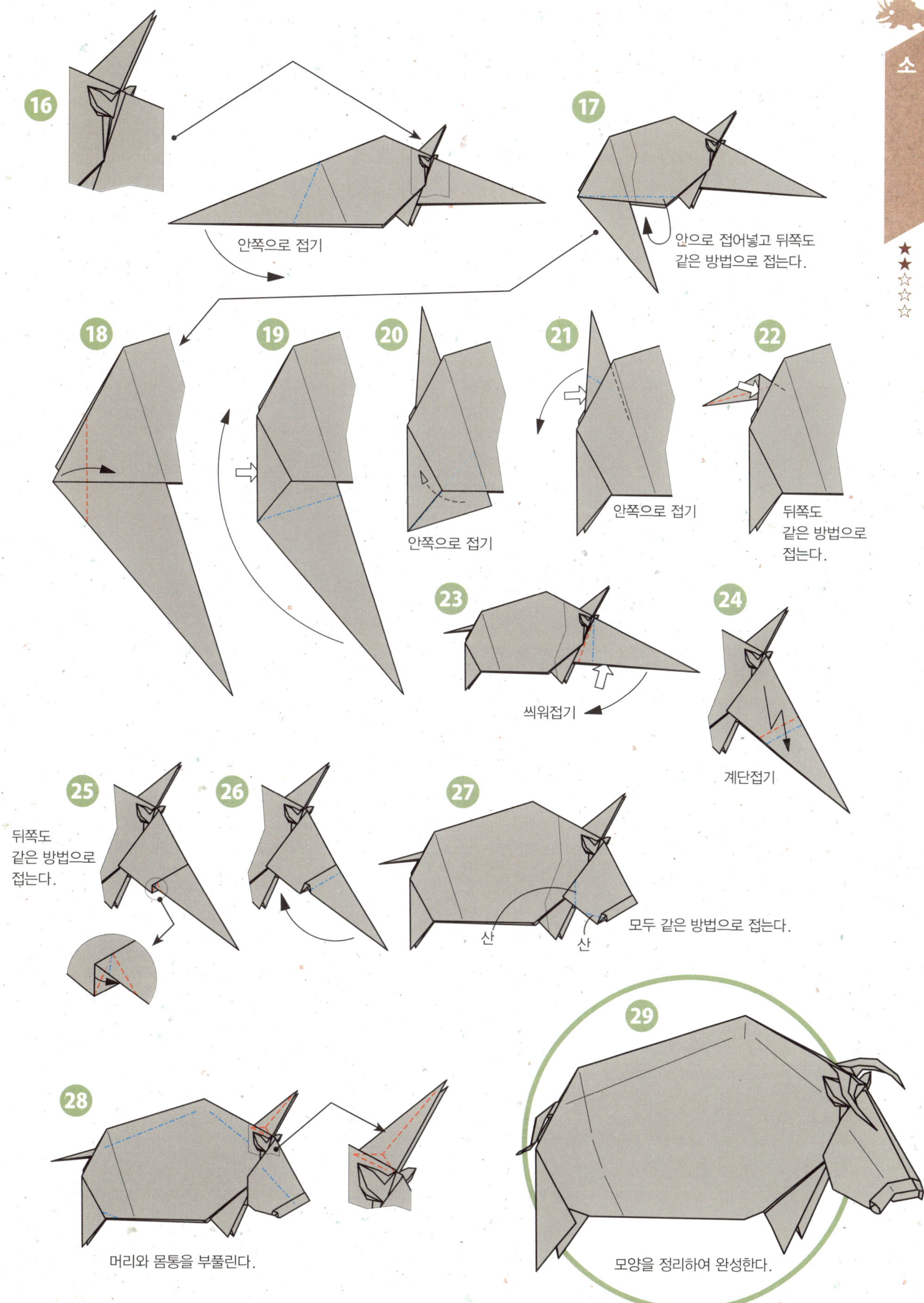
16
17
안쪽으로 접기
안으로 접어넣고 뒤쪽도
같은 방법으로 접는다.
18
19
20
21
22
안쪽으로 접기
안쪽으로 접기
뒤쪽도
같은 방법으로
접는다.
23
24
씌워접기
계단접기
25
26
27
뒤쪽도
같은 방법으로
접는다.
산
산
모두 같은 방법으로 접는다.
28
29
머리와 몸통을 부풀린다.
모양을 정리하여 완성한다.

포유류 ① 대형 동물

하마

▶ 난이도 ★★☆☆☆

★ 사용한 종이

32cm×32cm 1장

POINT

앞다리와 머리가 되는 모서리 세 곳에 덧댈 종이를 붙이면 좋다. 네발동물, 특히 포유류를 접을 때에는 같은 기초접기를 이용하는 경우가 많은데, 이 책에 수록된 작품 중 하마·양·기린·다람쥐·일본원숭이·파피용이 그렇다. 하마의 순서 ❹~❻은 이 작품들에도 있으므로 자세하게 설명해 두었다. 다른 작품에서는 이 과정을 간략하게 표시하고 있으니 필요하다면 하마의 설명을 참고하자. 이 과정을 필자의 종이접기교실에서는 '쌍배접기'라고 표현한다(쌍배접기는 전통적인 종이접기 방법의 하나다).

순서 ㉝은 뒤집어접기를 하여 커다란 입을 만드는 과정인데, 풀먹이기를 한다면 이 부분에는 풀을 먹이지 않도록 주의한다.

★★☆☆☆

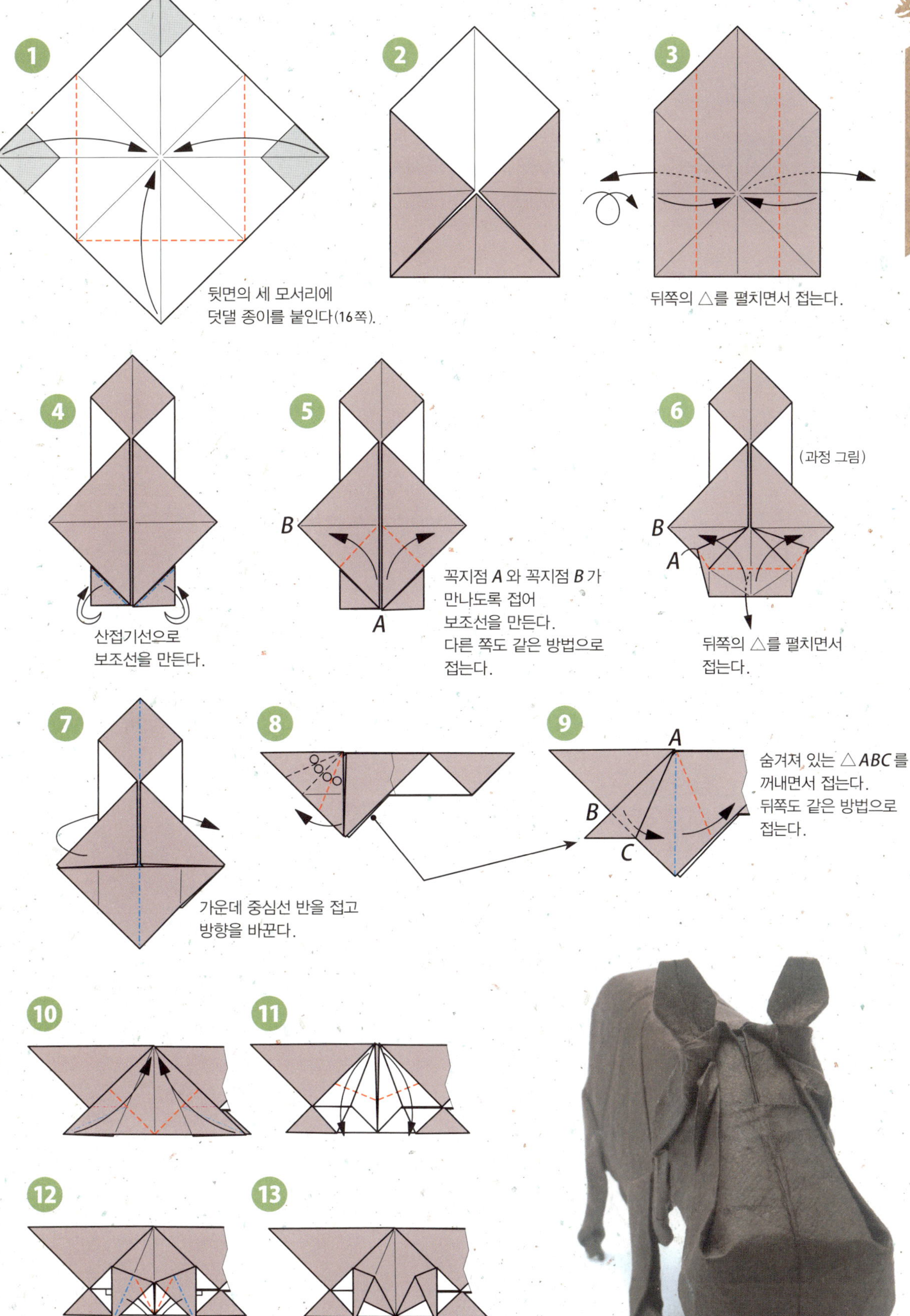
1
뒷면의 세 모서리에
덧댈 종이를 붙인다(16쪽).
2
3
뒤쪽의 △를 펼치면서 접는다.
4
산접기선으로
보조선을 만든다.
5
B
A
꼭지점 A와 꼭지점 B가
만나도록 접어
보조선을 만든다.
다른 쪽도 같은 방법으로
접는다.
6
(과정 그림)
B
A
뒤쪽의 △를 펼치면서
접는다.
7
가운데 중심선 반을 접고
방향을 바꾼다.
8
9
A
B
C
숨겨져 있는 △ABC를
꺼내면서 접는다.
뒤쪽도 같은 방법으로
접는다.
10
11
12
당겨접기
13
뒤쪽도 순서 10~12와
같은 방법으로 접는다.

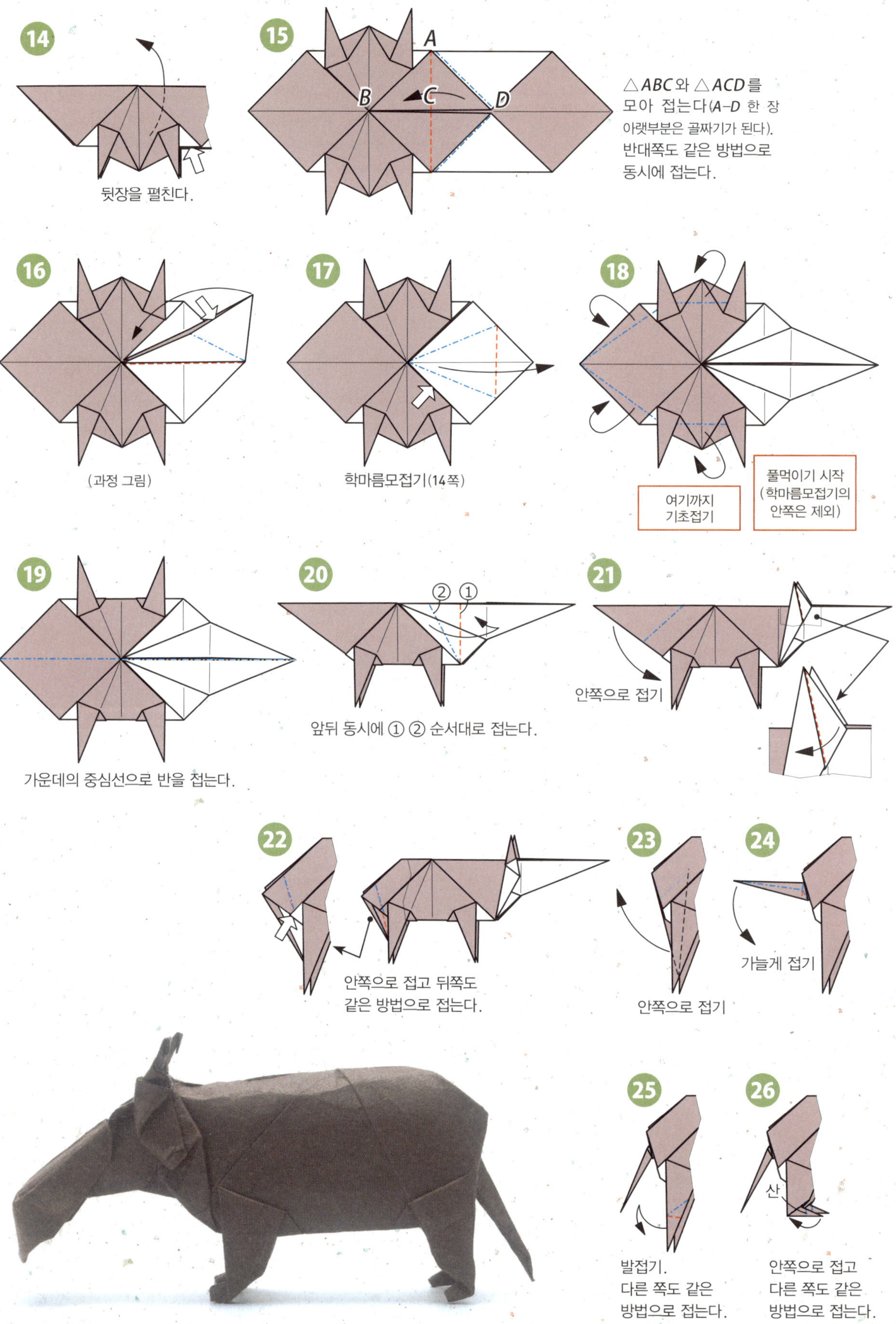
14
뒷장을 펼친다.
15
A
B
C
D
△ABC와 △ACD를
모아 접는다(A–D 한 장
아랫부분은 골짜기가 된다).
반대쪽도 같은 방법으로
동시에 접는다.
16
(과정 그림)
17
학마름모접기(14쪽)
18
여기까지
기초접기
풀먹이기 시작
(학마름모접기의
안쪽은 제외)
19
가운데의 중심선으로 반을 접는다.
20
② ①
앞뒤 동시에 ① ② 순서대로 접는다.
21
안쪽으로 접기
22
안쪽으로 접고 뒤쪽도
같은 방법으로 접는다.
23
안쪽으로 접기
24
가늘게 접기
25
발접기.
다른 쪽도 같은
방법으로 접는다.
26
산
안쪽으로 접고
다른 쪽도 같은
방법으로 접는다.

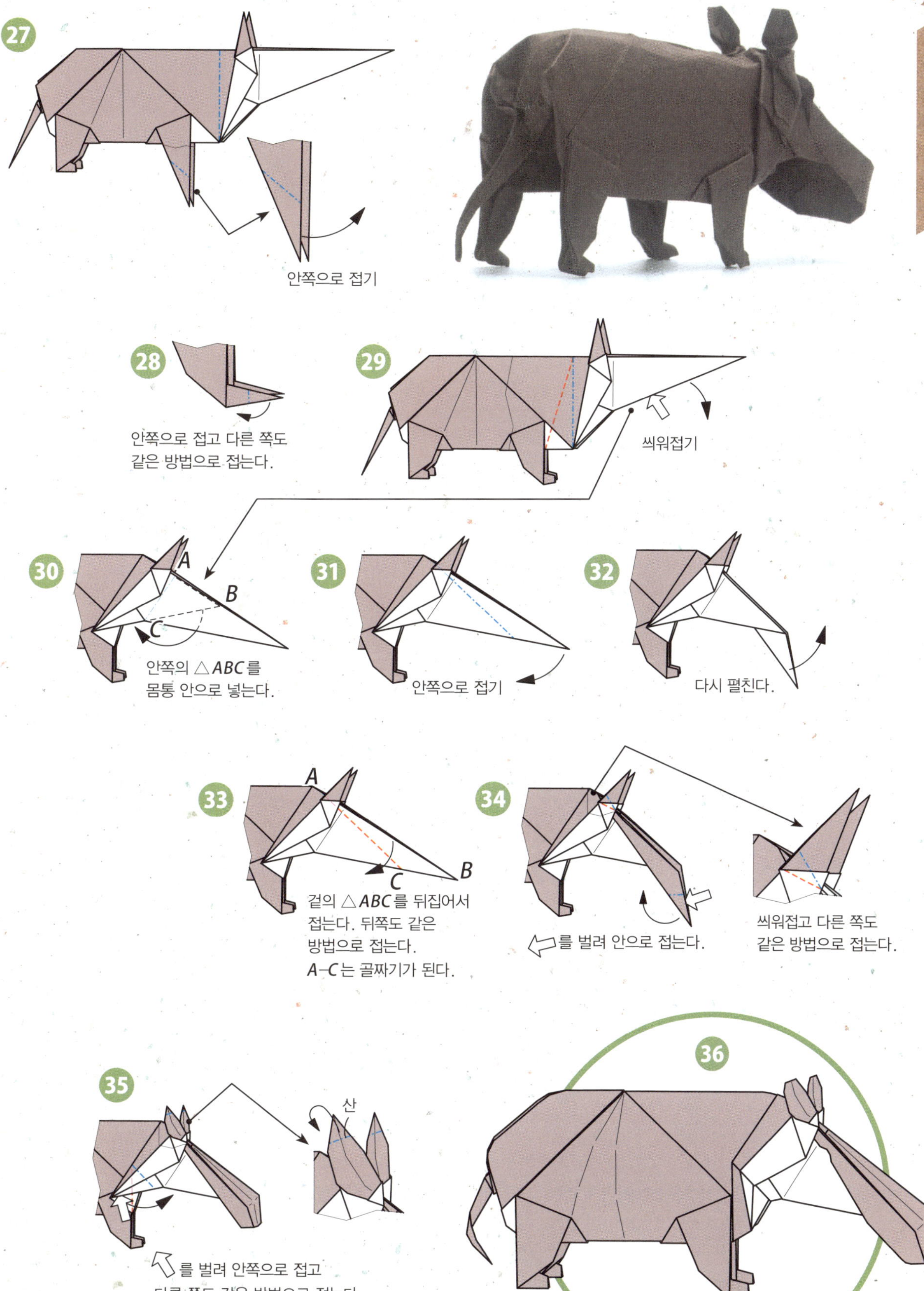
27
안쪽으로 접기
28
안쪽으로 접고 다른 쪽도
같은 방법으로 접는다.
29
씌워접기
30
A
B
C
안쪽의 △ABC를
몸통 안으로 넣는다.
31
안쪽으로 접기
32
다시 펼친다.
33
A
B
C
겉의 △ABC를 뒤집어서
접는다. 뒤쪽도 같은
방법으로 접는다.
A–C는 골짜기가 된다.
34
를 벌려 안으로 접는다.
씌워접고 다른 쪽도
같은 방법으로 접는다.
35
산
를 벌려 안쪽으로 접고
다른 쪽도 같은 방법으로 접는다.
36
모양을 정리하여 완성한다.

포유류 ① 대형 동물

땅돼지

▶ 난이도 ★★★☆☆

★ 사용한 종이

25cm×25cm 1장

POINT

땅돼지는 그다지 친숙한 동물은 아니지만 생김새가 독특해서 종이접기에 적합한 소재인데, 뒷다리가 되는 모서리 두 곳에 덧댈 종이를 붙이면 좋다. 순서 ④를 '돼지 기본형'이라고 부르며, 땅돼지를 접기에 알맞은 기본형이다.

땅돼지의 특징은 가늘고 긴 귀와 끝이 뾰족한 코가 있는 작은 얼굴이다. 마무리 단계에서 등에 쑥 올라온 부분을 잡고(순서 ㉚), 몸통을 부풀리고 귀 뒤를 움푹 들어가게 하여 입체적으로 만듦과 동시에 정면에서 보았을 때 귀 가운데에 골짜기접기선이 보이도록 하면 그럴싸해진다. 순서 ⑬~⑲에서는 귀를 접을 때, 귀 끝은 모서리모서리(정사각형의 네 모서리에서 생기는 각)가 되므로 얇은 느낌을 표현할 수 있다.

★★★☆☆

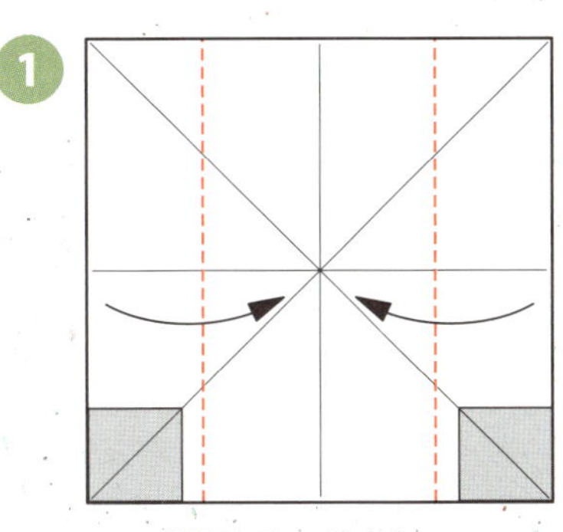
뒷면의 두 모서리에 덧댈 종이를 붙인다(16쪽).

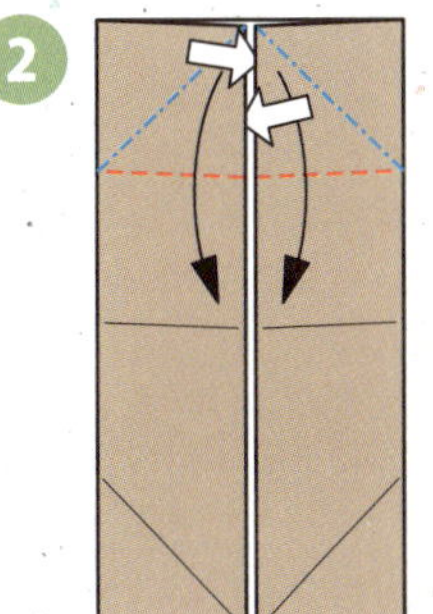
⇦를 펼쳐 눌러 접는다.

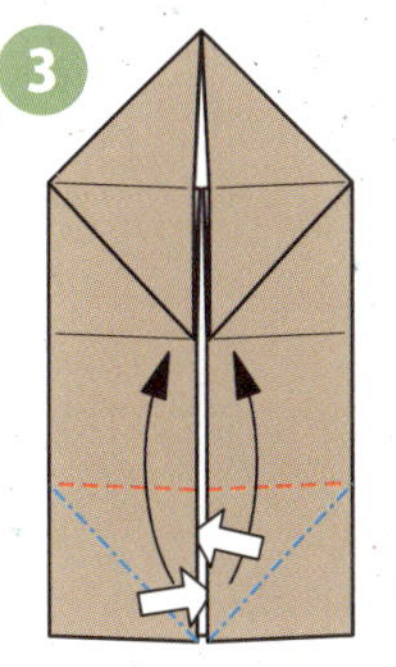
순서 2와 같은 방법으로 접는다.

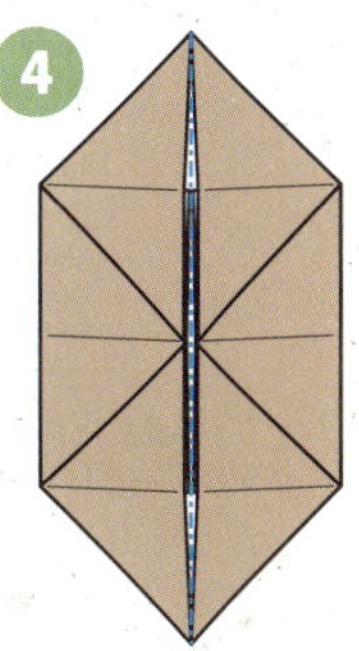
가운데의 중심선 반을 접고 방향을 바꾼다.

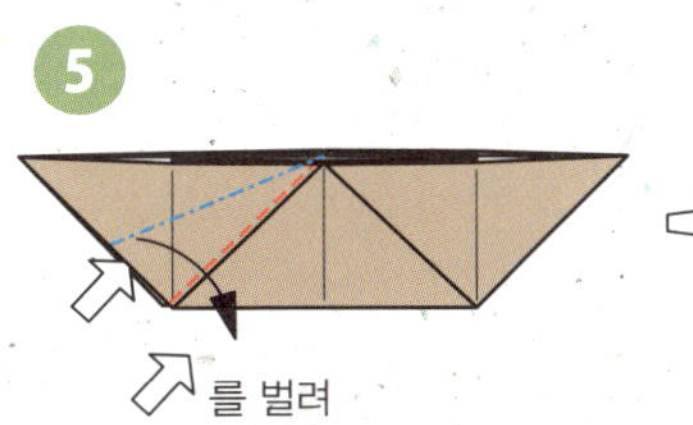
⇧를 벌려 앞뒤 동시에 접는다.

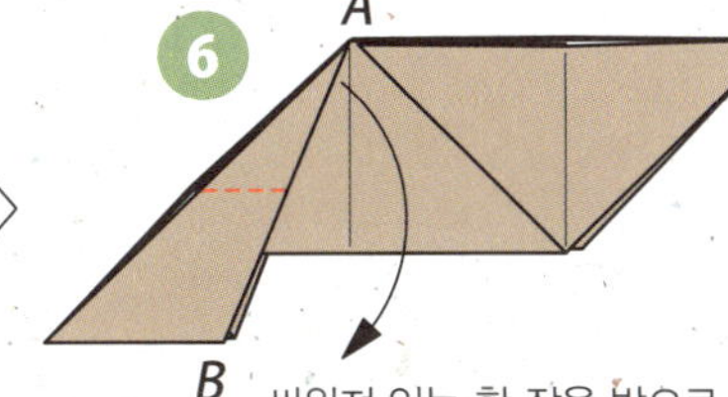

씌워져 있는 한 장을 밖으로 뒤집어 접는데, *A*–*B*를 반쯤 벌리면 쉽게 접을 수 있다. 다른 쪽도 같은 방법으로 접는다.

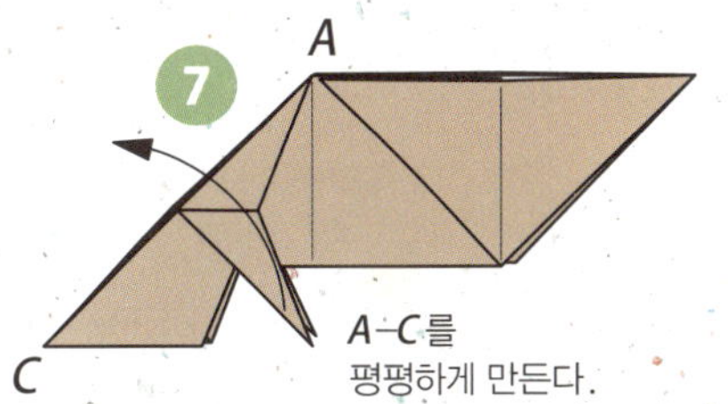

A–*C*를 평평하게 만든다.

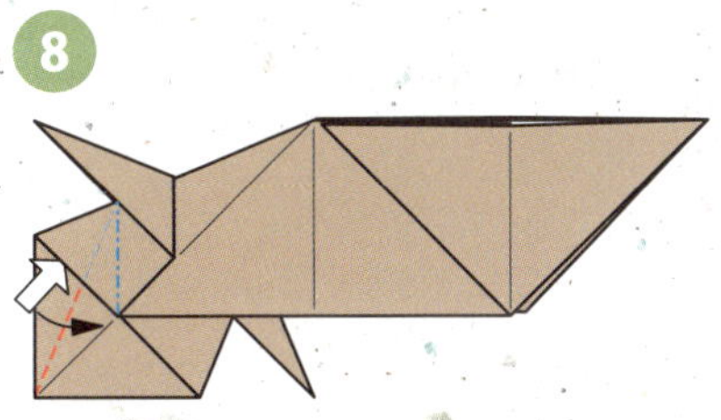
⇧를 벌려 접는다.

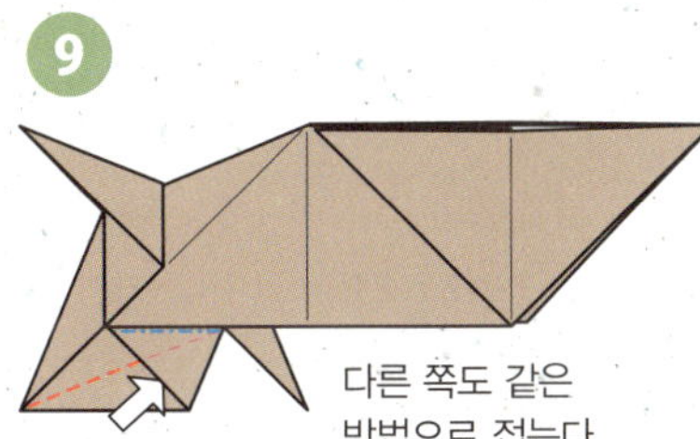
다른 쪽도 같은 방법으로 접는다.

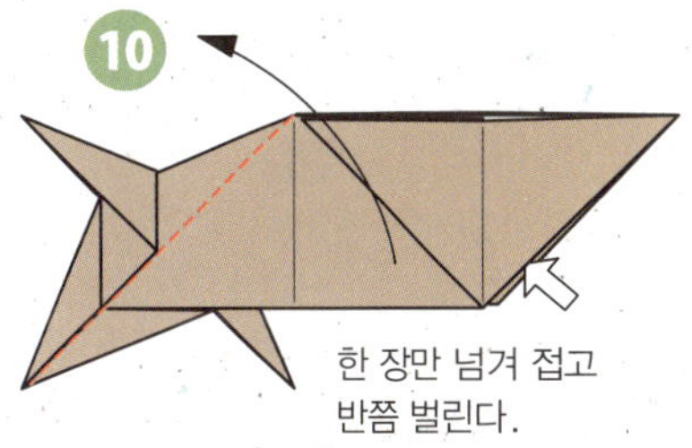
한 장만 넘겨 접고 반쯤 벌린다.

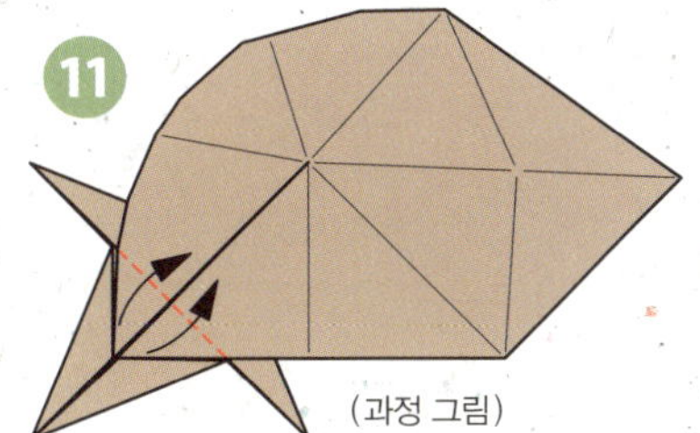
(과정 그림)

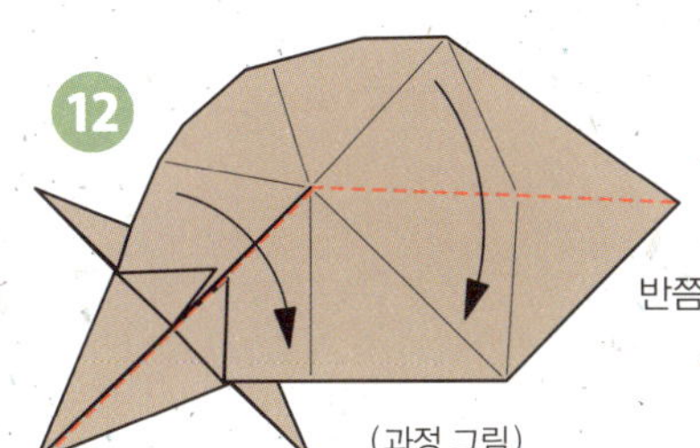
(과정 그림)

반쯤 벌린 곳을 닫는다.

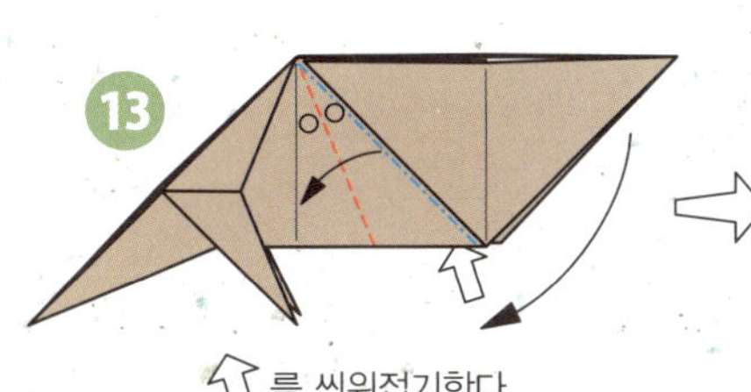
⇧를 씌워접기한다.

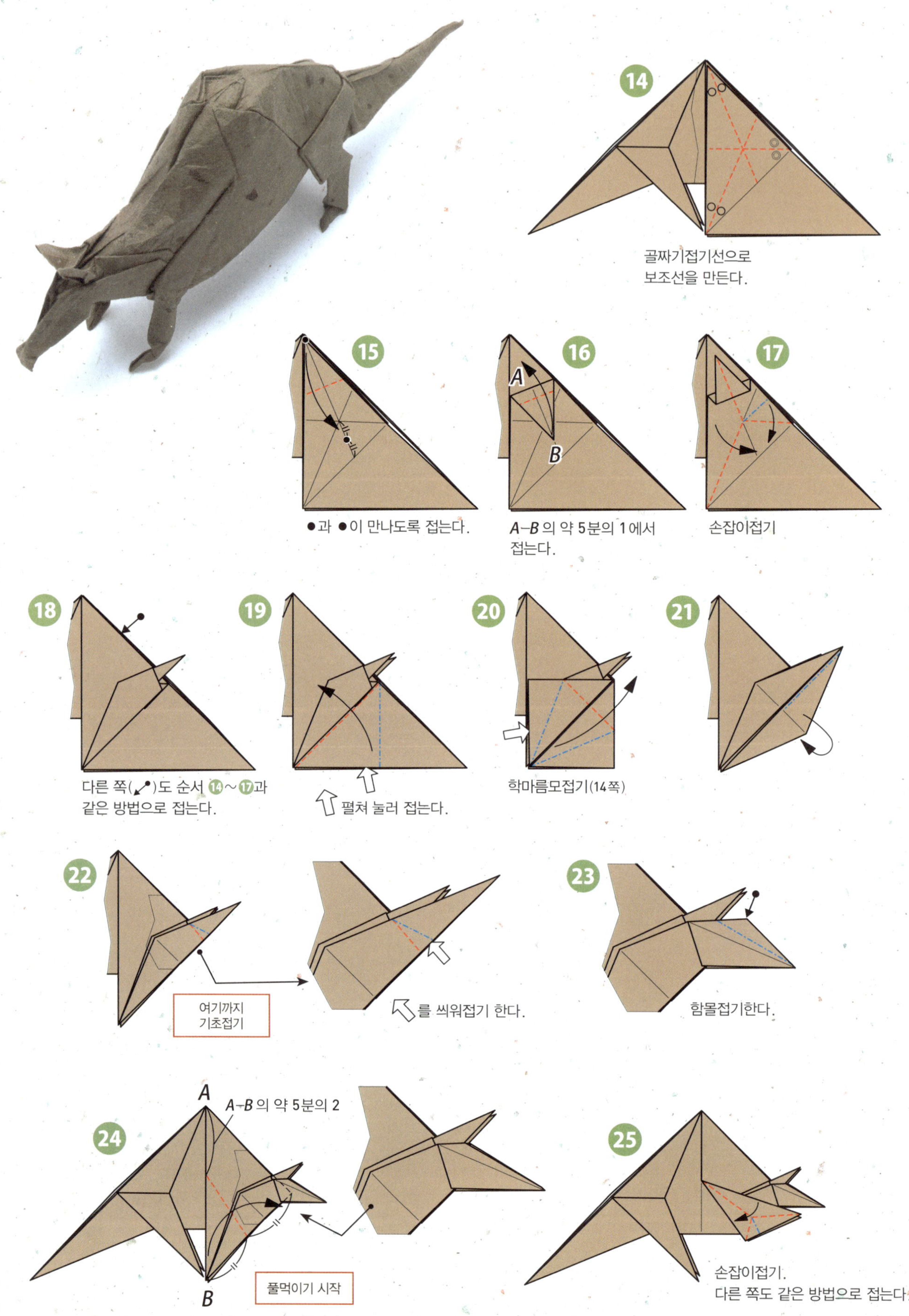
14
골짜기접기선으로
보조선을 만든다.
15
●과 ●이 만나도록 접는다.
16
A
B
A–B의 약 5분의 1에서
접는다.
17
손잡이접기
18
다른 쪽( )도 순서 14~17과
같은 방법으로 접는다.
19
펼쳐 눌러 접는다.
20
학마름모접기(14쪽)
21
22
여기까지
기초접기
를 씌워접기 한다.
23
함몰접기한다.
24
A
A–B의 약 5분의 2
B
풀먹이기 시작
25
손잡이접기.
다른 쪽도 같은 방법으로 접는다.

26

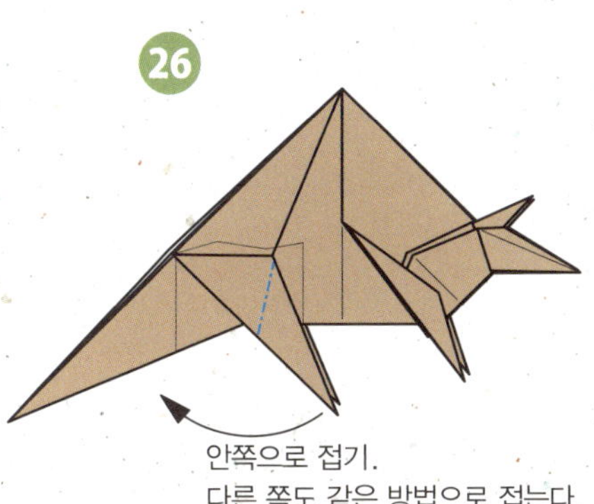

안쪽으로 접기.
다른 쪽도 같은 방법으로 접는다.

27

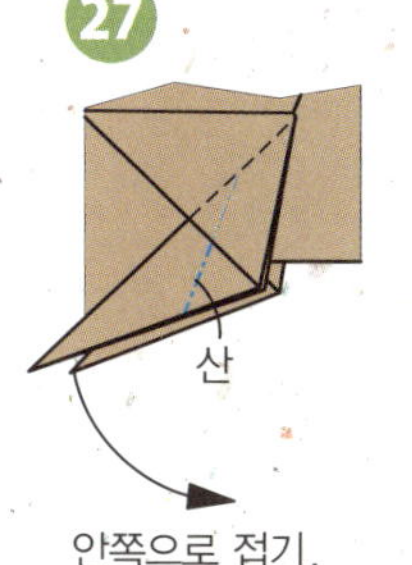

안쪽으로 접기.
다른 쪽도 같은 방법으로 접는다.

28

다른 쪽도
같은 방법으로 접는다.

29

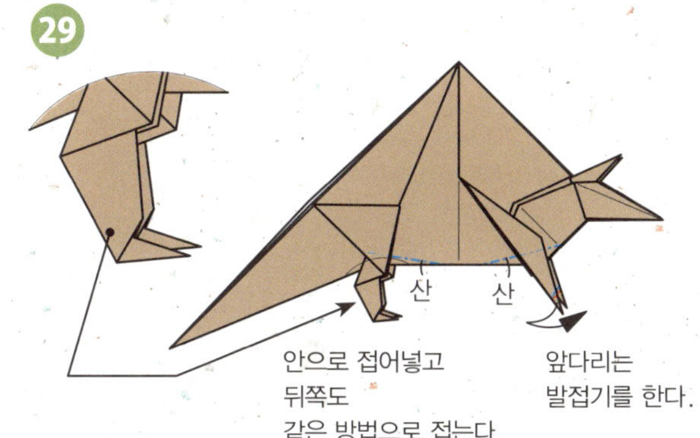

안으로 접어넣고
뒤쪽도
같은 방법으로 접는다.

앞다리는
발접기를 한다.

30

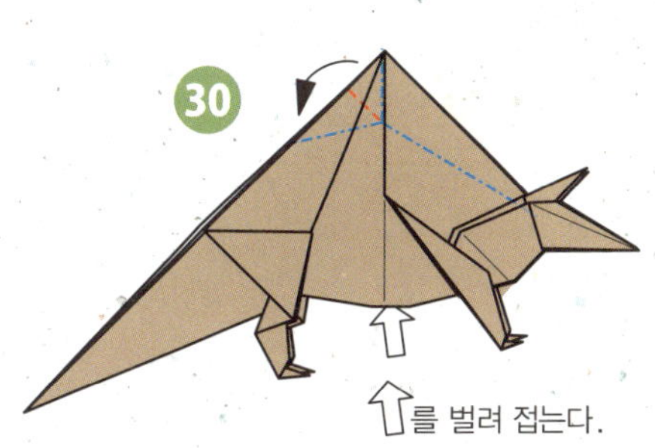

⇧를 벌려 접는다.

31

가늘게 접기

32

가늘게 접기

33

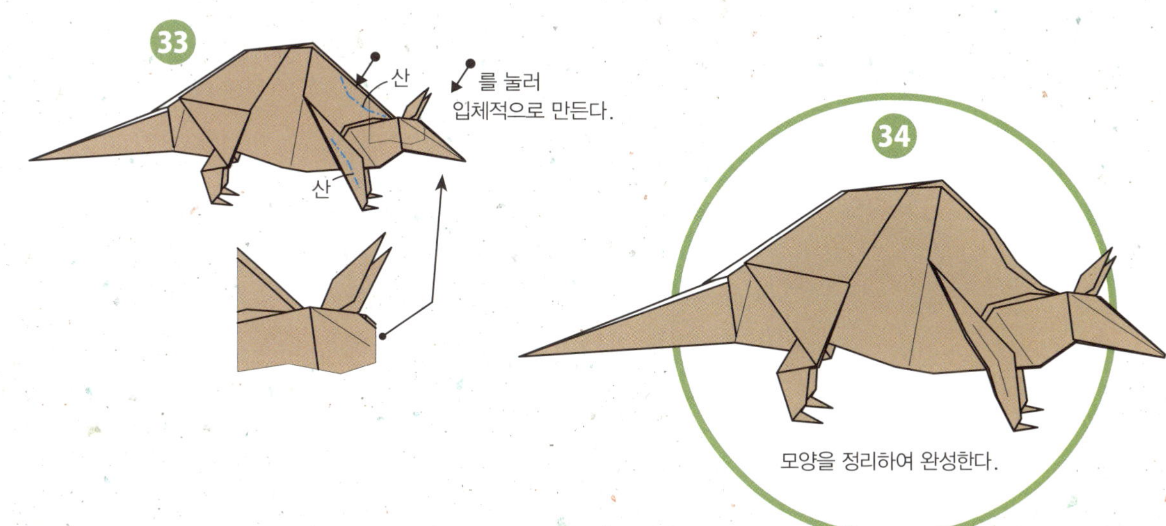

를 눌러
입체적으로 만든다.

34

모양을 정리하여 완성한다.

포유류 ① 대형 동물

양

★ 사용한 종이

32cm×32cm 1장

POINT

양처럼 털이 복슬복슬한 동물은 실감나게 접기가 무척 어렵지만, 십이간지에도 있는 동물이니 꼭 도전해 보자. 앞다리와 머리가 되는 모서리 세 개에 덧댈 종이를 붙이면 좋다.

순서 ㉗에서 뿔이 시작되는 곳에 귀를 만들 수 있는데, 그림만으로는 이해하기 어려워 사진 설명을 덧붙였다. 순서 ⑮에서 △*ABC*를 한 장 아래쪽 사이에 끼워넣어 둠으로써 앞다리의 끝부분에 골짜기를 만들 수 있다. 이렇게 하여 앞다리도 뒷다리처럼 발접기를 할 수 있게 된다. 순서 ㊸의 안쪽으로 접기를 하면 훨씬 완성도 있고 리얼한 작품이 된다. 머리를 정면에서 본 사진으로 확인해 보자. 마무리 단계에서는 몸통 전체가 완만한 곡선을 이루고 설 수 있도록 만든다.

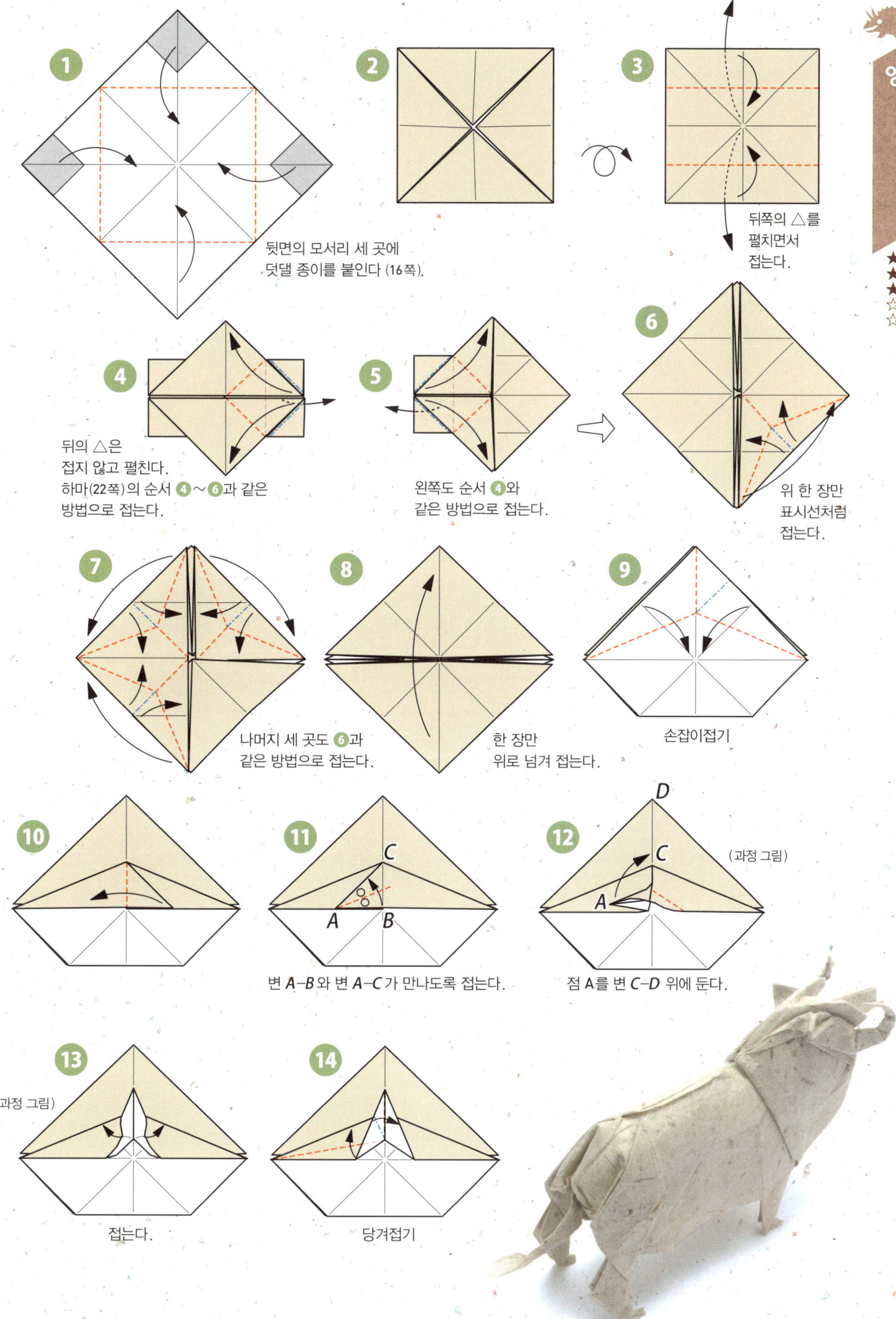
1
뒷면의 모서리 세 곳에
덧댈 종이를 붙인다 (16쪽).
2
3
뒤쪽의 △를
펼치면서
접는다.
4
뒤의 △은
접지 않고 펼친다.
하마(22쪽)의 순서 4~6과 같은
방법으로 접는다.
5
왼쪽도 순서 4와
같은 방법으로 접는다.
6
위 한 장만
표시선처럼
접는다.
7
나머지 세 곳도 6과
같은 방법으로 접는다.
8
한 장만
위로 넘겨 접는다.
9
손잡이접기
10
11
C
A
B
변 A–B와 변 A–C가 만나도록 접는다.
12
D
C
A
(과정 그림)
점 A를 변 C–D 위에 둔다.
13
(과정 그림)
접는다.
14
당겨접기

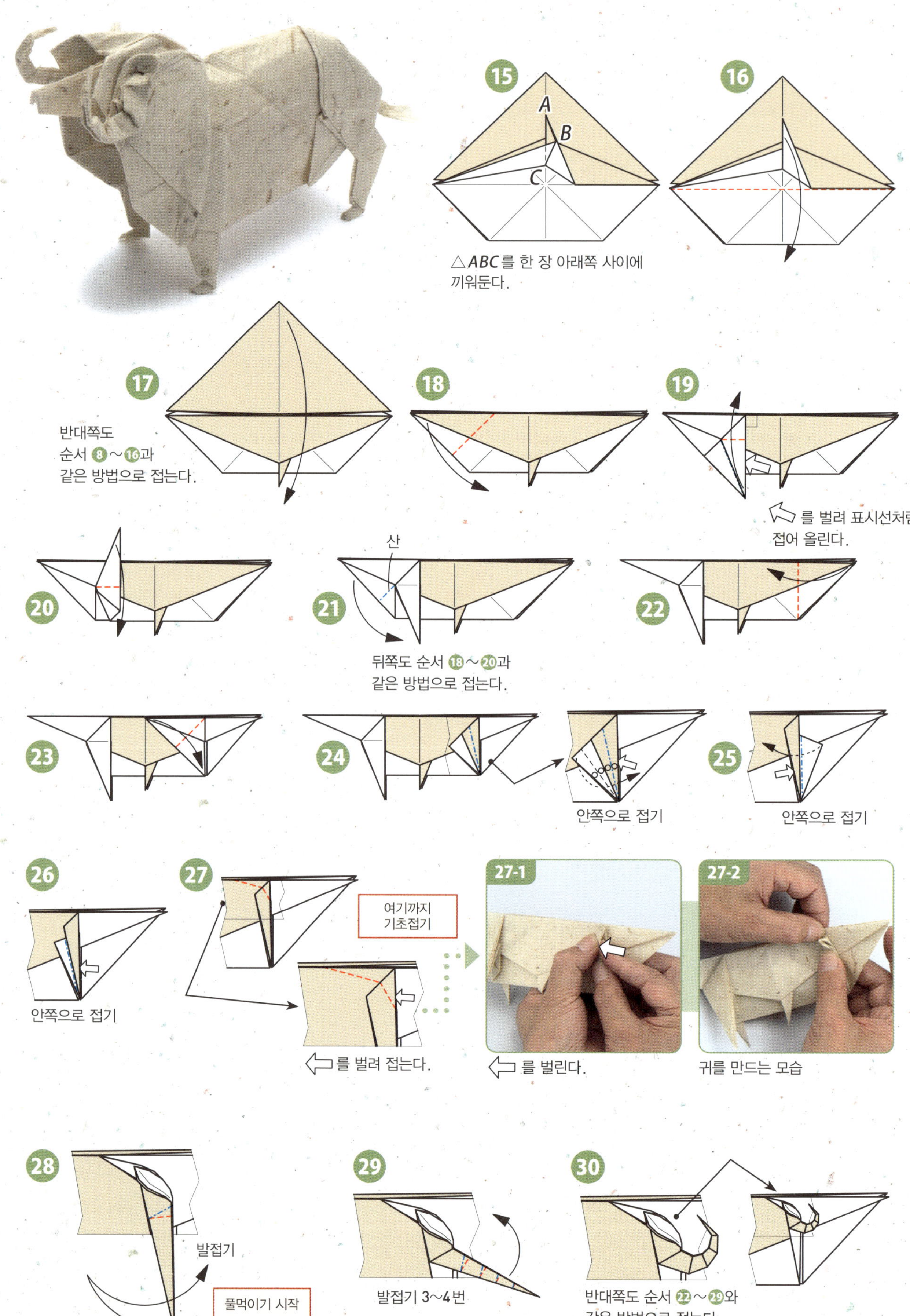

15
A
B
C
△ABC를 한 장 아래쪽 사이에
끼워둔다.
16
17
반대쪽도
순서 8~16과
같은 방법으로 접는다.
18
19
를 벌려 표시선처럼
접어 올린다.
20
산
21
뒤쪽도 순서 18~20과
같은 방법으로 접는다.
22
23
24
안쪽으로 접기
25
안쪽으로 접기
26
안쪽으로 접기
27
여기까지
기초접기
를 벌려 접는다.
27-1
를 벌린다.
27-2
귀를 만드는 모습
28
발접기
풀먹이기 시작
29
발접기 3~4번
30
반대쪽도 순서 22~29와
같은 방법으로 접는다.

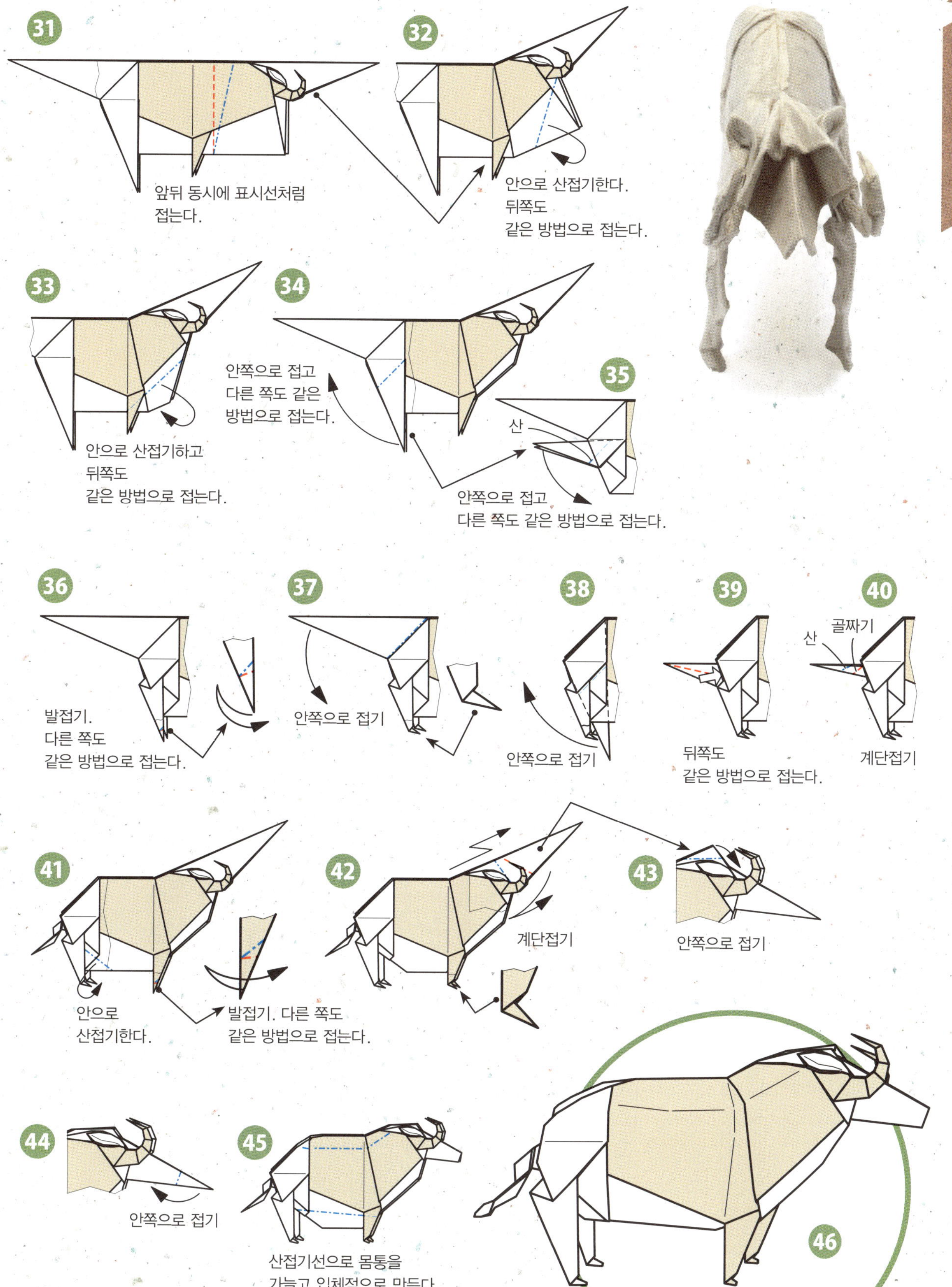
31
앞뒤 동시에 표시선처럼
접는다.
32
안으로 산접기한다.
뒤쪽도
같은 방법으로 접는다.
33
안으로 산접기하고
뒤쪽도
같은 방법으로 접는다.
34
안쪽으로 접고
다른 쪽도 같은
방법으로 접는다.
35
산
안쪽으로 접고
다른 쪽도 같은 방법으로 접는다.
36
발접기.
다른 쪽도
같은 방법으로 접는다.
37
안쪽으로 접기
38
안쪽으로 접기
39
뒤쪽도
같은 방법으로 접는다.
40
산
골짜기
계단접기
41
안으로
산접기한다.
발접기. 다른 쪽도
같은 방법으로 접는다.
42
계단접기
43
안쪽으로 접기
44
안쪽으로 접기
45
산접기선으로 몸통을
가늘고 입체적으로 만든다.
46
모양을 정리하여 완성한다.

▶ 난이도 ★★★☆☆

기린

★ 사용한 종이

23cm×23cm 1장

POINT

하마(22쪽)와 같은 기초접기에서 시작한다. 다리를 꺼내는 방법이 다리가 짧은 동물들을 접는 방법과 다르므로 여기에서는 사진 설명을 넣어 두었다(순서 ⑨).

풀먹이기를 시작하는 시점에서 보이는 뒷면과 앞면 일부에 풀을 먹이지만, 순서 ㉔에서 뿔을 만들기 때문에 이 부분은 이 단계에서 풀먹이기를 하지 않는다.

순서 ⑫~⑬에서 목의 기울기가 결정되는데, 앞다리보다 목이 너무 나오면 세웠을 때 앞으로 넘어지므로 이 과정에서 조절하도록 한다.

목이 시작되는 부분에 숙여접기를 하면 머리를 수그리고 물을 마시는 모습도 만들 수 있다. 이처럼 자세를 변화시키며 응용을 할 수 있으므로 다른 작품에도 응용해 보자.

하마(22쪽) 순서 ⑥부터

1

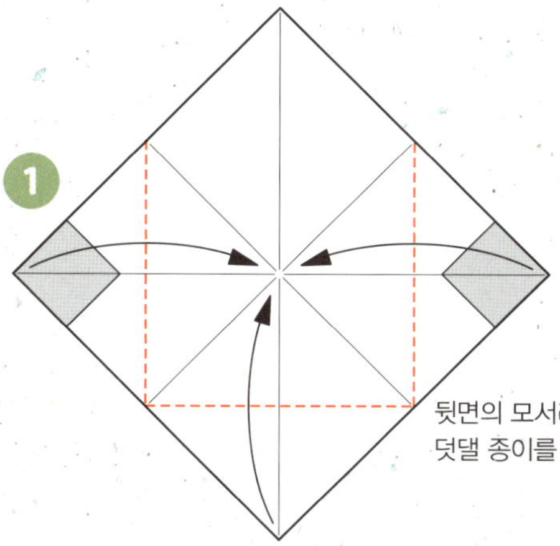

뒷면의 모서리 두 곳에
덧댈 종이를 붙인다(16쪽).

2

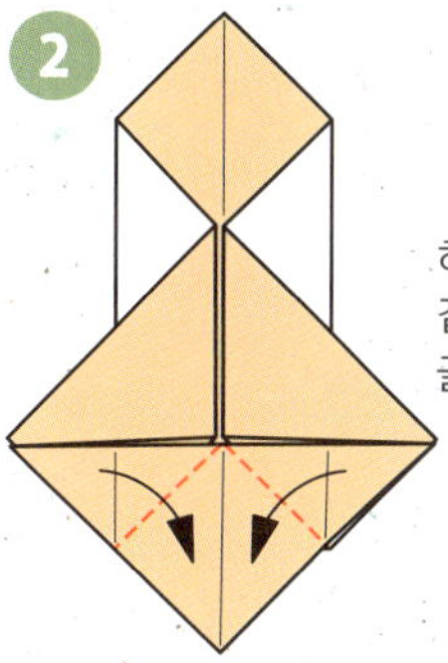

하마(22쪽)의 순서 ❷~❻과
같은 방법으로 접고 나서
골짜기접기선으로 접는다.

3

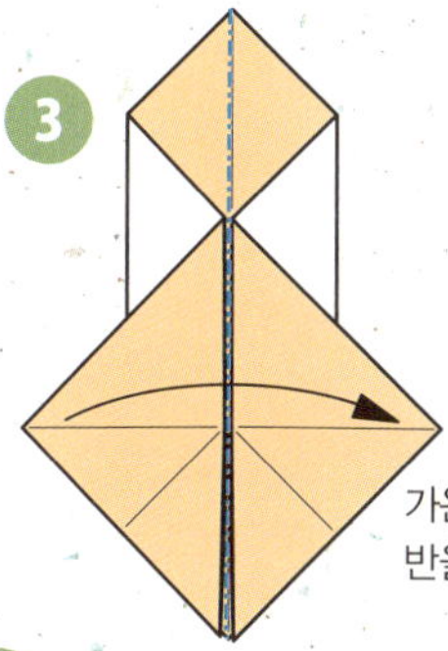

가운데의 중심선
반을 산접기한다.

4

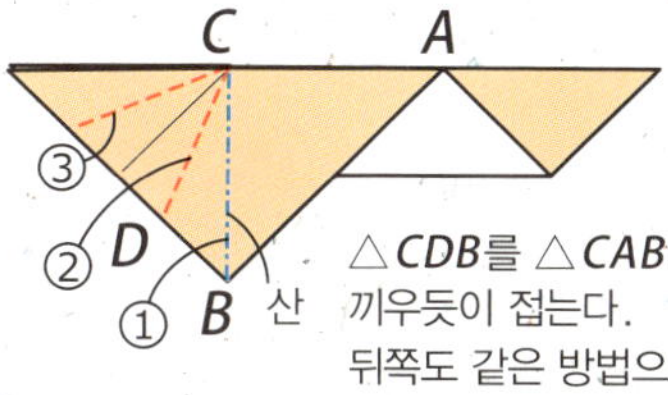

C A ③ ② D ① B 산

△*CDB*를 △*CAB*의 아래에
끼우듯이 접는다.
뒤쪽도 같은 방법으로 접는다.

5

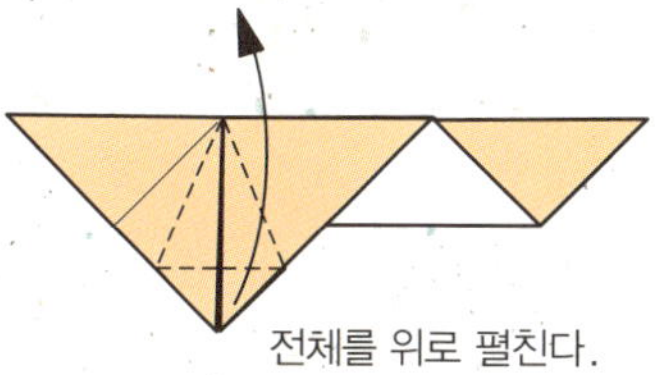

전체를 위로 펼친다.

6

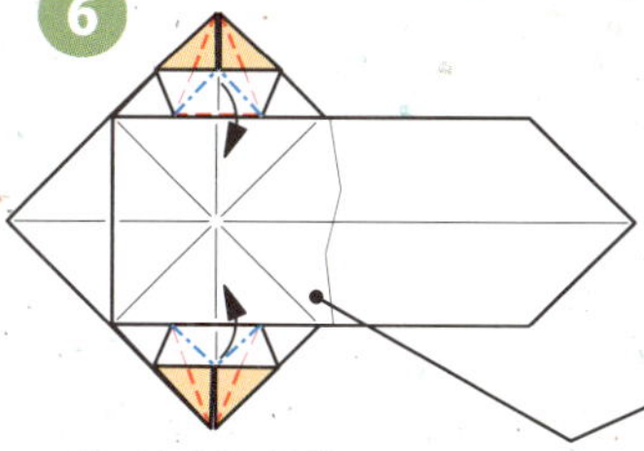

위, 아래 두 곳을
개구리접기(14쪽).

7

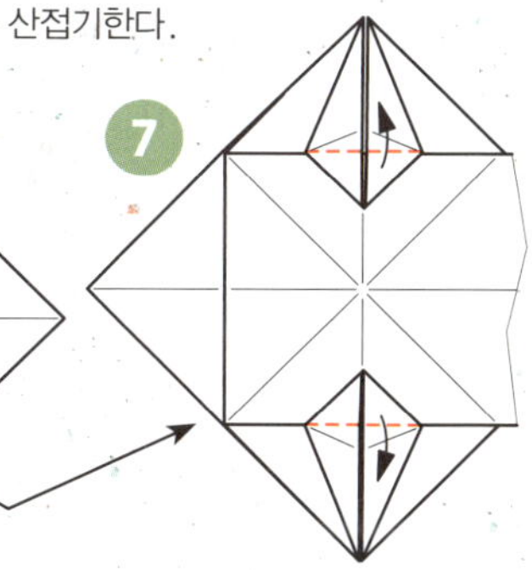

8

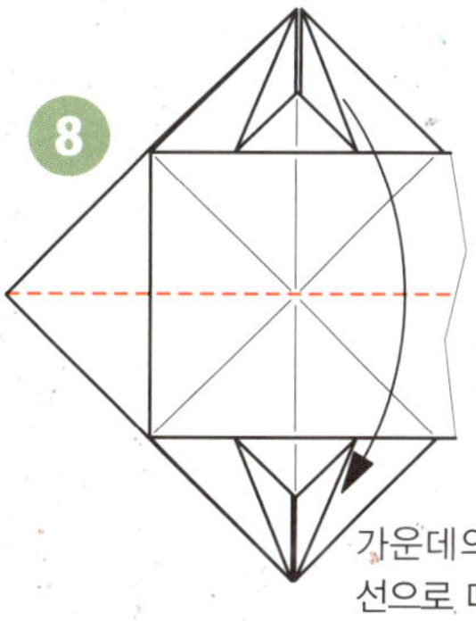

가운데의 골짜기접기
선으로 마주 접는다.

9

양손으로 ○표시가 있는
두 곳을 잡고 벌린다.

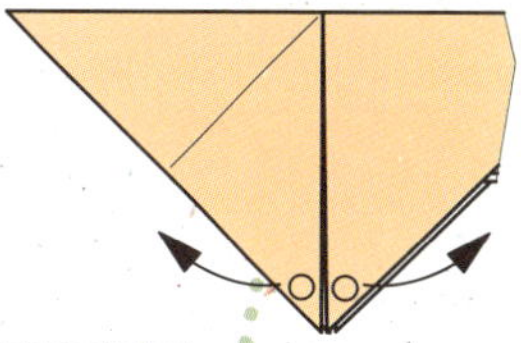

두 손으로 잡고 벌린다.

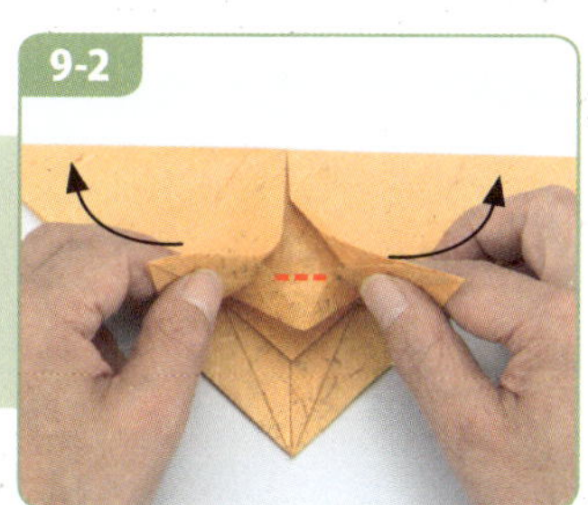

더 벌린다.

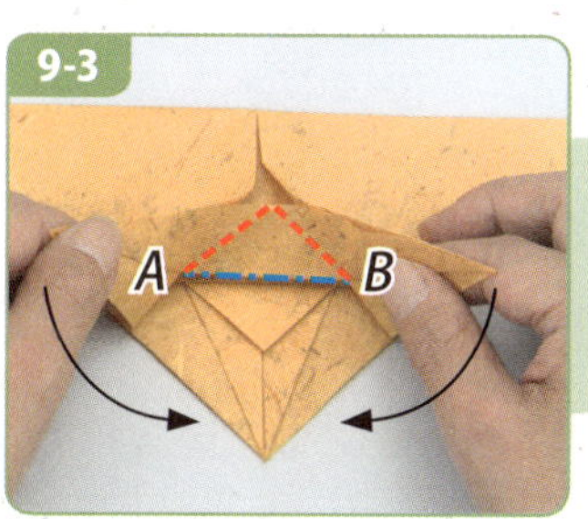

산접기선 *A*–*B*가 생기면
골짜기접기선으로 닫는다.

닫은 모습

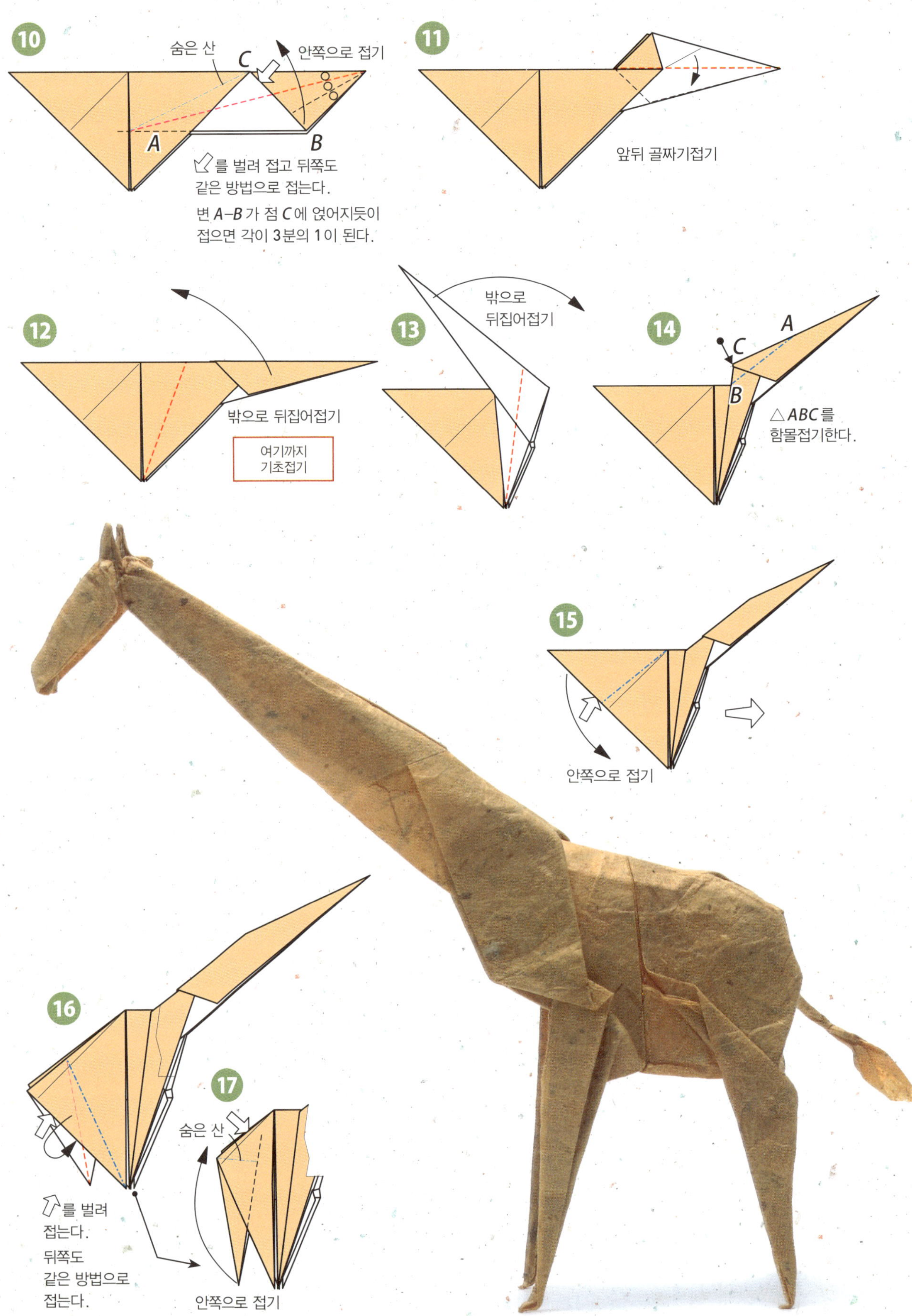
10
숨은 산
C
안쪽으로 접기
A
B
를 벌려 접고 뒤쪽도
같은 방법으로 접는다.
변 A–B가 점 C에 얹어지듯이
접으면 각이 3분의 1이 된다.
11
앞뒤 골짜기접기
12
밖으로 뒤집어접기
여기까지
기초접기
13
밖으로
뒤집어접기
14
C
A
B
△ABC를
함몰접기한다.
15
안쪽으로 접기
16
를 벌려
접는다.
뒤쪽도
같은 방법으로
접는다.
17
숨은 산
안쪽으로 접기

★★★☆☆

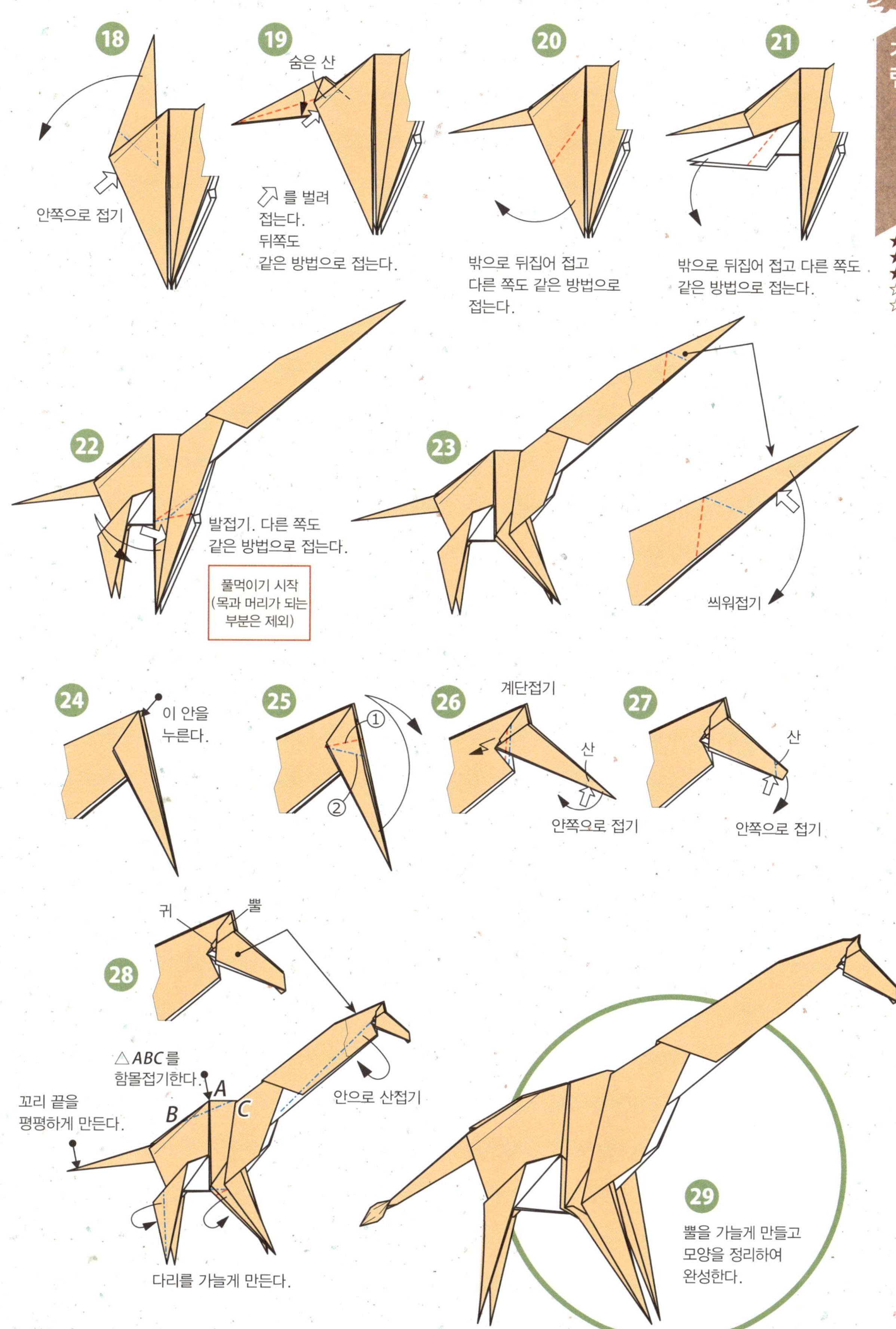
18
안쪽으로 접기
19
숨은 산
를 벌려
접는다.
뒤쪽도
같은 방법으로 접는다.
20
밖으로 뒤집어 접고
다른 쪽도 같은 방법으로
접는다.
21
밖으로 뒤집어 접고 다른 쪽도
같은 방법으로 접는다.
22
발접기. 다른 쪽도
같은 방법으로 접는다.
풀먹이기 시작
(목과 머리가 되는
부분은 제외)
23
씌워접기
24
이 안을
누른다.
25
①
②
26
계단접기
산
안쪽으로 접기
27
산
안쪽으로 접기
28
귀
뿔
△ABC를
함몰접기한다.
A
B
C
꼬리 끝을
평평하게 만든다.
안으로 산접기
다리를 가늘게 만든다.
29
뿔을 가늘게 만들고
모양을 정리하여
완성한다.

포유류 ① 대형 동물

판다

▶ 난이도 ★★★★☆

★ 사용한 종이

45cm×45cm 1장(흰색 종이 뒤에 검은색 종이를 덧대기)

POINT

8등분 아코디언접기를 기초로 한 작품으로 뒷면의 검은색이 다리와 얼굴, 꼬리에 나오도록 하는 인사이드아웃 기법을 이용한다. 순서 ❶~❷에서 만든 8등분 산접기선과 골짜기접기선이 순서 ❼에서는 역전되므로 잘못된 것이 아닌가 하고 놀랄 수도 있지만, 잘못된 것이 아니므로 망설이지 말고 계속 접어 나간다.

순서 ㉛~㉜에서는 쉽게 이해할 수 있도록 앞다리를 만들 때 일단 발끝을 위로 올리는데, 이처럼 접으면 다리에 불필요한 흔적이 남으므로 접기에 익숙해지면 다리를 올리지 말고 접도록 한다. 순서 ㉞에서 앞다리 뒷면의 색을 뒤집어 꺼낼 때 순서 ㉛까지 되돌린 다음에 접으면 쉽게 할 수 있다.

시중에서 판매하는 커다란 검은색(뒤는 흰색) 종이를 사용해도 상관없다. 목과 발목의 각도를 조절하면 네 다리로 선 모습과 앉은 모습을 만들 수도 있다.

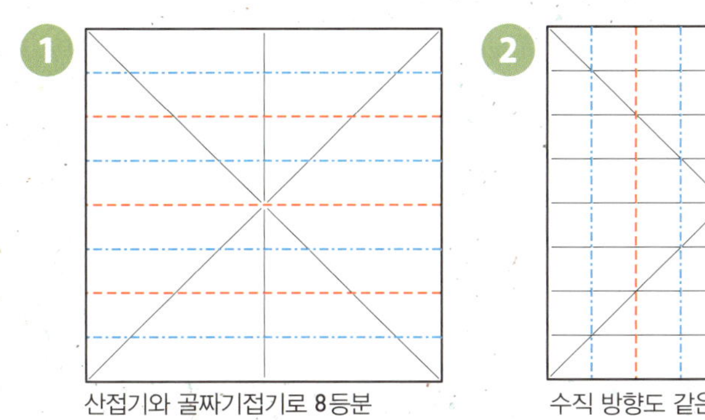

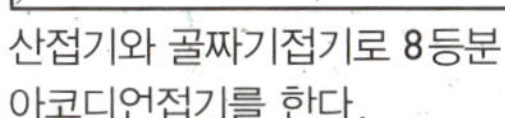
산접기와 골짜기접기로 8등분
아코디언접기를 한다.

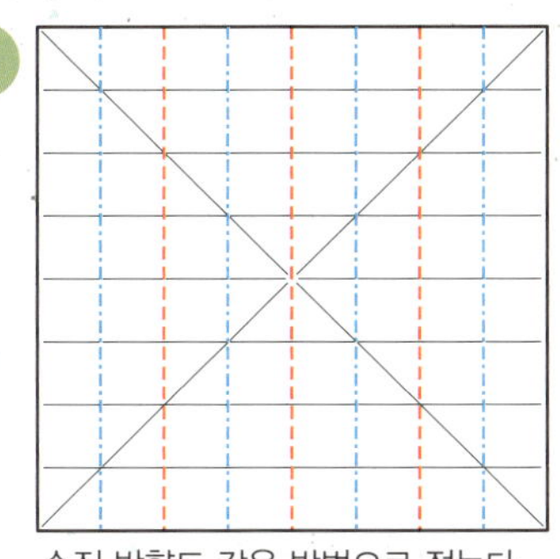
수직 방향도 같은 방법으로 접는다.

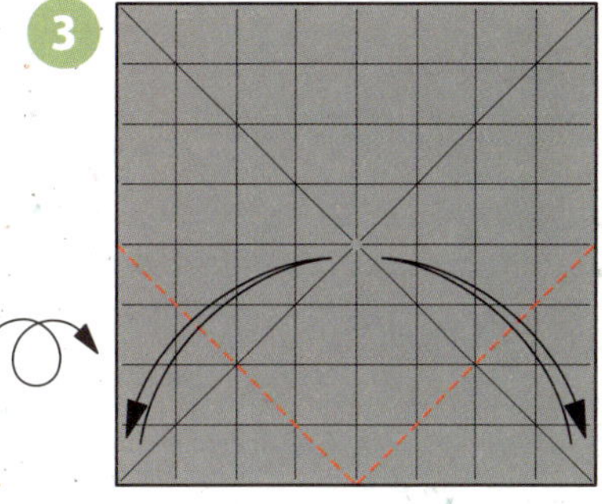

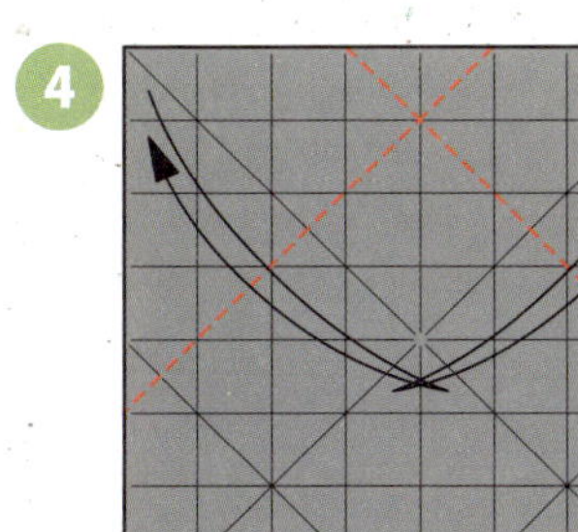

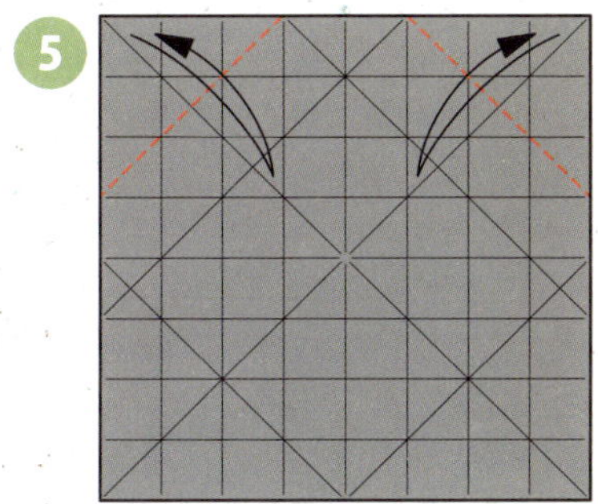

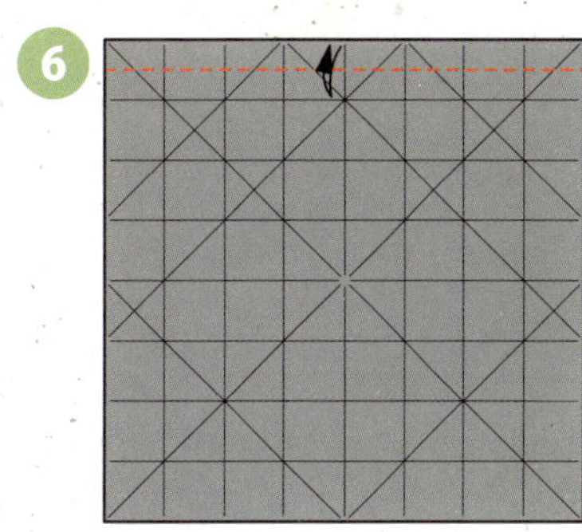
16등분의 보조선을 만든다.

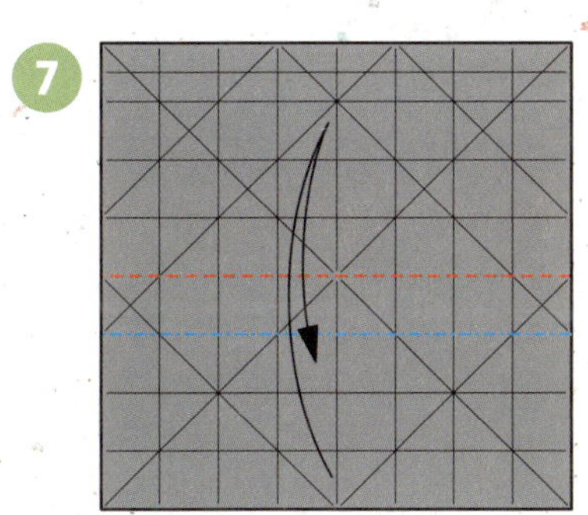

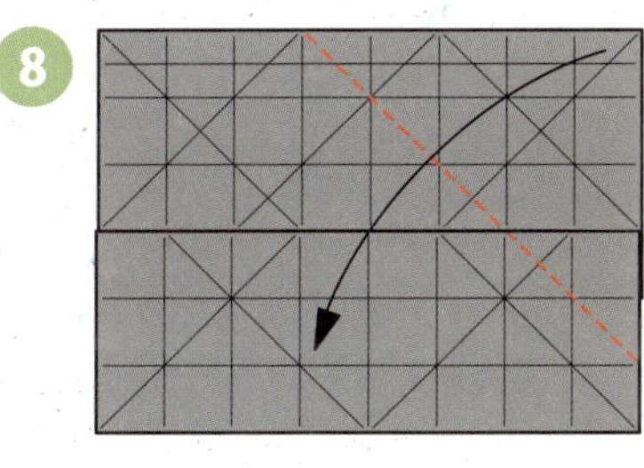

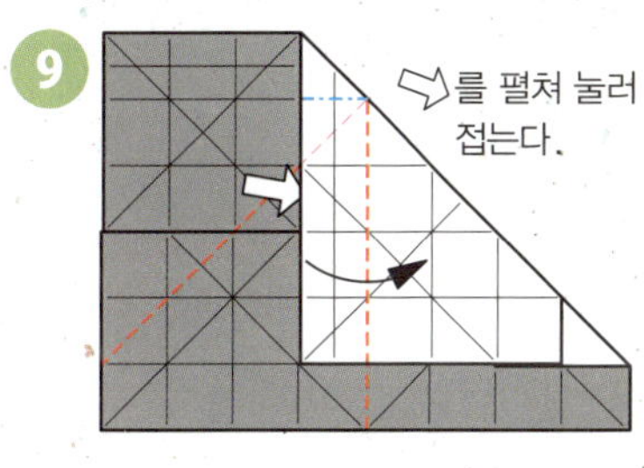

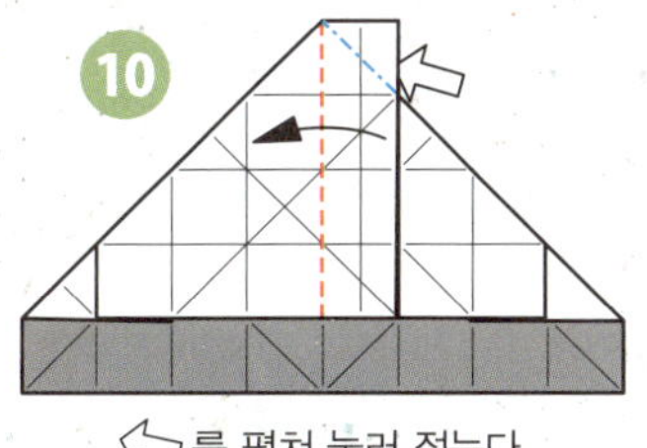

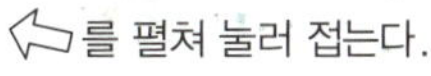
를 펼쳐 눌러 접는다.

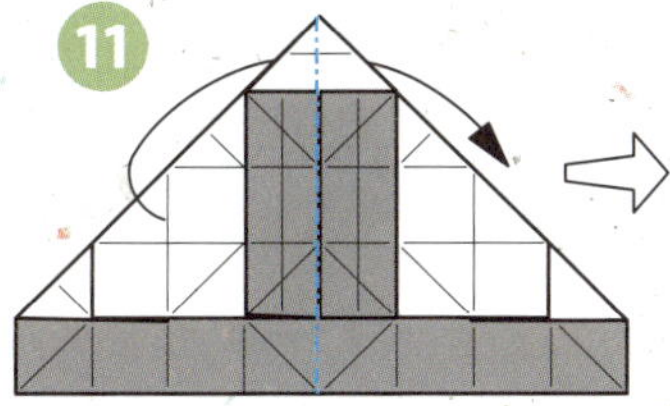
가운데의 중심선 반을 산접기한다.

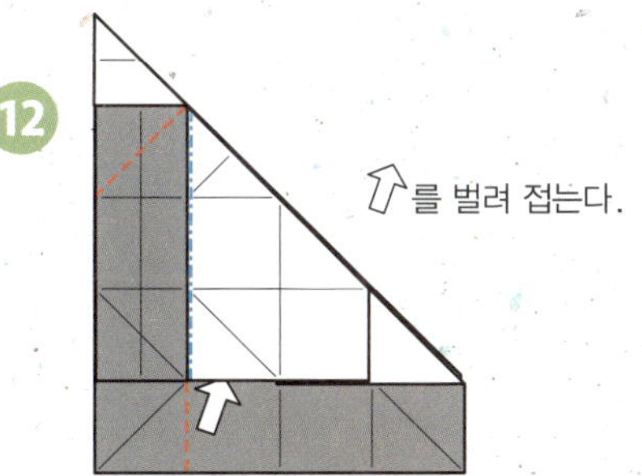

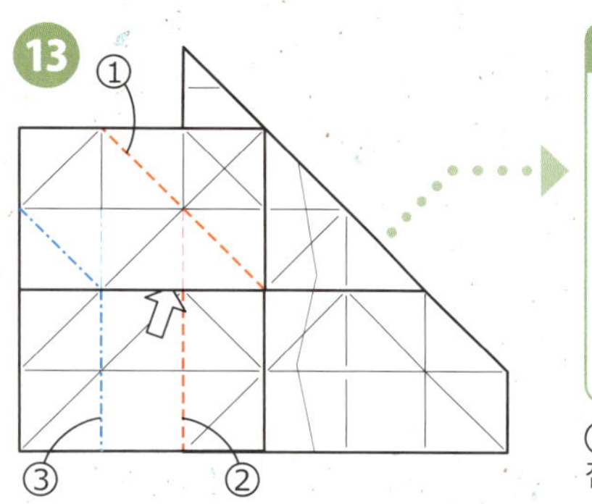

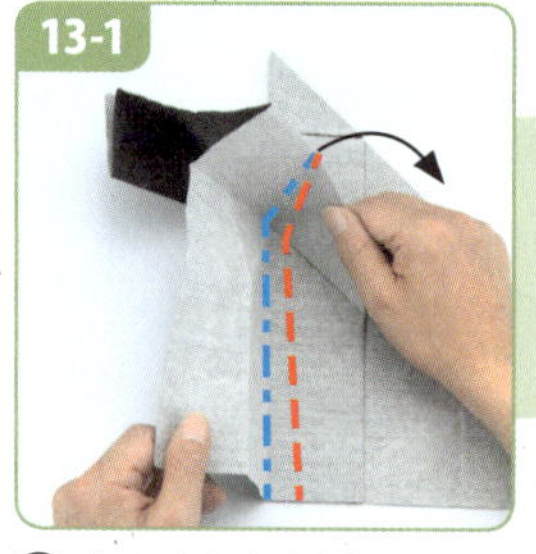

①의 골짜기접기선을
접는 모습

②의 골짜기접기선과
③의 산접기선으로 접는다.

접는 모습

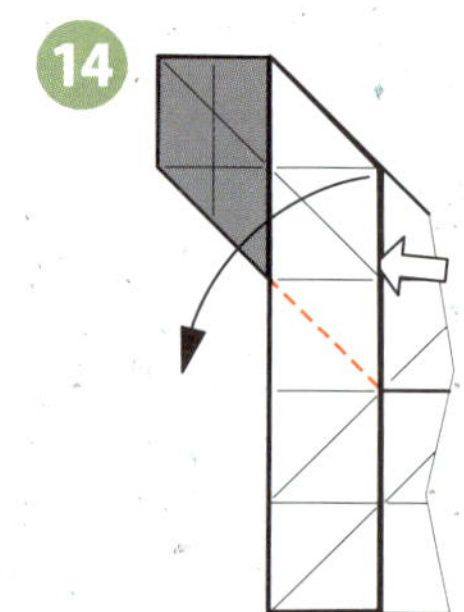

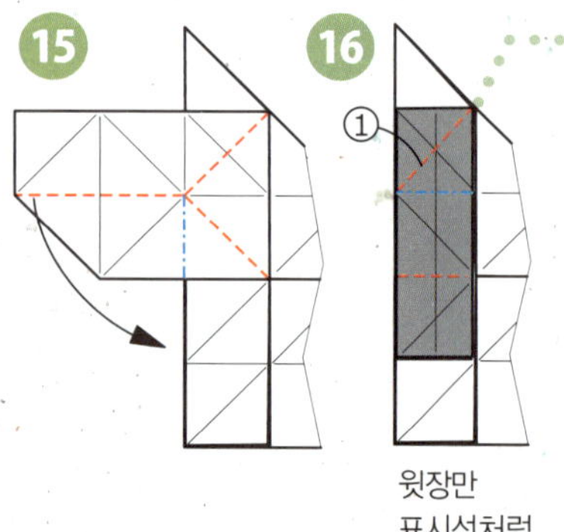

윗장만
표시선처럼
접는다.

①의 골짜기접기선을
접는 모습

산접기선과 골짜기접기선으로
접는다.

접은 모습

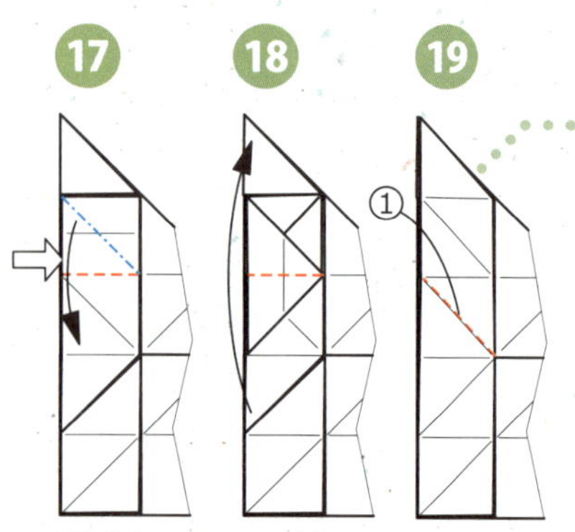

윗장만
표시선처럼
접는다.

두 장을
위로 넘긴다.

①의 골짜기접기선을
접는 모습

골짜기접기선을 접는다.

접은 모습

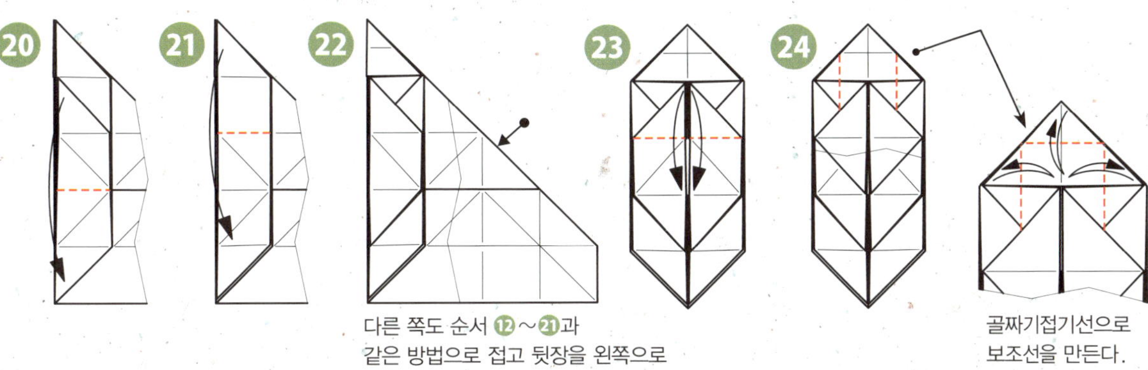

다른 쪽도 순서 12~21과
같은 방법으로 접고 뒷장을 왼쪽으로
펼쳐 좌우 대칭이 되도록 한다.

골짜기접기선으로
보조선을 만든다.

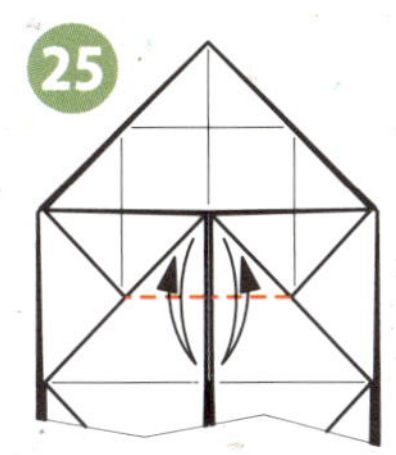

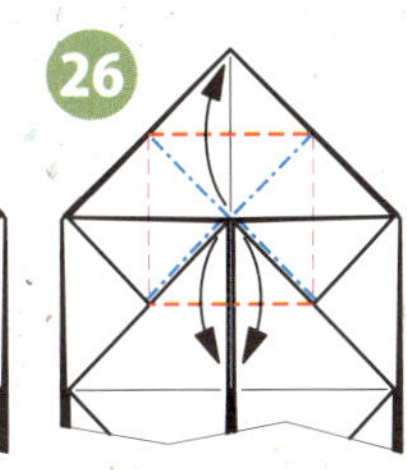

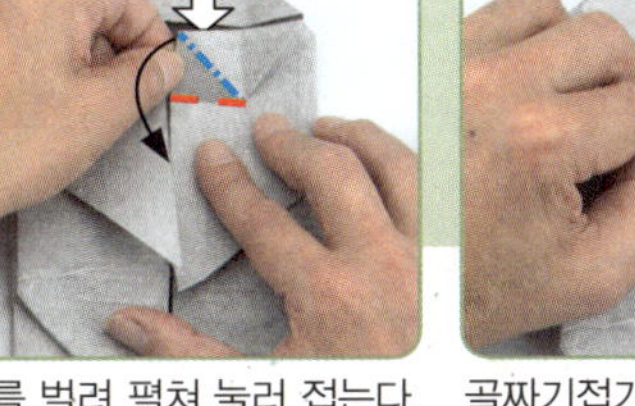

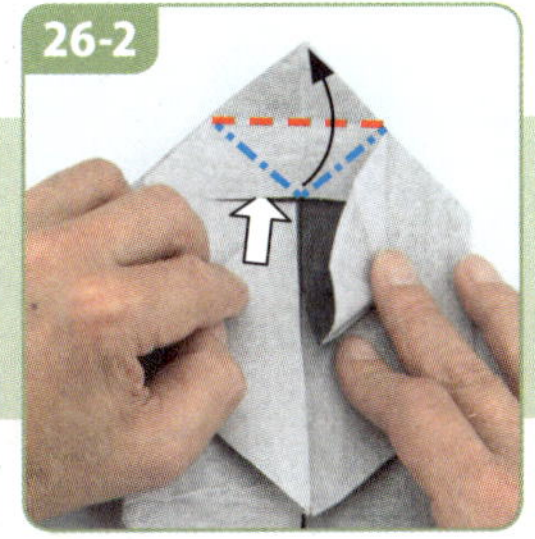

26-1 ⇩를 벌려 펼쳐 눌러 접는다.

26-2 골짜기접기선과 산접기선으로 접는다.

26-3 왼쪽도 접은 모습

27

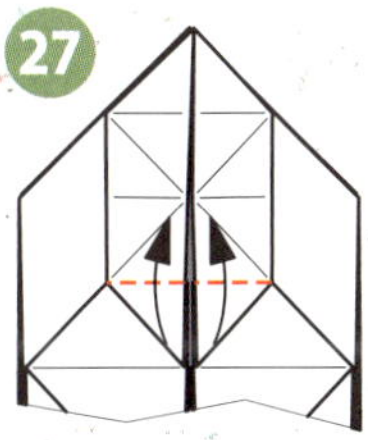

28

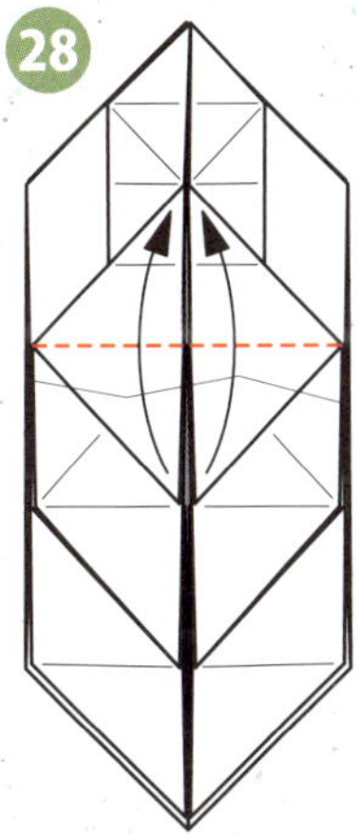

29 머리 쪽

꼬리 쪽

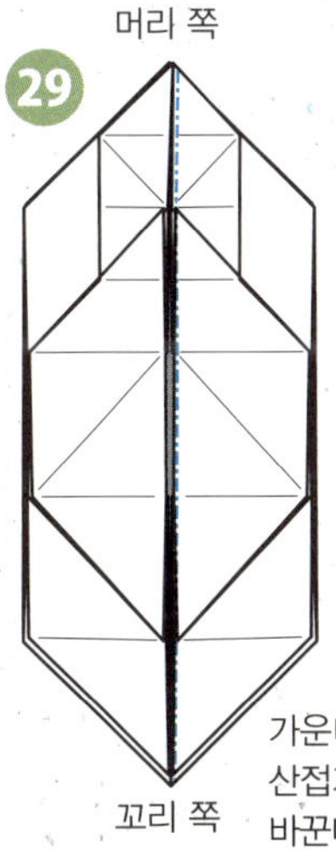

가운데의 중심선 반을
산접기하고 방향을
바꾼다.

30 꼬리 쪽 머리 쪽

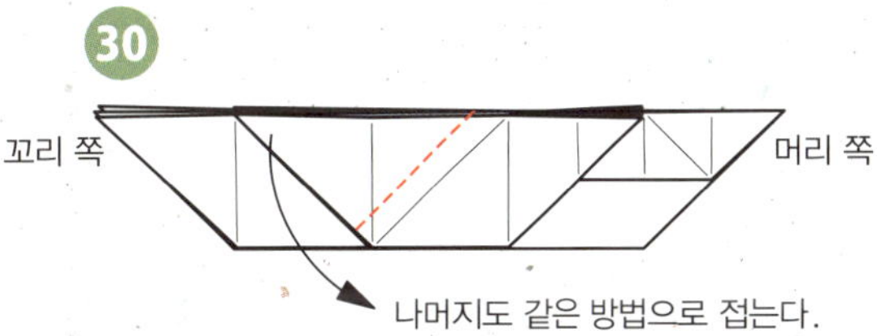

나머지도 같은 방법으로 접는다.

31 왼쪽 반을
학마름모접기(14쪽) 한다.
다른 쪽도 같은 방법으로 접는다.

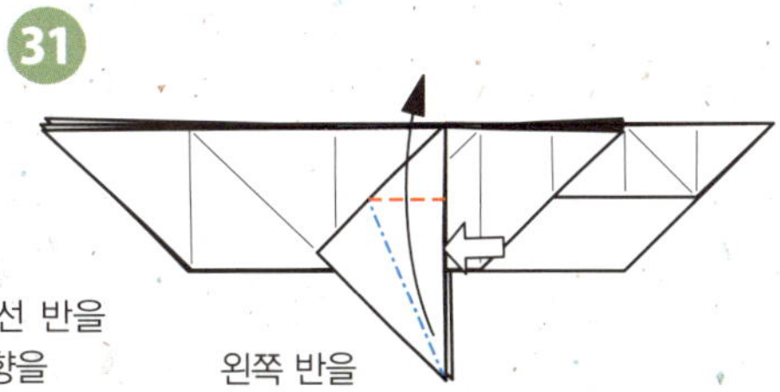

32

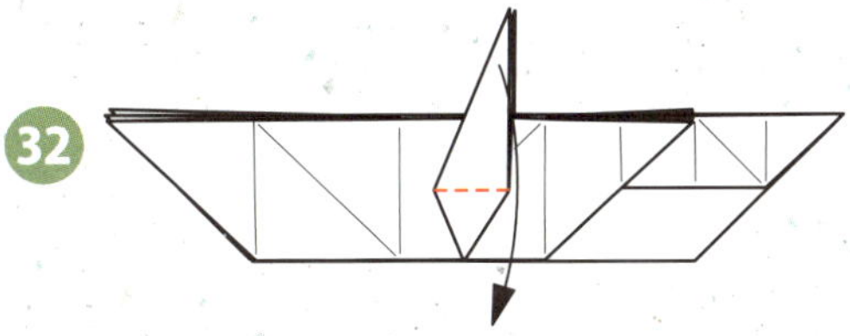

33 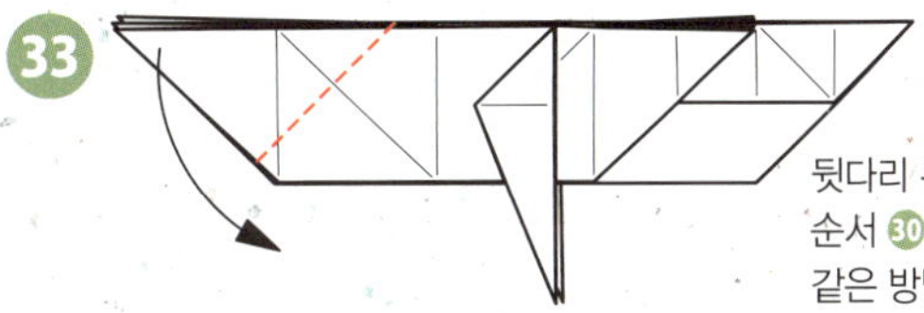 뒷다리 두 개도
순서 30~32와
같은 방법으로 접는다.

34 A C B

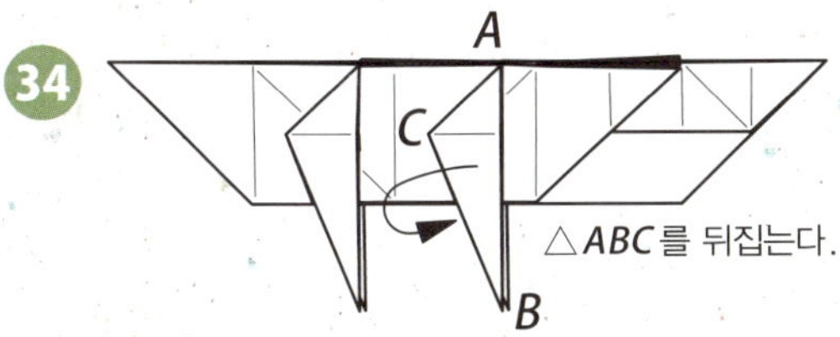

△*ABC*를 뒤집는다.

35 나머지 세 곳도
같은 방법으로 접는다.

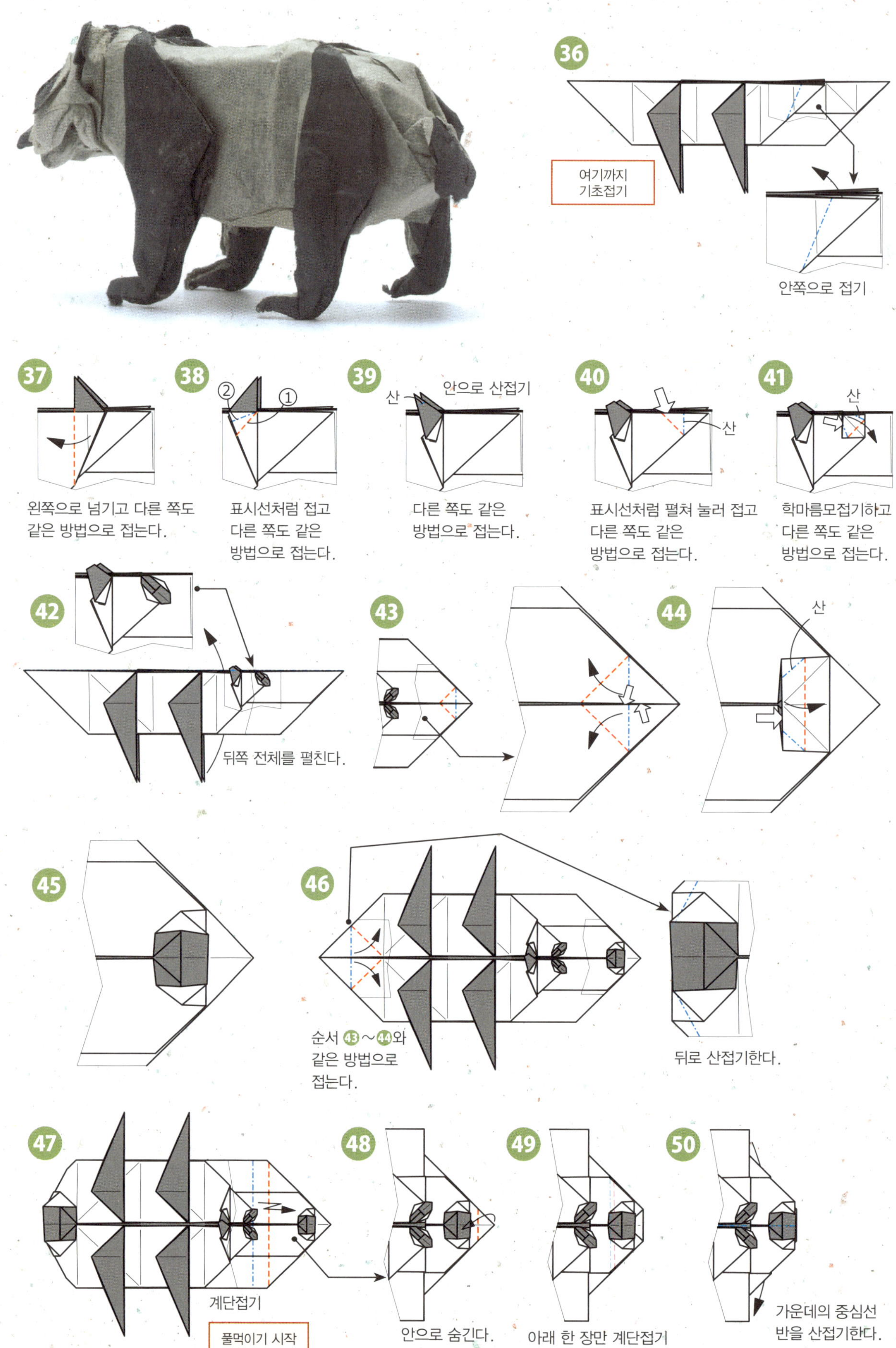
36
여기까지
기초접기
안쪽으로 접기
37
왼쪽으로 넘기고 다른 쪽도
같은 방법으로 접는다.
38
②
①
표시선처럼 접고
다른 쪽도 같은
방법으로 접는다.
39
산
안으로 산접기
다른 쪽도 같은
방법으로 접는다.
40
산
표시선처럼 펼쳐 눌러 접고
다른 쪽도 같은
방법으로 접는다.
41
산
학마름모접기하고
다른 쪽도 같은
방법으로 접는다.
42
뒤쪽 전체를 펼친다.
43
44
산
45
46
순서 43~44와
같은 방법으로
접는다.
뒤로 산접기한다.
47
계단접기
풀먹이기 시작
48
안으로 숨긴다.
49
아래 한 장만 계단접기
50
가운데의 중심선
반을 산접기한다.

51
계단접기 하고
방향을 바꾼다.
52
안으로 산접기하고 뒤쪽도
같은 방법으로 접는다.
53
54
안쪽으로 접기
발접기
55
나머지 세 곳도
순서 53~54와
같은 방법으로 접는다.
56
씌워접기
57
산
58
안으로 산접기.
뒤쪽도 같은 방법으로 접는다.
59
표시선처럼 접고 뒤쪽도
같은 방법으로 접는다.
60
안으로 산접기하고 뒤쪽도
같은 방법으로 접는다.
61
모양을 정리하여
앉은 자세의 판다를
완성한다.
62
네 다리로 선 자세는
목과 발목의 각도를
조절하여 형태를 잡는다.
모양을 정리하여
네 다리로 선 판다를
완성한다.

포유류 ① 대형 동물

사슴

▶난이도 ★★★★☆

★ 사용한 종이

48cm×48cm 1장

POINT

앞다리가 되는 두 모서리에는 덧댈 종이를 붙이면 좋으며, 뿔 부분은 종이가 꽤 두꺼워지므로 얇은 종이로 접는 것이 편하다.

순서 ⑩에서 안에 있는 종이를 꺼내는 과정, 순서 ⑪에서 겹쳐진 종이를 접는 과정, 순서 ⑮에서 뿔이 되는 부분을 접는 과정에는 모두 사진 설명을 덧붙였다. 특히 순서 ⑮는 조금 까다로우므로 사진을 잘 보면서 접도록 한다. 순서 ⑯까지의 전개도(49쪽)를 참고하며 접도록 하자.

뿔을 접는 방법(순서 ㉟~㊵)은 똑같은 패턴(4등분선의 안쪽으로 접기)을 점차 작게 만들어 가는 것인데, 먼저 ①의 산접기선과 ②의 골짜기접기선을 접고 나서 시작하도록 한다. 순서 ㉟의 긴 뿔 부분의 첫 번째 패턴을 반 벌린 상태의 사진도 덧붙였으므로 참고하자. 가능한 한 뿔 부분은 풀먹이기를 하여 실감나는 모양으로 완성하도록 한다. 다만 귀가 되는 부분은 벌여야 하니 풀먹이기는 완성 단계에서 하는 것이 좋다.

1

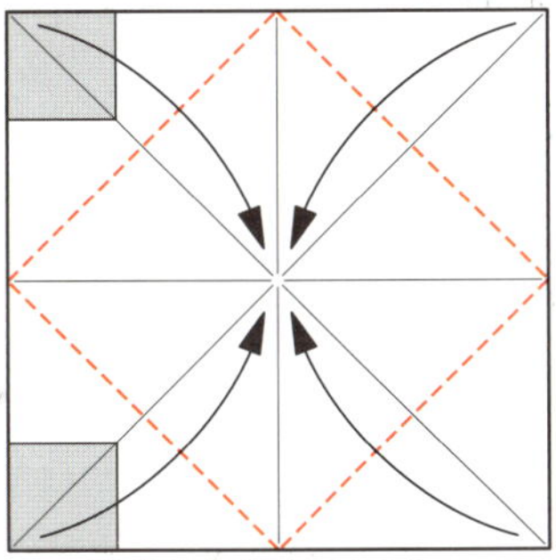

뒷면의 모서리 두 곳에
덧댈 종이를 붙인다(16쪽).

2

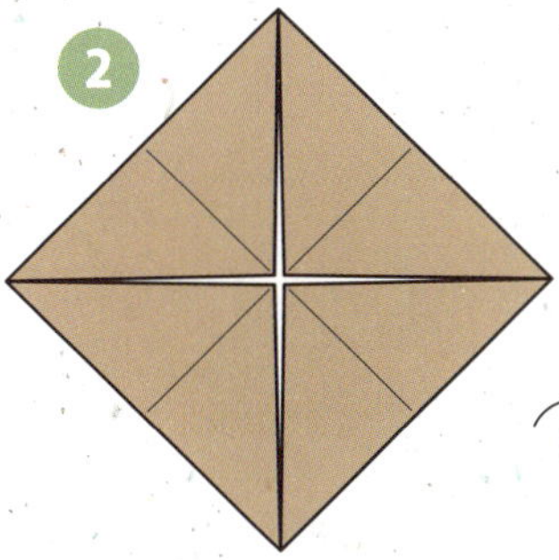

3

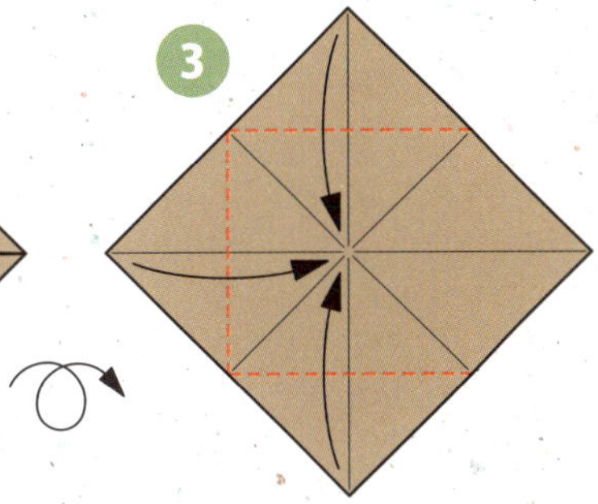

4

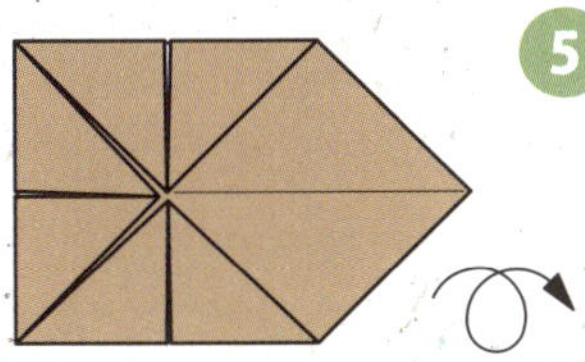

5

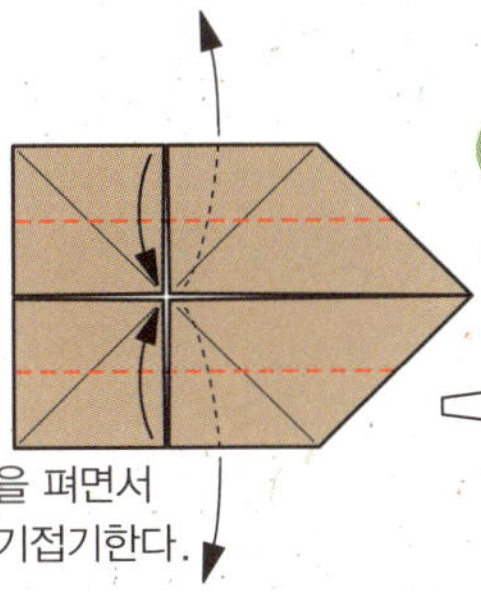

뒤쪽을 펴면서
골짜기접기한다.

6

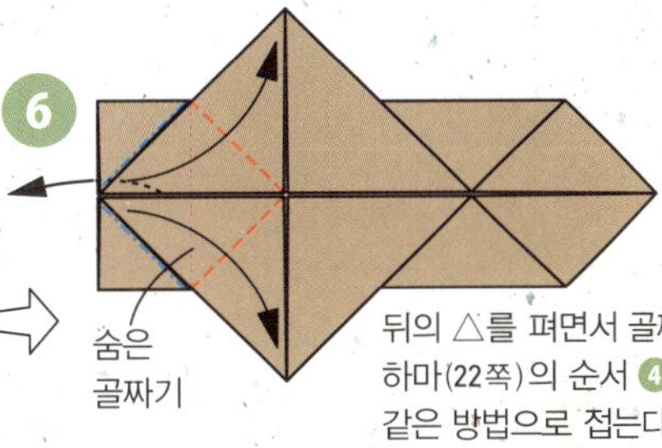

숨은
골짜기

뒤의 △를 펴면서 골짜기접기한다.
하마(22쪽)의 순서 4~6과
같은 방법으로 접는다.

7

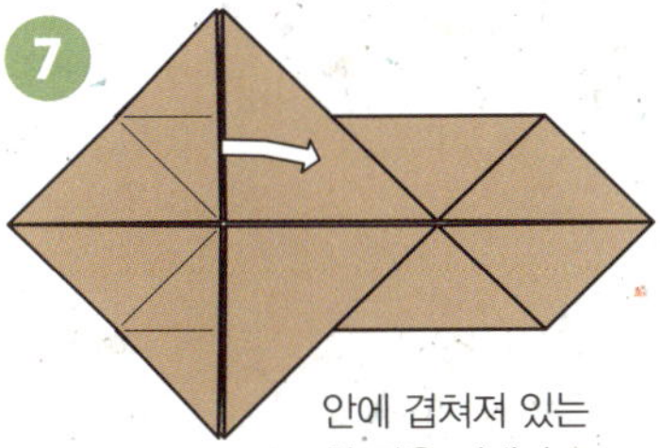

안에 겹쳐져 있는
한 장을 꺼낸다.

8

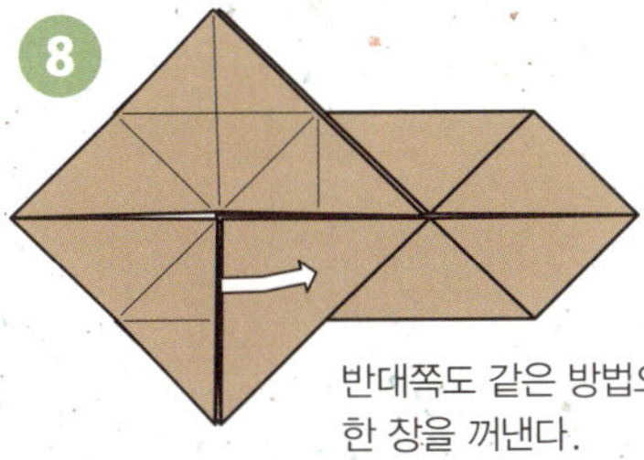

반대쪽도 같은 방법으로
한 장을 꺼낸다.

9

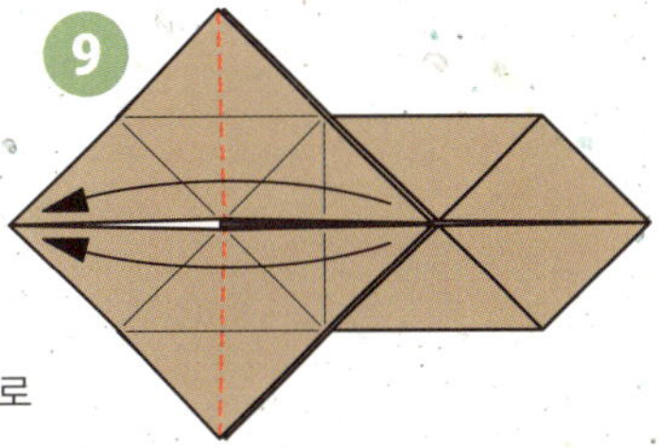

10

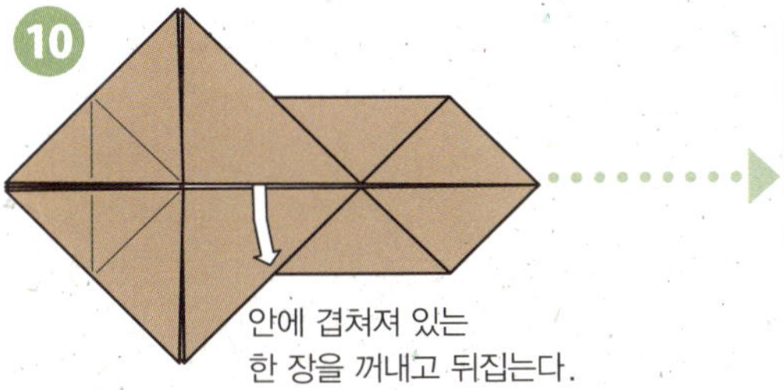

안에 겹쳐져 있는
한 장을 꺼내고 뒤집는다.

10-1

여기에 겹쳐져 있는 한 장을 꺼낸다.

10-2

꺼내는 모습

10-3

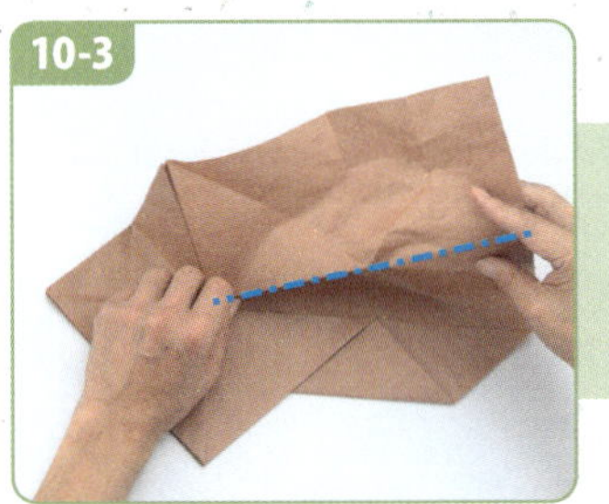

10-2에서 꺼낸 부분을 뒤집으면서
10-3의 표시선처럼 접는다.

10-4

접은 모습

11

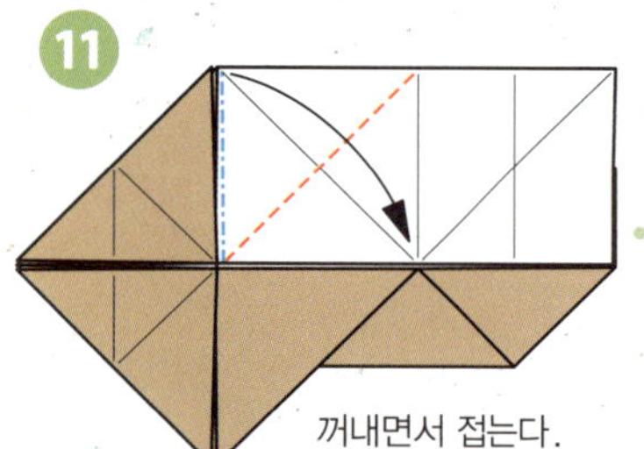

꺼내면서 접는다.

11-1

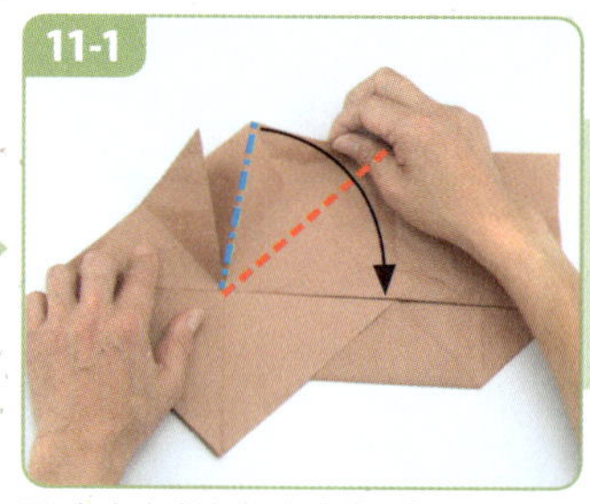

골짜기접기선과 산접기선을 만들어 접는다.

11-2

접는 모습

12

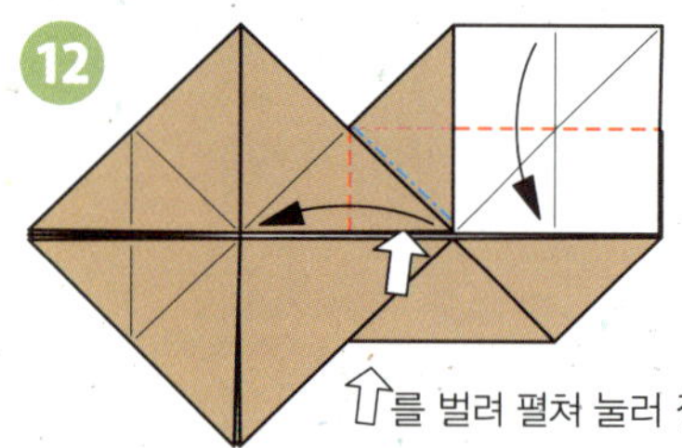

⇧를 벌려 펼쳐 눌러 접는다.

13

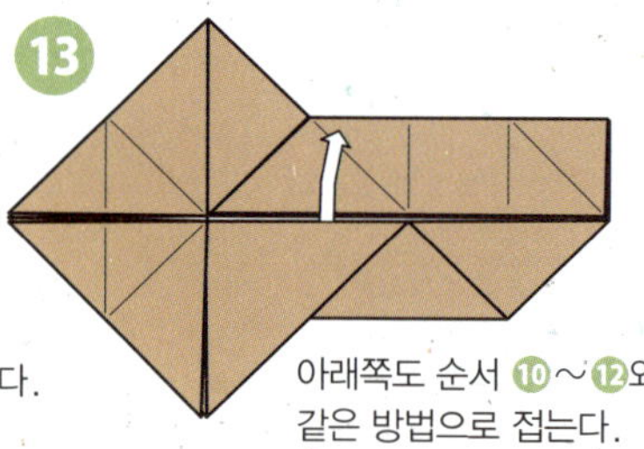

아래쪽도 순서 10~12와 같은 방법으로 접는다.

14

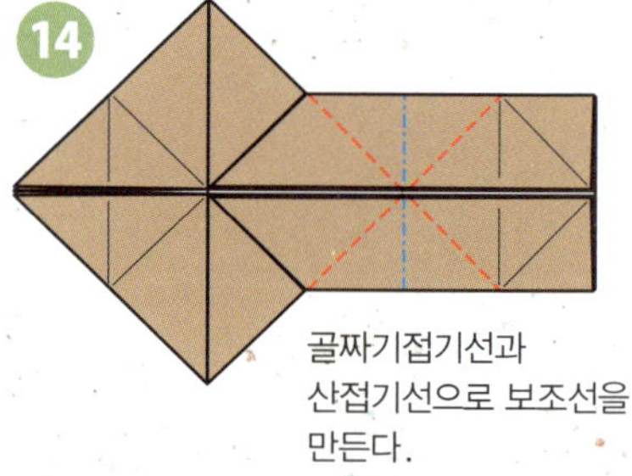

골짜기접기선과 산접기선으로 보조선을 만든다.

15

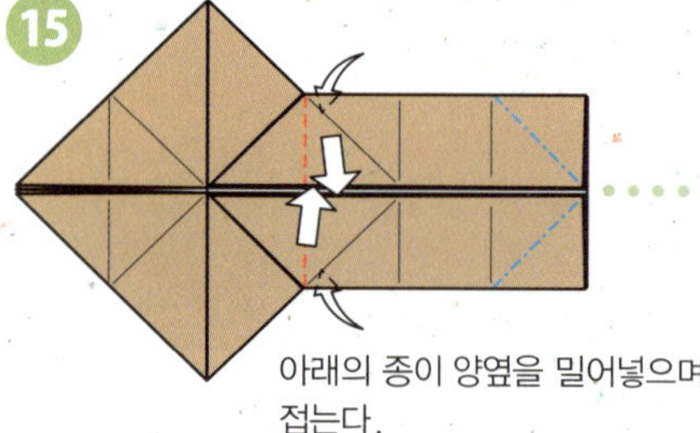

아래의 종이 양옆을 밀어넣으며 접는다.

15-1

두 장 모두 펼친다.

15-2

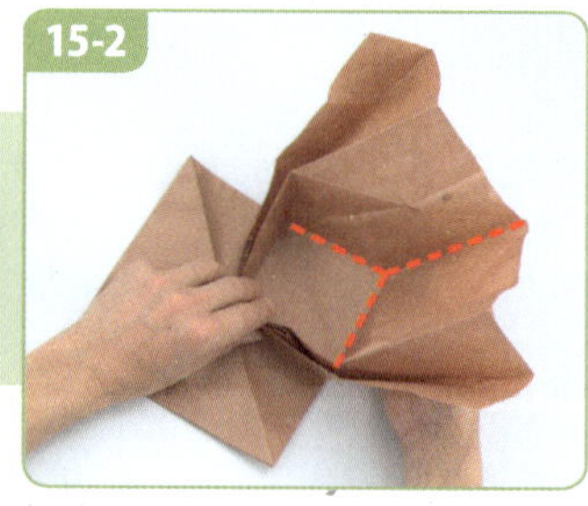

골짜기접기선을 만들어 접는다.

15-3

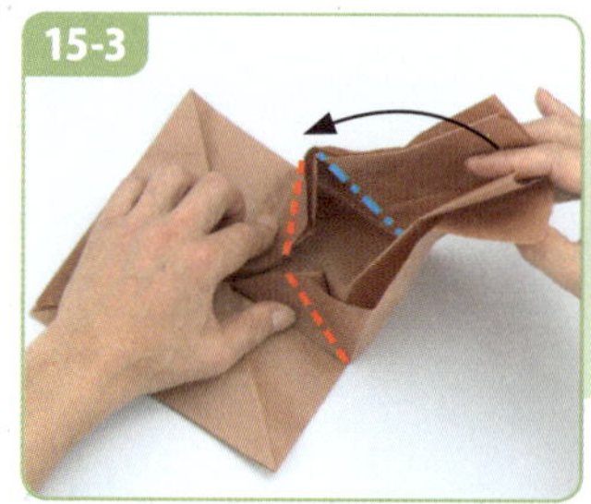

골짜기접기선과 산접기선을 만들어 접는다.

15-4

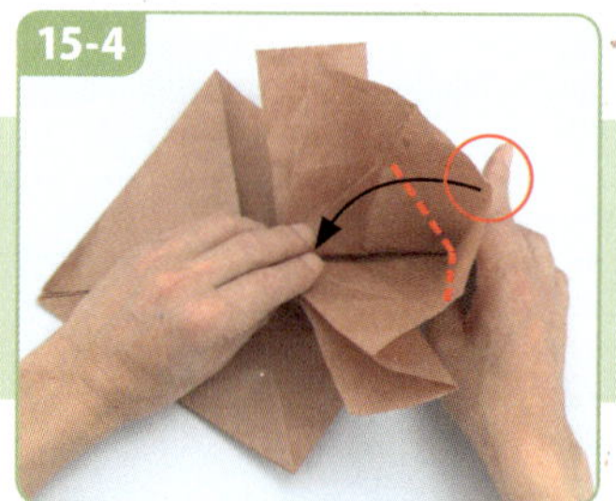

뒤쪽 사각주머니 모양으로 접는다. 골짜기접기선을 만들어 접는다.

15-5

골짜기접기선을 만들어 접는다.

15-6

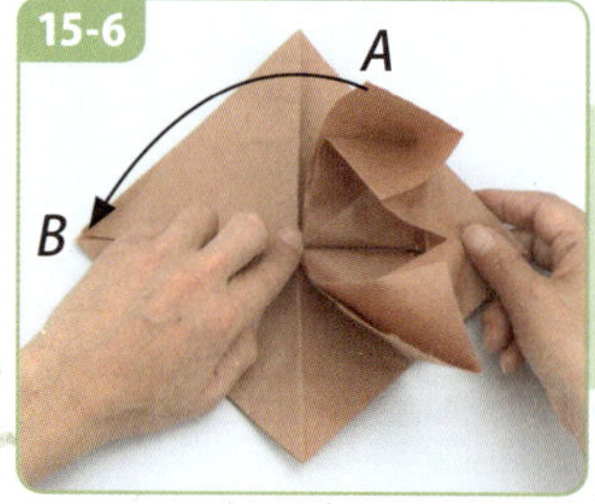

꼭지점 *A*를 꼭지점 *B* 위에 둔다.

15-7

골짜기접기선과 산접기선을 만들어 접는다.

15-8

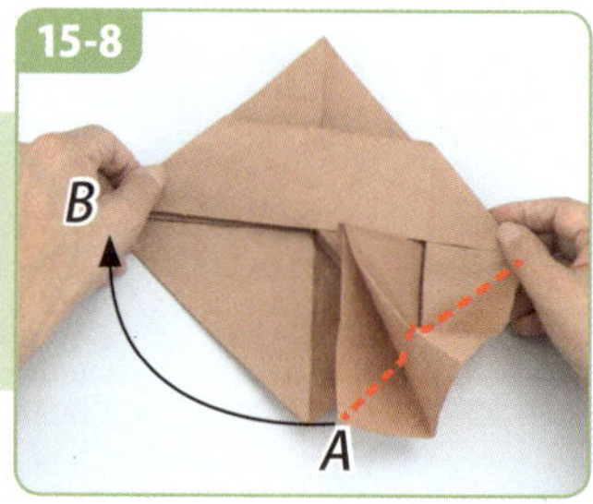

아래쪽도 꼭지점 *A*를 꼭지점 *B* 위에 오도록 두고 15-7과 같은 방법으로 접는다.

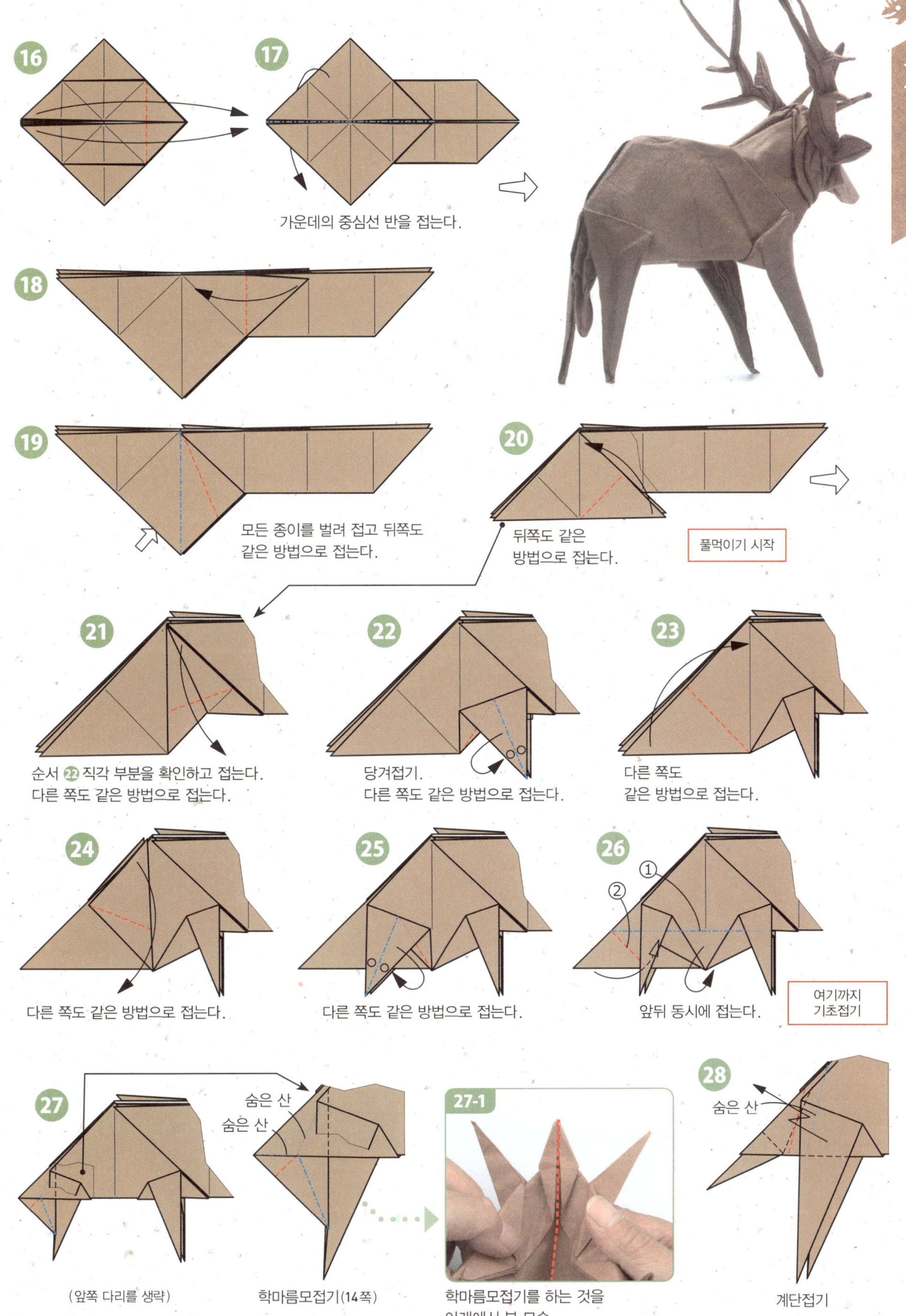
사슴
16
17
가운데의 중심선 반을 접는다.
18
19
모든 종이를 벌려 접고 뒤쪽도
같은 방법으로 접는다.
20
뒤쪽도 같은
방법으로 접는다.
풀먹이기 시작
21
순서 22 직각 부분을 확인하고 접는다.
다른 쪽도 같은 방법으로 접는다.
22
당겨접기.
다른 쪽도 같은 방법으로 접는다.
23
다른 쪽도
같은 방법으로 접는다.
24
다른 쪽도 같은 방법으로 접는다.
25
다른 쪽도 같은 방법으로 접는다.
26
①
②
앞뒤 동시에 접는다.
여기까지
기초접기
27
(앞쪽 다리를 생략)
숨은 산
숨은 산
학마름모접기(14쪽)
27-1
학마름모접기를 하는 것을
아래에서 본 모습
28
숨은 산
계단접기

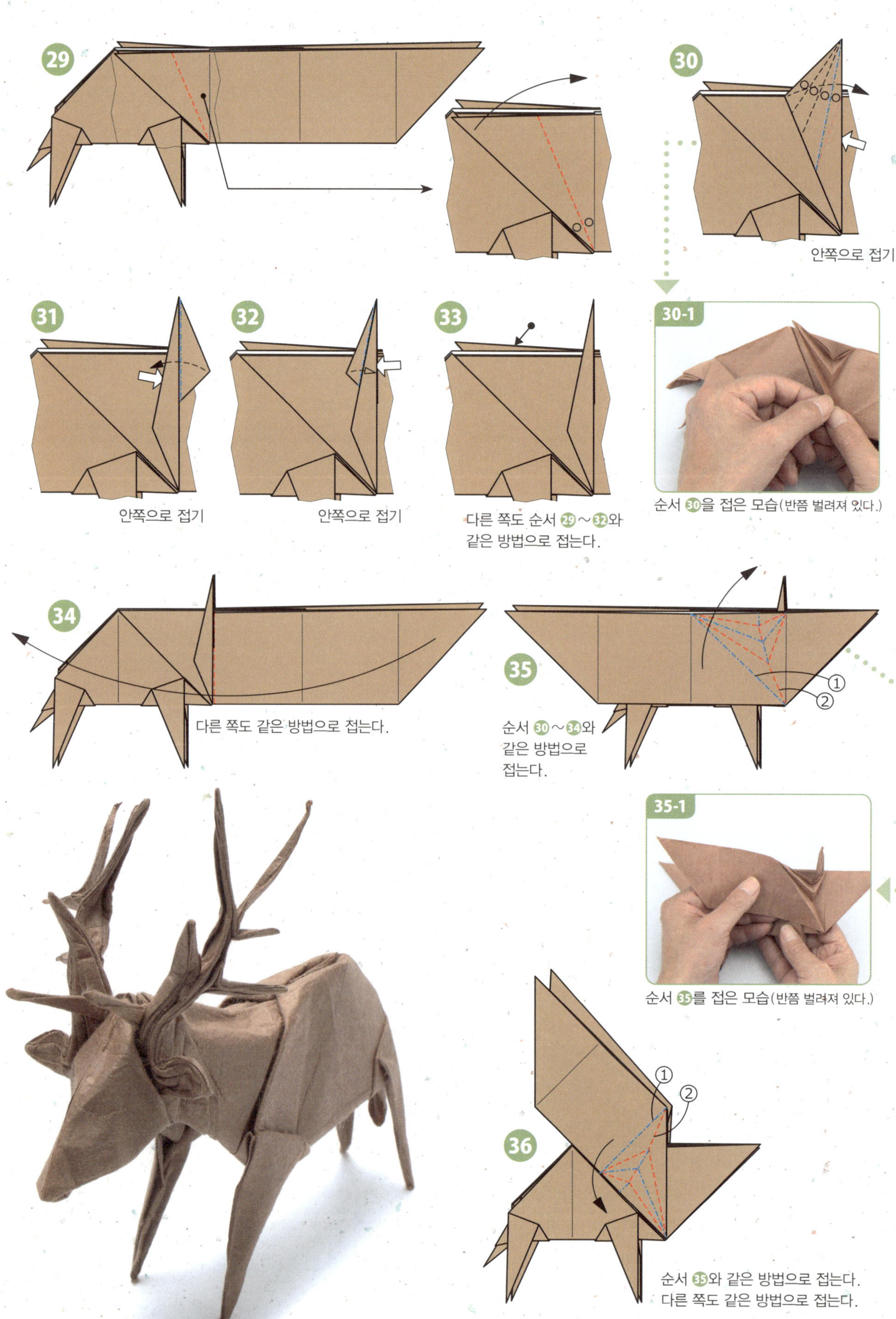
29
30
안쪽으로 접기
31
안쪽으로 접기
32
안쪽으로 접기
33
다른 쪽도 순서 29~32와
같은 방법으로 접는다.
30-1
순서 30을 접은 모습(반쯤 벌려져 있다.)
34
다른 쪽도 같은 방법으로 접는다.
35
순서 30~34와
같은 방법으로
접는다.
①
②
35-1
순서 35를 접은 모습(반쯤 벌려져 있다.)
36
①
②
순서 35와 같은 방법으로 접는다.
다른 쪽도 같은 방법으로 접는다.

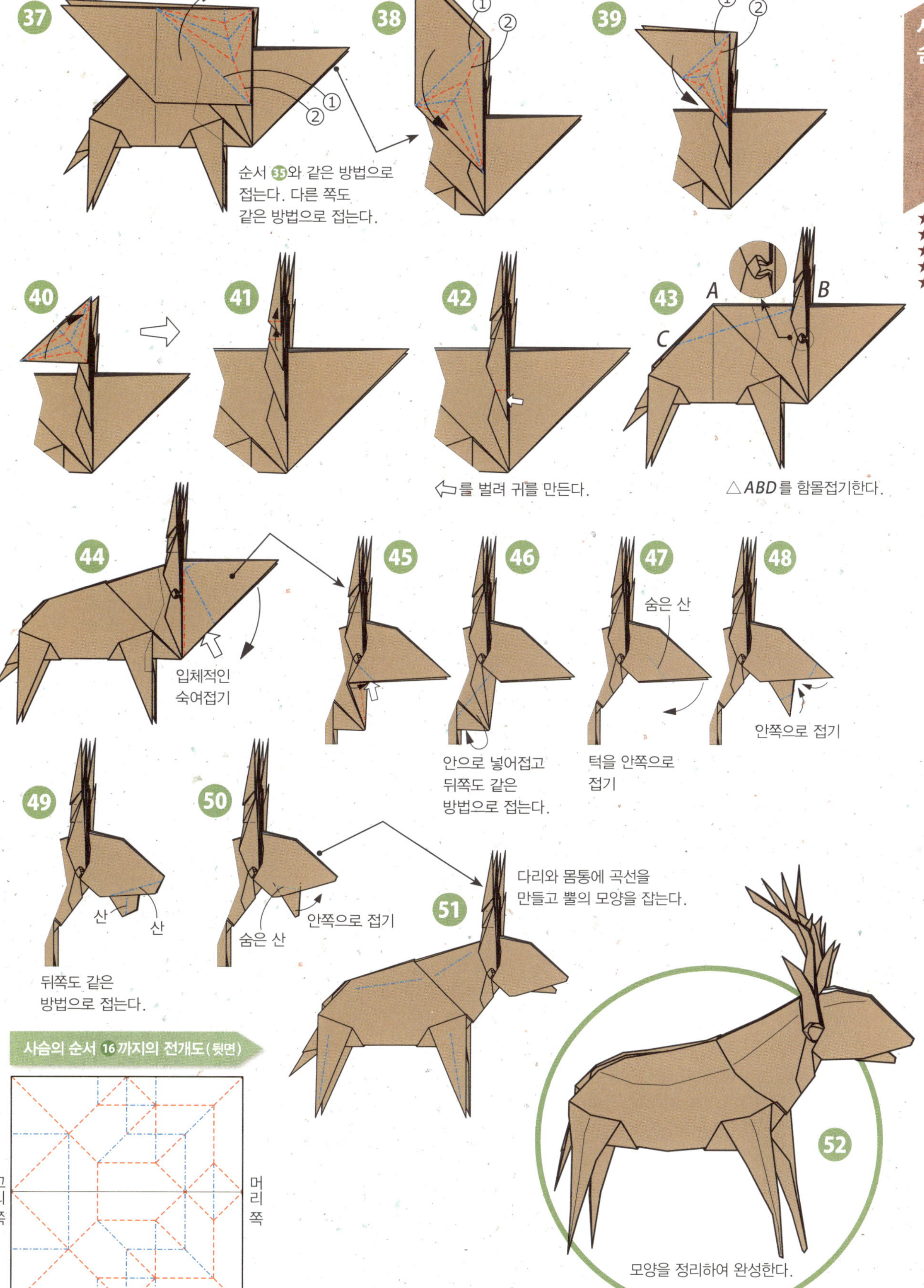
사슴
37
순서 35와 같은 방법으로
접는다. 다른 쪽도
같은 방법으로 접는다.
38
39
40
41
42
를 벌려 귀를 만든다.
43
A
B
C
△ABD를 함몰접기한다.
44
입체적인
숙여접기
45
46
안으로 넣어접고
뒤쪽도 같은
방법으로 접는다.
47
숨은 산
털을 안쪽으로
접기
48
안쪽으로 접기
49
산
산
뒤쪽도 같은
방법으로 접는다.
50
숨은 산
안쪽으로 접기
51
다리와 몸통에 곡선을
만들고 뿔의 모양을 잡는다.
52
모양을 정리하여 완성한다.
사슴의 순서 16까지의 전개도(뒷면)
꼬리
쪽
머리
쪽

포유류 ② 소형 동물

쥐

▶ 난이도 ★★☆☆☆

★ 사용한 종이

23cm×23cm 1장

POINT

십이간지의 쥐로서 고안한 작품으로 면 기본형(15쪽)부터 접기 시작한다. 귀를 폭이 넓고 크게 만들어 귀여운 모양이 되는데, 순서 ⑳에서 귀의 길이를 결정하는 골짜기접기가 작으면 균형이 좋지 않게 되므로 주의한다.

순서 ㉕~㉘까지는 앞다리를 가늘게 만들기 위한 과정이므로 이 과정이 끝나고 나서 풀먹이기를 하면 좋다. 물론 그전에 풀먹이기를 해도 상관없지만, 다만 앞다리를 가늘게 하는 과정을 염두에 두고 이 부분은 풀먹이기를 하지 않는다.

순서 ㉟에서 머리 위를 함몰접기함으로써 얼굴을 작고 길게 보이게 함과 동시에 귀의 크기도 강조할 수 있다. 뒤가 흰색인 종이는 접기 전에 남은 종이를 4~5mm로 잘라 뒷면의 두 대각선에 붙이면 완성했을 때 뒤의 흰색이 보이지 않는다.

면 기본형(11쪽)부터

쥐

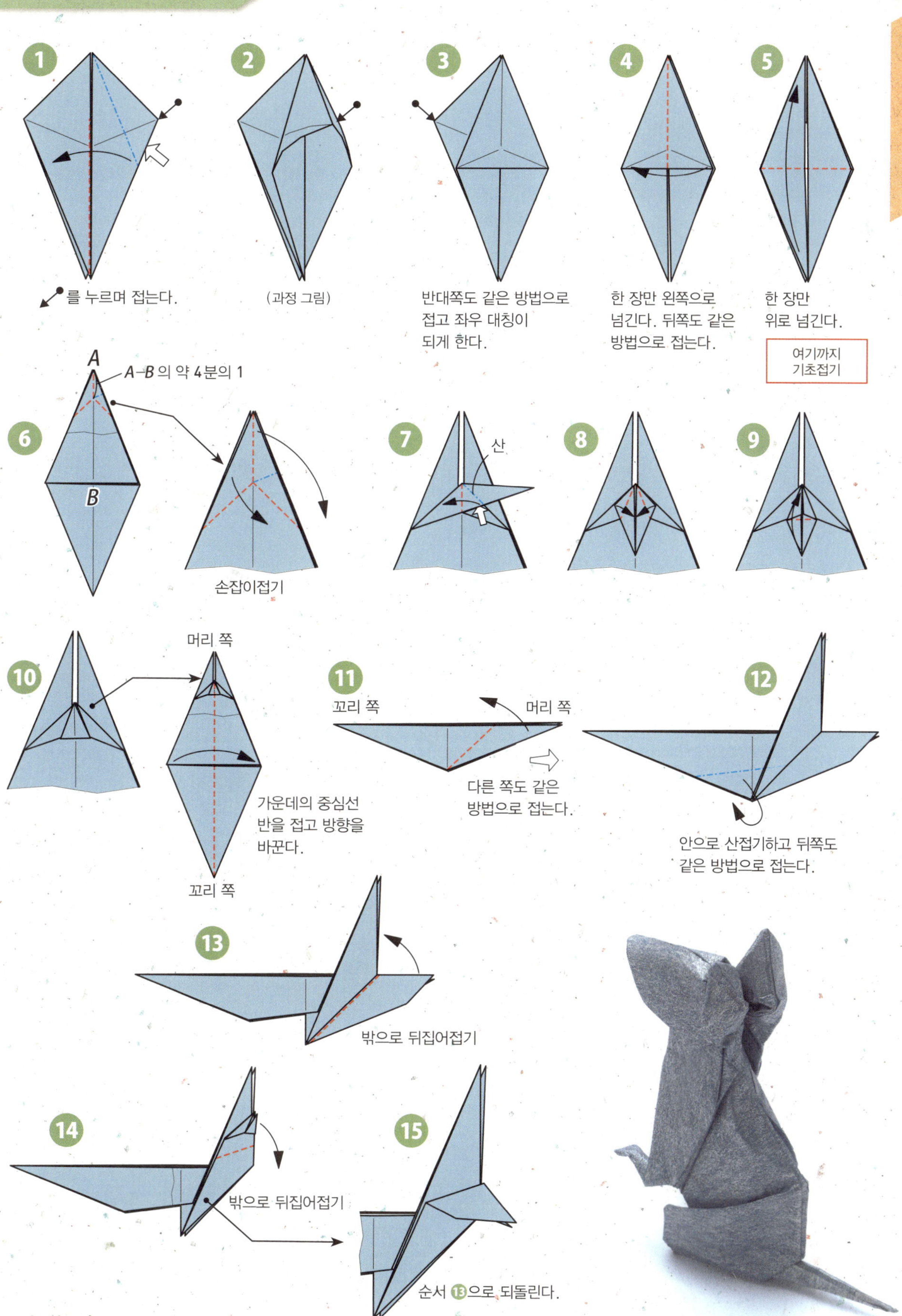
1
를 누르며 접는다.
2
(과정 그림)
3
반대쪽도 같은 방법으로
접고 좌우 대칭이
되게 한다.
4
한 장만 왼쪽으로
넘긴다. 뒤쪽도 같은
방법으로 접는다.
5
한 장만
위로 넘긴다.
여기까지
기초접기
6
A
A–B 의 약 4분의 1
B
손잡이접기
7
산
8
9
10
머리 쪽
가운데의 중심선
반을 접고 방향을
바꾼다.
꼬리 쪽
11
꼬리 쪽
머리 쪽
다른 쪽도 같은
방법으로 접는다.
12
안으로 산접기하고 뒤쪽도
같은 방법으로 접는다.
13
밖으로 뒤집어접기
14
밖으로 뒤집어접기
15
순서 13으로 되돌린다.

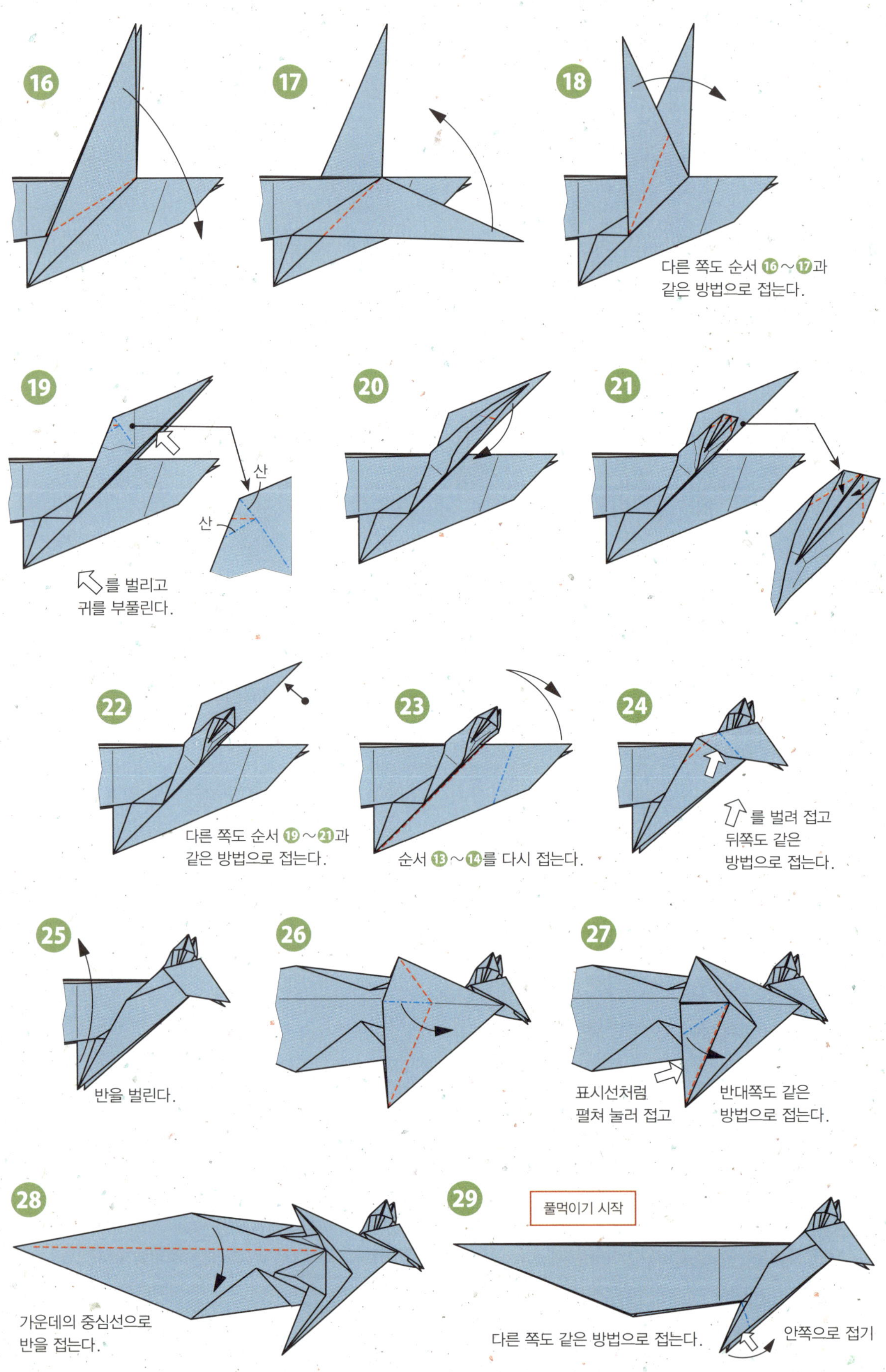
16
17
18
다른 쪽도 순서 16~17과
같은 방법으로 접는다.
19
산
산
를 벌리고
귀를 부풀린다.
20
21
22
다른 쪽도 순서 19~21과
같은 방법으로 접는다.
23
순서 13~14를 다시 접는다.
24
를 벌려 접고
뒤쪽도 같은
방법으로 접는다.
25
반을 벌린다.
26
27
표시선처럼
펼쳐 눌러 접고
반대쪽도 같은
방법으로 접는다.
28
가운데의 중심선으로
반을 접는다.
29
풀먹이기 시작
다른 쪽도 같은 방법으로 접는다.
안쪽으로 접기

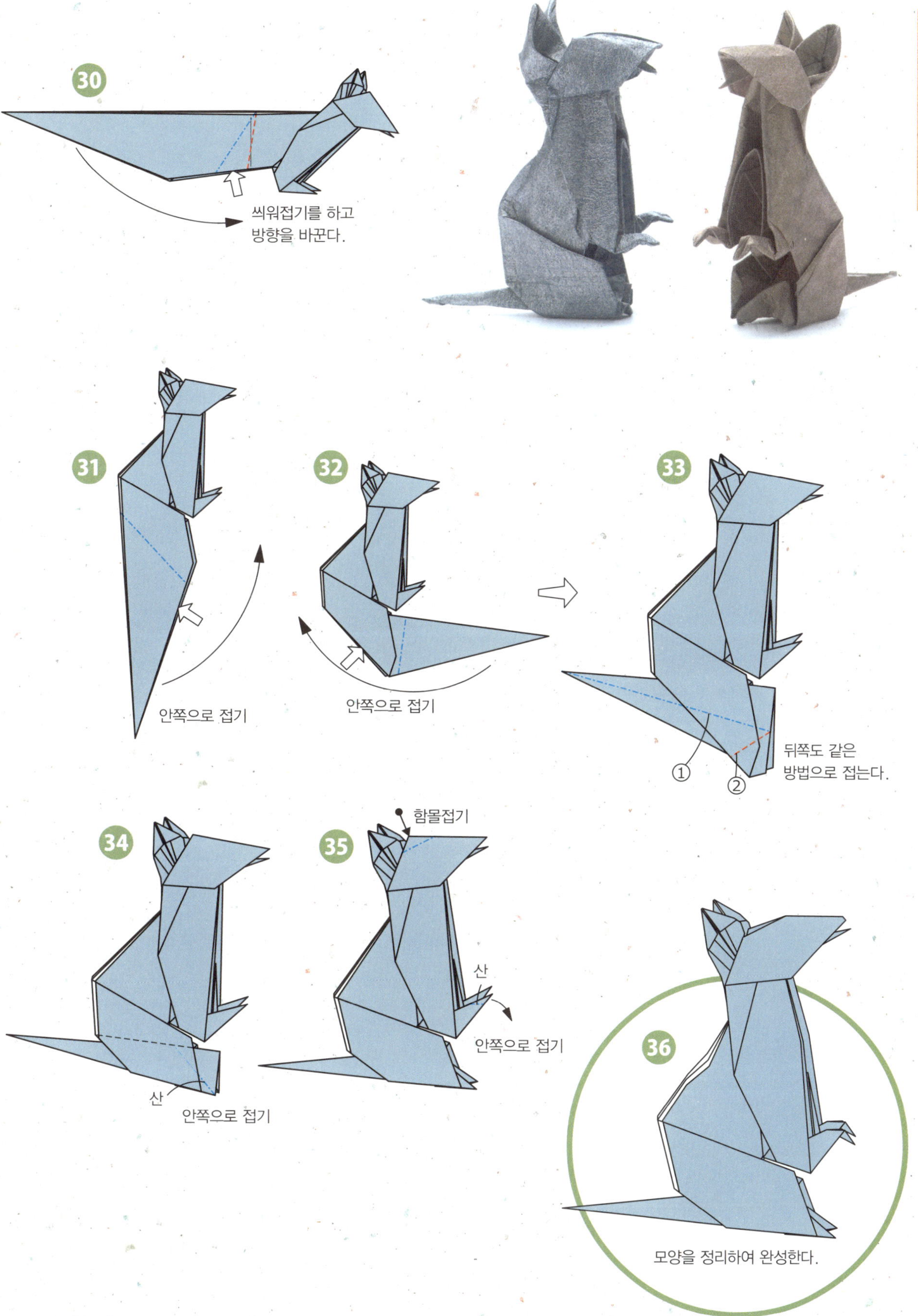
30
씌워접기를 하고
방향을 바꾼다.
31
안쪽으로 접기
32
안쪽으로 접기
33
①
②
뒤쪽도 같은
방법으로 접는다.
34
산
안쪽으로 접기
35
함몰접기
산
안쪽으로 접기
36
모양을 정리하여 완성한다.

▶ 난이도 ★★☆☆☆

포유류 ② 소형 동물

닥스훈트

★ 사용한 종이

26cm×26cm 1장

POINT

개구리 기본형(14쪽)과 학접기 기본형(14쪽)을 절충한 기본접기부터 진행한다. 순서 ⑲~㉔에서 머리를 접는데, 이 부분은 종이가 꽤 두꺼워지므로 과정이 비교적 짧은 작품이더라도 얇은 종이를 이용하는 것이 좋다.

순서 ㉓에서 얼굴을 가늘게 만드는 과정은 귀가 되는 부분의 뒤쪽도 동시에 접어야 하지만 그림은 생략했다. 또한 얼굴을 홀쭉하게 만들어야 닥스훈트다워진다.

마무리 단계에서 등 부분을 평평하게 만드는 한편, 입체감을 주면 더욱 리얼해진다. 얼굴의 산접기선은 평평하게 만들고 머리는 입체적으로 만들어도 좋다. 머리를 약간 위로 든 자세로 만들면 한결 귀여워진다.

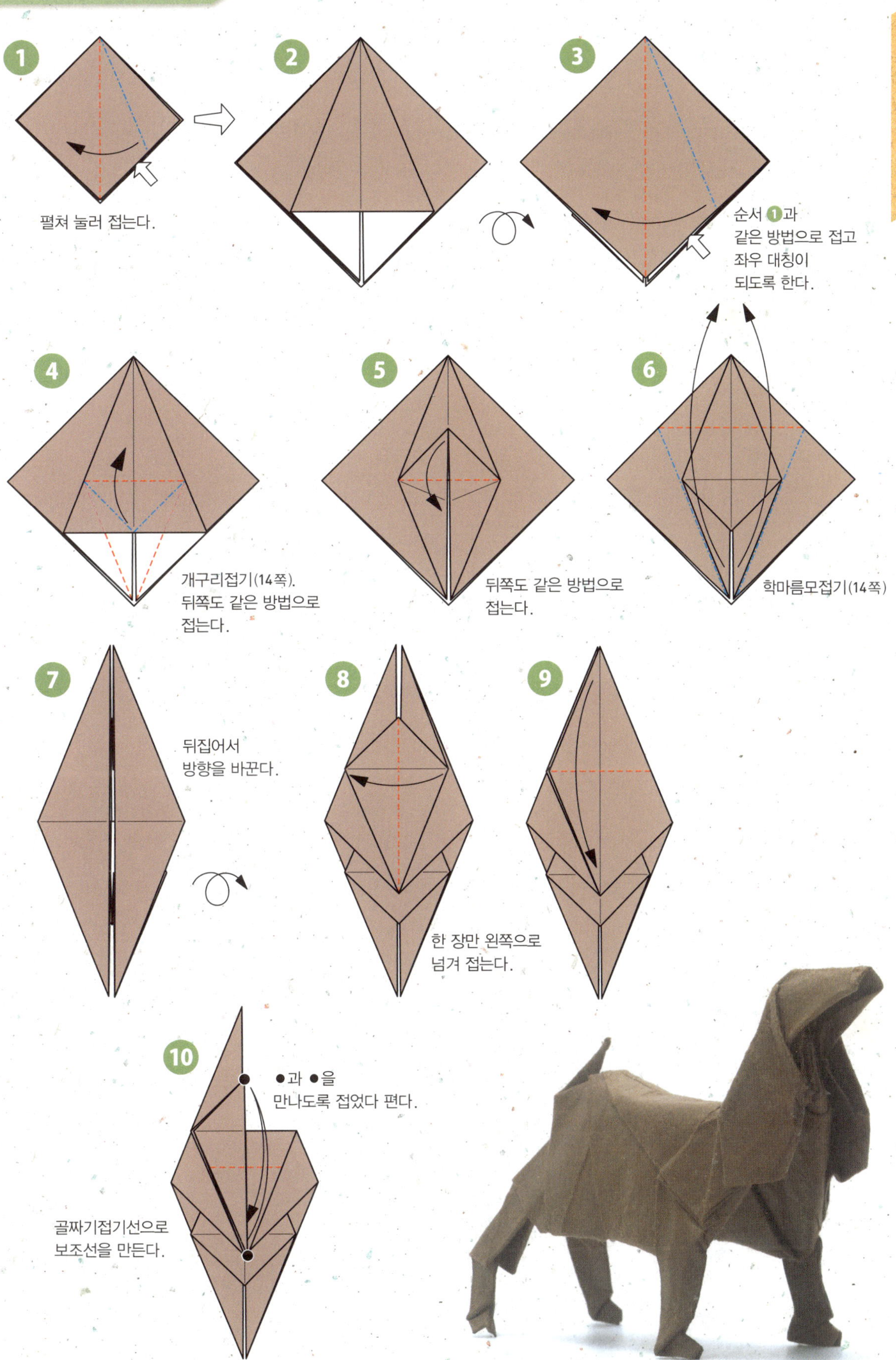
1
펼쳐 눌러 접는다.
2
3
순서 1과
같은 방법으로 접고
좌우 대칭이
되도록 한다.
4
개구리접기(14쪽).
뒤쪽도 같은 방법으로
접는다.
5
뒤쪽도 같은 방법으로
접는다.
6
학마름모접기(14쪽)
7
뒤집어서
방향을 바꾼다.
8
한 장만 왼쪽으로
넘겨 접는다.
9
10
●과 ●을
만나도록 접었다 편다.
골짜기접기선으로
보조선을 만든다.

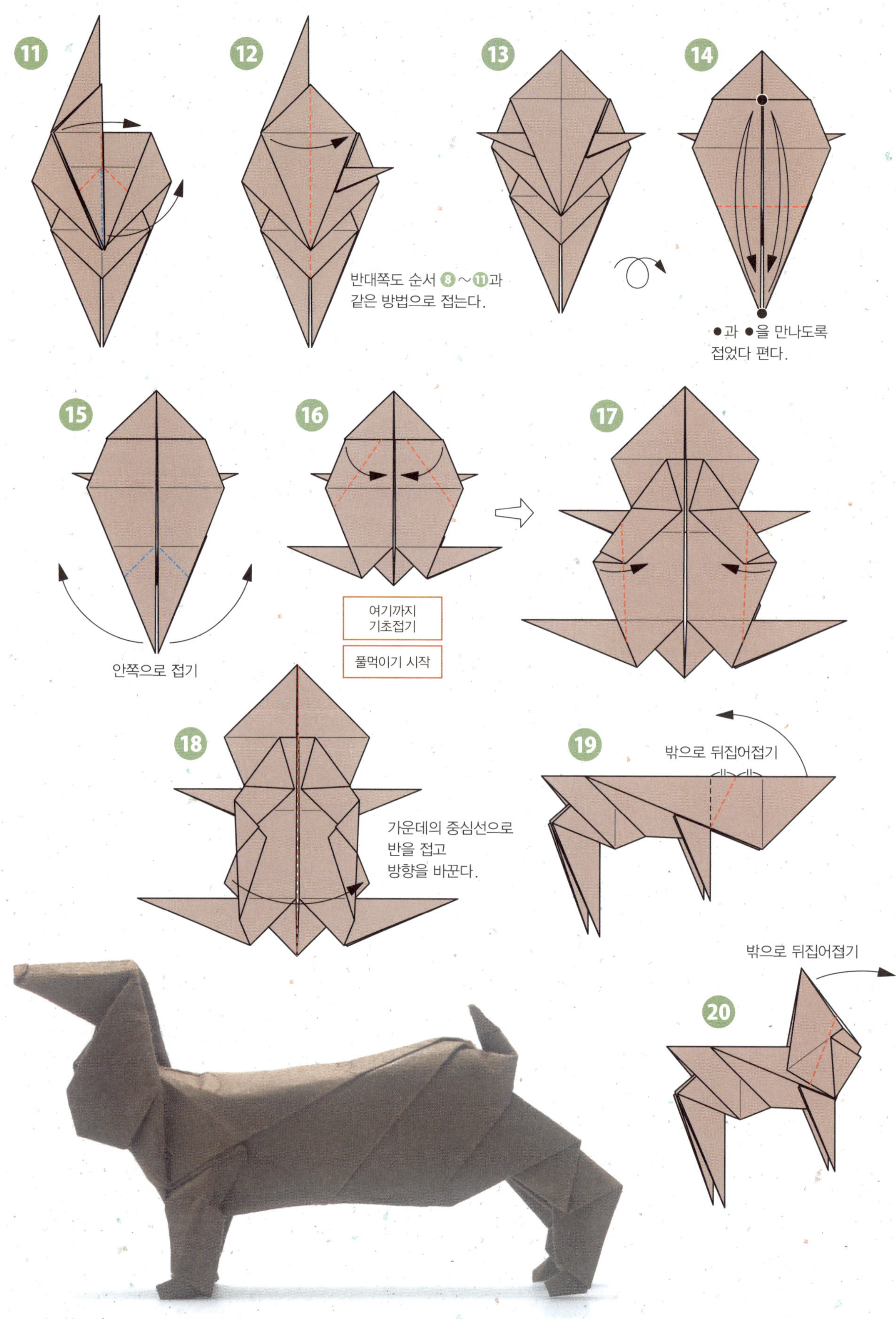
11
12
반대쪽도 순서 8~11과
같은 방법으로 접는다.
13
14
●과 ●을 만나도록
접었다 편다.
15
안쪽으로 접기
16
여기까지
기초접기
풀먹이기 시작
17
18
가운데의 중심선으로
반을 접고
방향을 바꾼다.
19
밖으로 뒤집어접기
20
밖으로 뒤집어접기

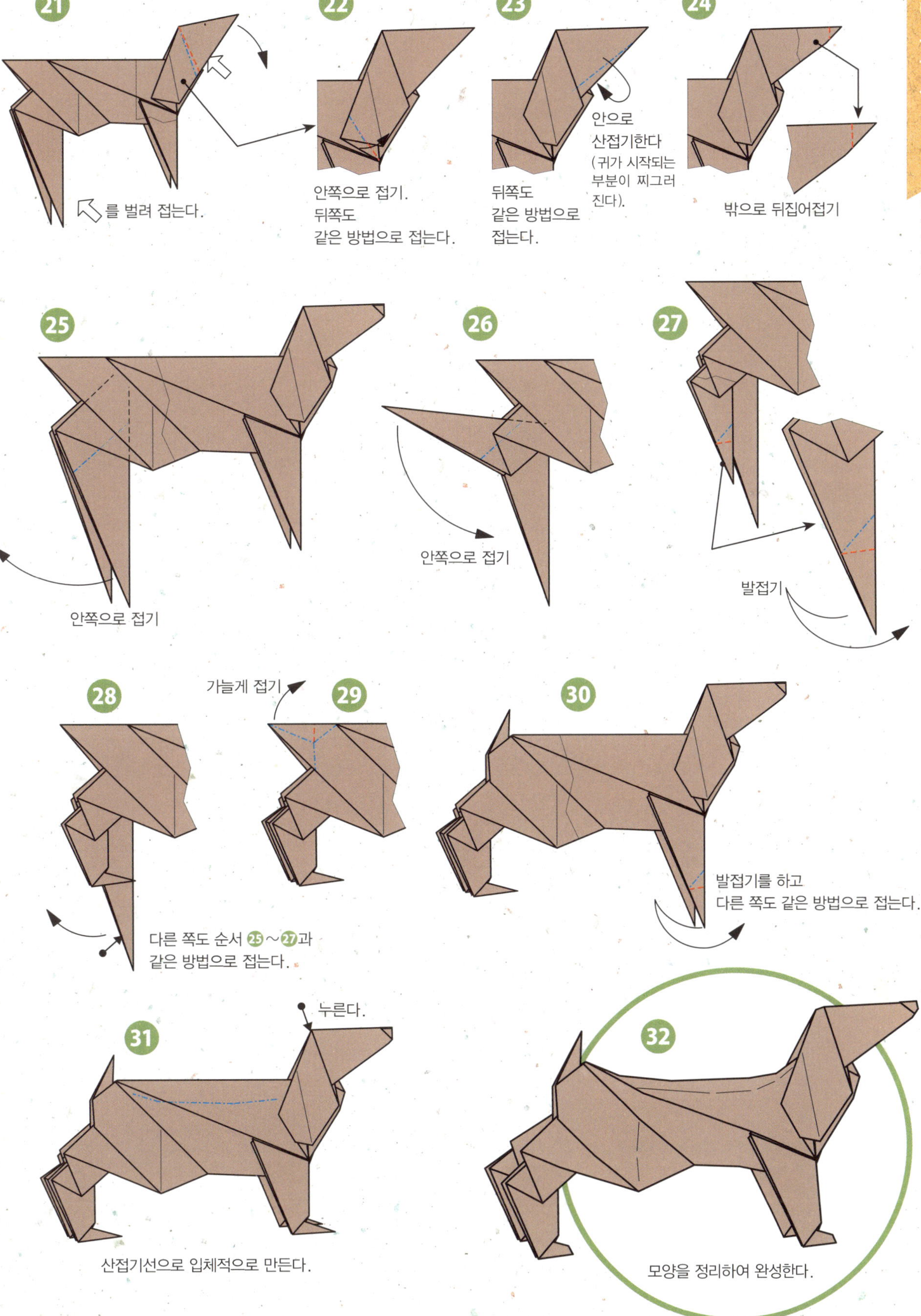
21
를 벌려 접는다.
22
안쪽으로 접기.
뒤쪽도
같은 방법으로 접는다.
23
뒤쪽도
같은 방법으로
접는다.
안으로
산접기한다
(귀가 시작되는
부분이 찌그러
진다).
24
밖으로 뒤집어접기
25
안쪽으로 접기
26
안쪽으로 접기
27
발접기
28
다른 쪽도 순서 25~27과
같은 방법으로 접는다.
가늘게 접기
29
30
발접기를 하고
다른 쪽도 같은 방법으로 접는다.
31
누른다.
산접기선으로 입체적으로 만든다.
32
모양을 정리하여 완성한다.

▶ 난이도 ★★☆☆☆

포유류 ② 소형 동물

아기곰

★ 사용한 종이

22cm×22cm 1장(검은색 종이에 흰색 종이를 덧대기)

POINT

순서 ❶~❷에서 네 모서리를 가운데로 모아 접는 방석접기를 한 후 고기접기 기본형(15쪽)을 접은 것이 기본형이 된다. 이것을 거북이 기본형이라고 부른다.

순서 ⓱에서는 머리의 모양이 결정되는데, 이때 너무 커지지 않도록 주의한다.

순서 ㉒의 안쪽으로 접기는 배의 가운데 산접기선이 있으므로 완성되어도 좌우 대칭을 이루지 않는다. 좌우 대칭을 이루게 하고 싶다면 이 산접기선을 평평하게 만들어 가늘게 접기의 요령으로 접으면 된다.

귀도 지나치게 크게 만들지 말고 완만한 곡선을 이루도록 하면 보기에 좋다. 모양을 정리할 때, 등 안쪽에서 손가락을 넣어 배를 불룩하게 하면 뒷다리 두 개가 벌어지므로 안정되게 설 수 있다. 가슴에 초승달 모양으로 연한 색 털이 있는 아시아흑곰처럼 만들려면 검은색 종이의 뒷면에 흰색 종이를 덧대 사용하면 되지만, 그냥 검은색 종이로 접어도 문제없다.

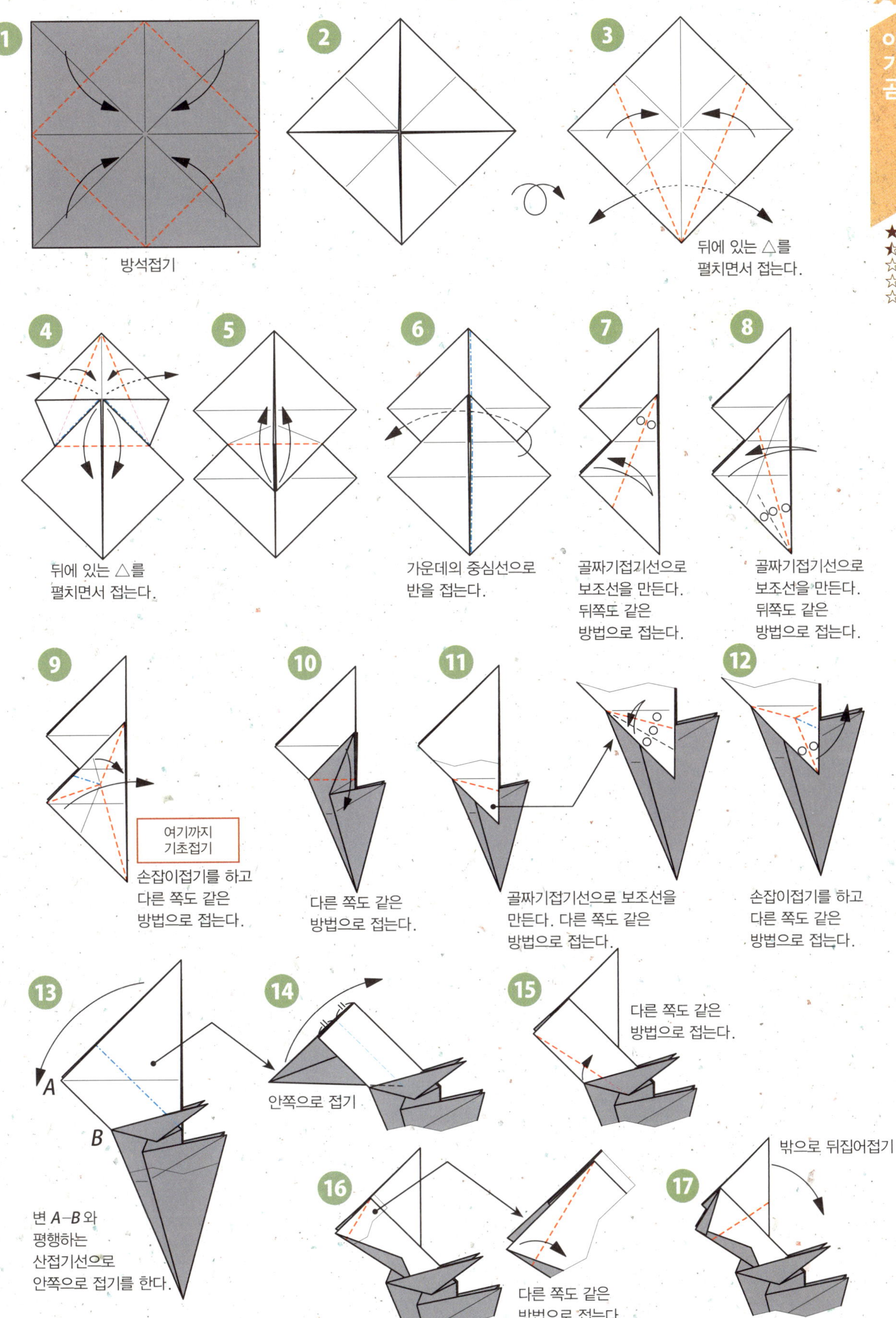
1
방석접기
2
3
뒤에 있는 △를
펼치면서 접는다.
4
뒤에 있는 △를
펼치면서 접는다.
5
6
가운데의 중심선으로
반을 접는다.
7
골짜기접기선으로
보조선을 만든다.
뒤쪽도 같은
방법으로 접는다.
8
골짜기접기선으로
보조선을 만든다.
뒤쪽도 같은
방법으로 접는다.
9
여기까지
기초접기
손잡이접기를 하고
다른 쪽도 같은
방법으로 접는다.
10
다른 쪽도 같은
방법으로 접는다.
11
골짜기접기선으로 보조선을
만든다. 다른 쪽도 같은
방법으로 접는다.
12
손잡이접기를 하고
다른 쪽도 같은
방법으로 접는다.
13
A
B
변 A-B와
평행하는
산접기선으로
안쪽으로 접기를 한다.
14
안쪽으로 접기
15
다른 쪽도 같은
방법으로 접는다.
16
다른 쪽도 같은
방법으로 접는다.
17
밖으로 뒤집어접기

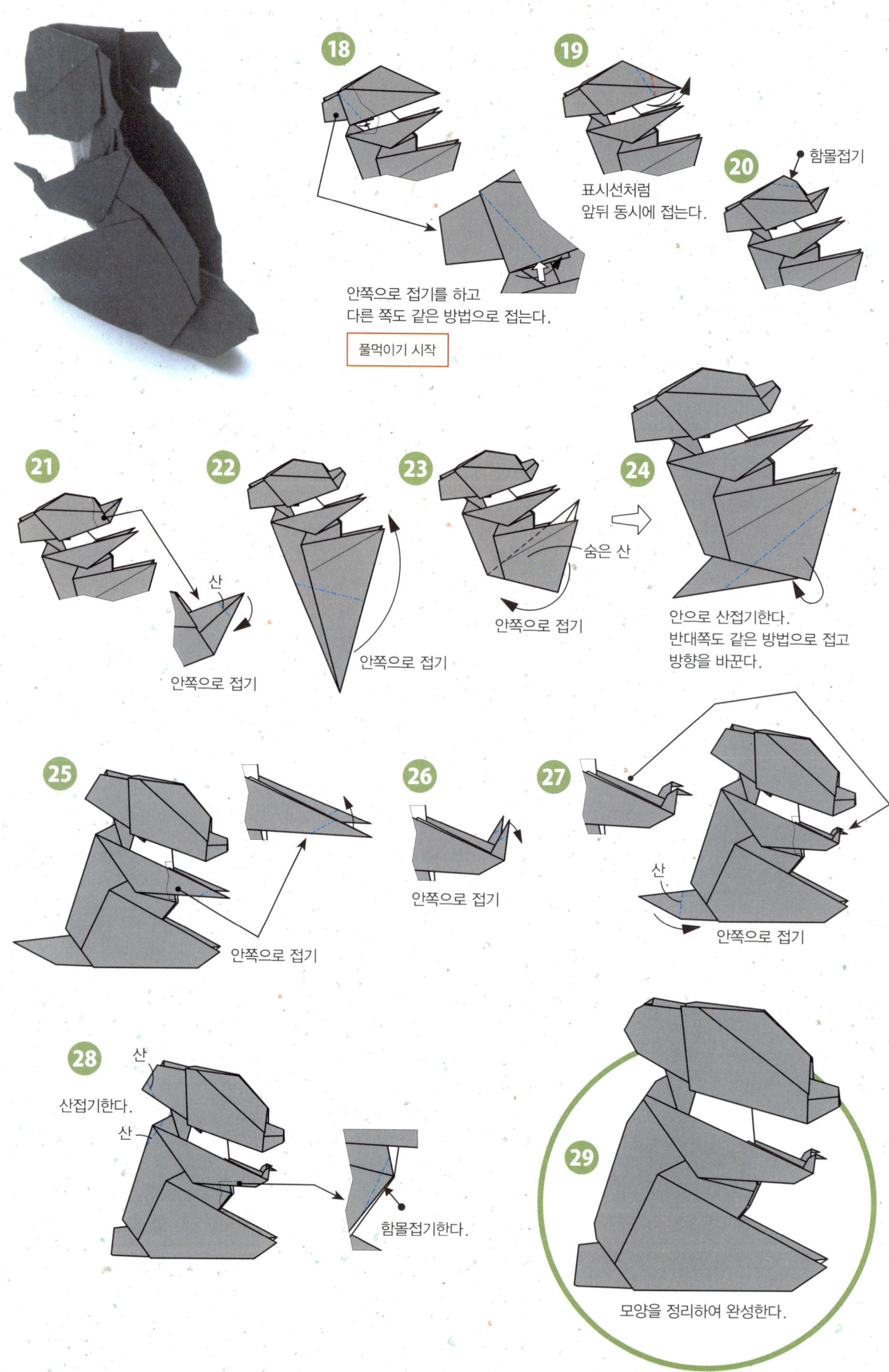
18
19
20
함몰접기
표시선처럼
앞뒤 동시에 접는다.
안쪽으로 접기를 하고
다른 쪽도 같은 방법으로 접는다.
풀먹이기 시작
21
22
23
24
산
안쪽으로 접기
안쪽으로 접기
숨은 산
안쪽으로 접기
안으로 산접기한다.
반대쪽도 같은 방법으로 접고
방향을 바꾼다.
25
26
27
안쪽으로 접기
안쪽으로 접기
산
안쪽으로 접기
28
산
산접기한다.
산
함몰접기한다.
29
모양을 정리하여 완성한다.

포유류 ② 소형 동물

일본원숭이

▶ 난이도 ★★☆☆☆

★ 사용한 종이

23cm×23cm 1장

POINT

앞다리가 되는 두 모서리에 덧댈 종이를 붙이고 일본원숭이의 붉은 얼굴이 되는 모서리에 한 변의 약 3분의 1 정도 크기로 자른 빨간색 사각형 종이를 덧댈 종이를 붙일 때와 같은 방법으로 붙인다.

앉은 자세는 순서 ②에서 앞다리와 뒷다리의 90도 부분을 둔각으로 만든 다음 앞뒷다리의 끝부분이 서로 가까워지도록 하면 된다. 그리고 이 자세로 만들 때에는 머리를 좀 더 깊게 수그리는 것이 좋다.

순서 ③에서 3등분선을 접을 때는 우선 변 *A–B*가 점 *C*를 통과하는 보조선을 만들고 나서 안쪽으로 접기를 한다. 이것은 기린(34쪽)의 경우도 마찬가지다. 크기와 자세에 조금씩 변화를 주어 여러 마리를 만들어 동물원의 원숭이동산처럼 장식하면 재미있다.

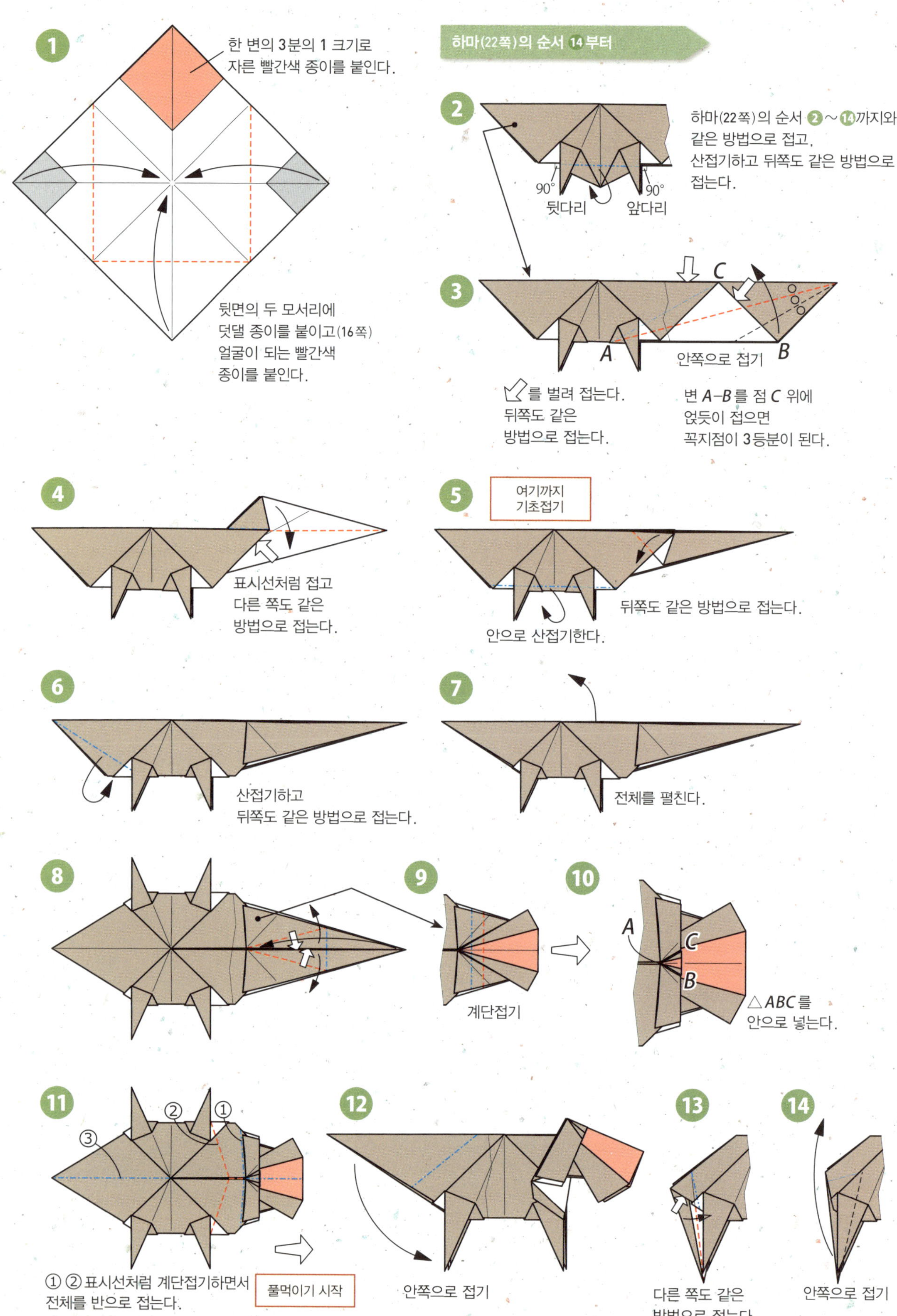
1
한 변의 3분의 1 크기로
자른 빨간색 종이를 붙인다.
뒷면의 두 모서리에
덧댈 종이를 붙이고(16쪽)
얼굴이 되는 빨간색
종이를 붙인다.
하마(22쪽)의 순서 14 부터
2
하마(22쪽)의 순서 2~14까지와
같은 방법으로 접고,
산접기하고 뒤쪽도 같은 방법으로
접는다.
90°
90°
뒷다리
앞다리
3
C
A
B
안쪽으로 접기
를 벌려 접는다.
뒤쪽도 같은
방법으로 접는다.
변 A–B를 점 C 위에
엇듯이 접으면
꼭지점이 3등분이 된다.
4
표시선처럼 접고
다른 쪽도 같은
방법으로 접는다.
5
여기까지
기초접기
뒤쪽도 같은 방법으로 접는다.
안으로 산접기한다.
6
산접기하고
뒤쪽도 같은 방법으로 접는다.
7
전체를 펼친다.
8
9
계단접기
10
A
C
B
△ABC를
안으로 넣는다.
11
③
②
①
① ② 표시선처럼 계단접기하면서
전체를 반으로 접는다.
풀먹이기 시작
12
안쪽으로 접기
13
다른 쪽도 같은
방법으로 접는다.
14
안쪽으로 접기

15

가늘게 접기

16

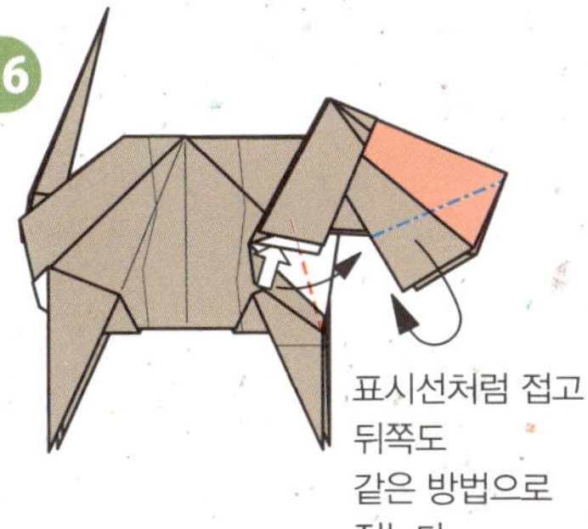

표시선처럼 접고
뒤쪽도
같은 방법으로
접는다.

17

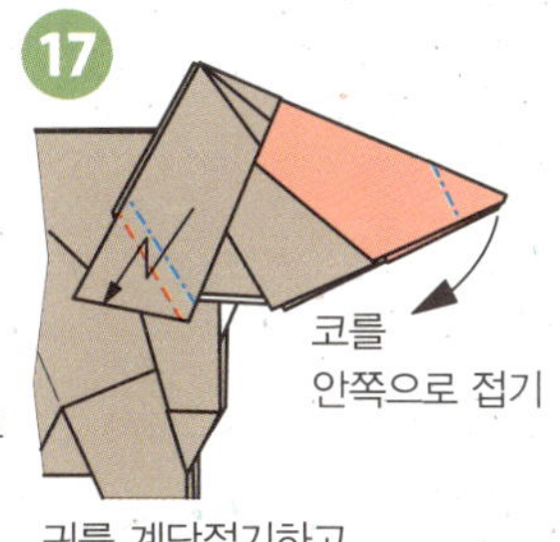

코를
안쪽으로 접기

귀를 계단접기하고
뒤쪽도 같은
방법으로 접는다.

18

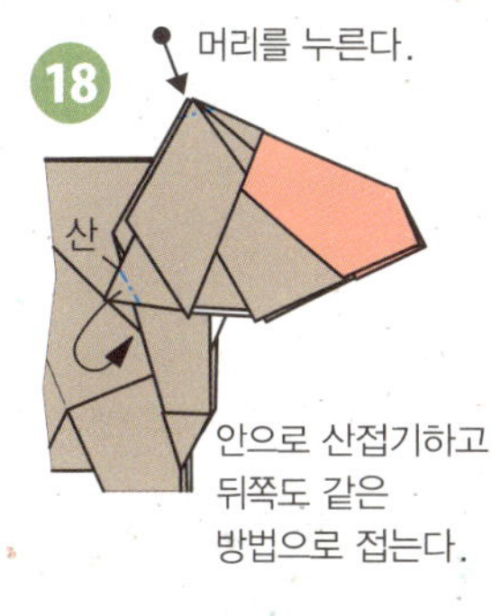

머리를 누른다.

산

안으로 산접기하고
뒤쪽도 같은
방법으로 접는다.

19

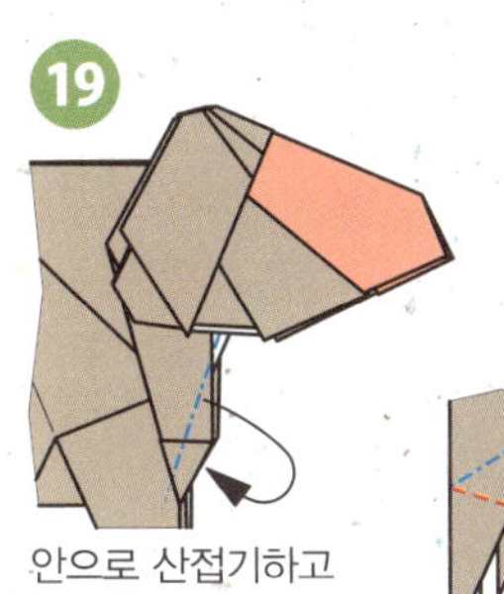

안으로 산접기하고
뒤쪽도 같은
방법으로 접는다.

20

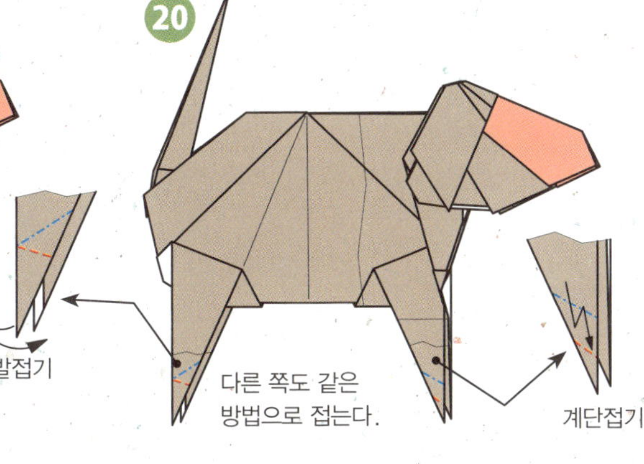

발접기

다른 쪽도 같은
방법으로 접는다.

계단접기

21

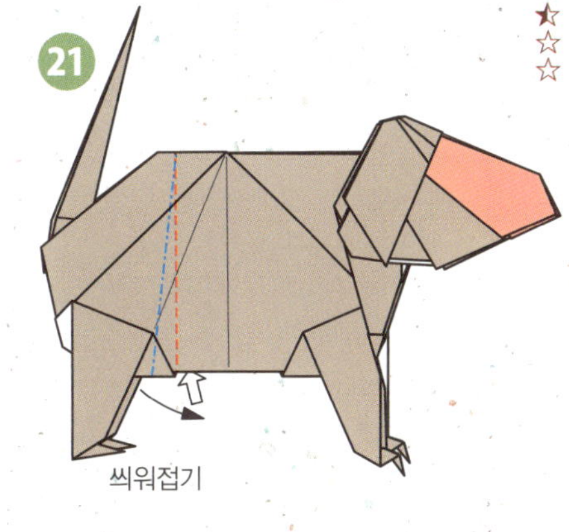

씌워접기

22

밖으로 뒤집어접기

를 눌러
입체적으로 만든다.

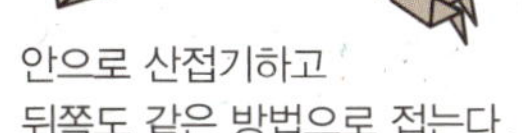

안으로 산접기하고
뒤쪽도 같은 방법으로 접는다.

23

모양을 정리하여 완성한다.

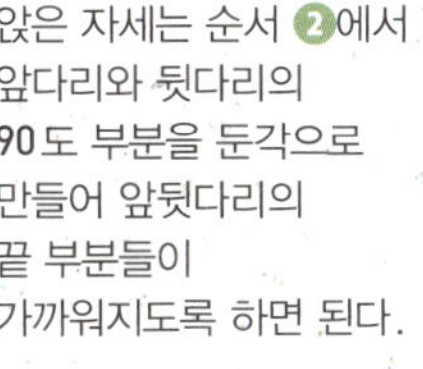

앉은 자세는 순서 2에서
앞다리와 뒷다리의
90도 부분을 둔각으로
만들어 앞뒷다리의
끝 부분들이
가까워지도록 하면 된다.

24

모양을 정리하여 완성한다.

긴팔원숭이

▶난이도 ★★☆☆☆

★ 사용한 종이
31cm×31cm 1장

POINT

순서 ⑪의 모양을 테이블 기본형이라고 부르는데, 이 '리얼 종이접기 시리즈' 에 종종 등장하는 기본형이다. 이번에는 이 테이블 기본형으로 개구리 기본형(14쪽)을 접고 팔다리를 길게 만들어 보았다.

순서 ㉙는 머리를 만드는 과정으로 사진 설명도 덧붙였다. 얼굴을 너무 크게 만들면 긴팔원숭이가 아니라 고릴라처럼 되니까 주의한다. 그리고 얼굴을 만드는 과정은 종이접기라고 말하기 어려울 수도 있다. 사진 31-1 ~ 31-3 의 과정에서 머리 안에 풀을 먹인 다음 잘게 찢은 티슈를 넣은 후 또다시 풀먹이기를 하는 과정을 반복하여 머릿속을 종이점토 상태로 만들어 접기 때문이다.

이마의 골격과 코, 입이 제대로 만들어지면 원숭이처럼 보인다. 앞다리를 위로 올리는 등 여러 자세로 바꾸어 보는 재미가 있는 작품이다.

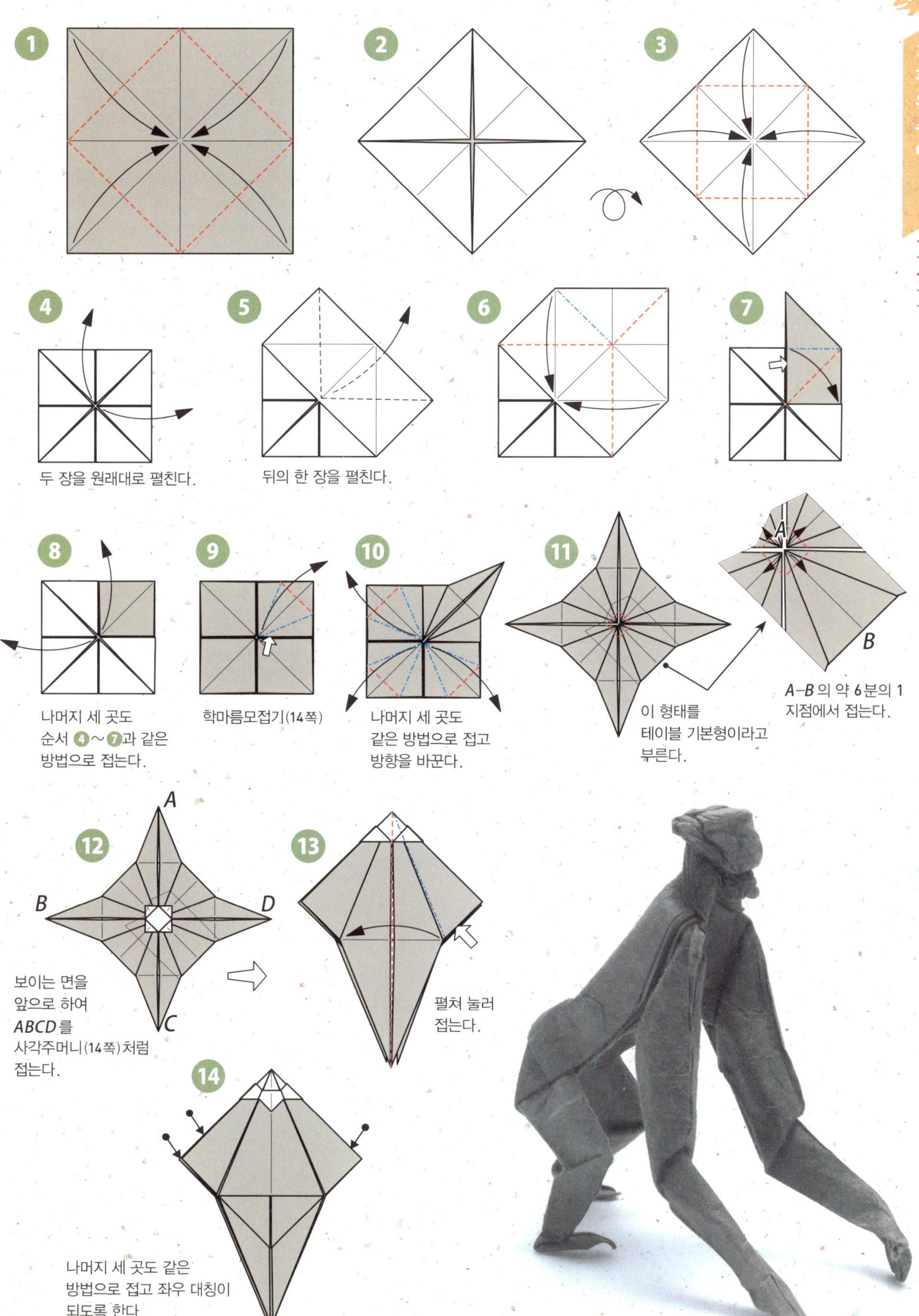
1
2
3
4
두 장을 원래대로 펼친다.
5
뒤의 한 장을 펼친다.
6
7
8
나머지 세 곳도
순서 4~7과 같은
방법으로 접는다.
9
학마름모접기(14쪽)
10
나머지 세 곳도
같은 방법으로 접고
방향을 바꾼다.
11
이 형태를
테이블 기본형이라고
부른다.
A
B
A–B의 약 6분의 1
지점에서 접는다.
12
A
B
D
C
보이는 면을
앞으로 하여
ABCD를
사각주머니(14쪽)처럼
접는다.
13
펼쳐 눌러
접는다.
14
나머지 세 곳도 같은
방법으로 접고 좌우 대칭이
되도록 한다.

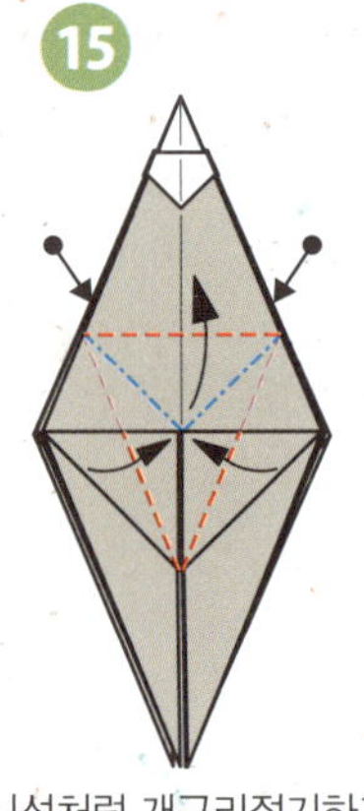

표시선처럼 개구리접기하고
양쪽 두 곳도 같은 방법으로
접는다.

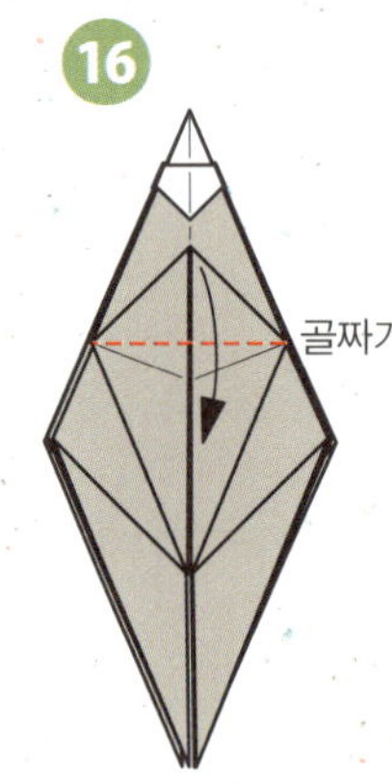

가운데의 △을 내린다.
양쪽 두 곳도
같은 방법으로 접는다.

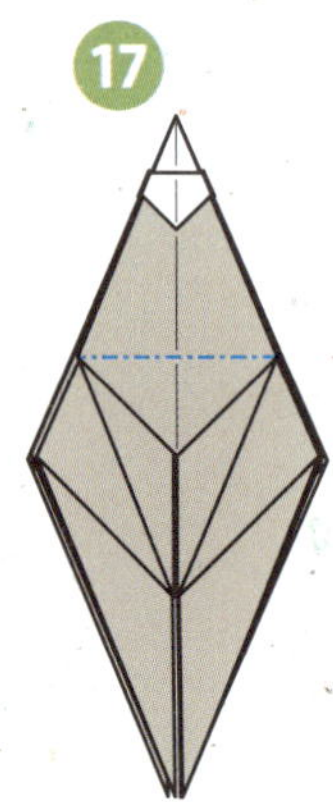

아래로 내린 세 곳의
▽를 안으로 접어 넣는다.

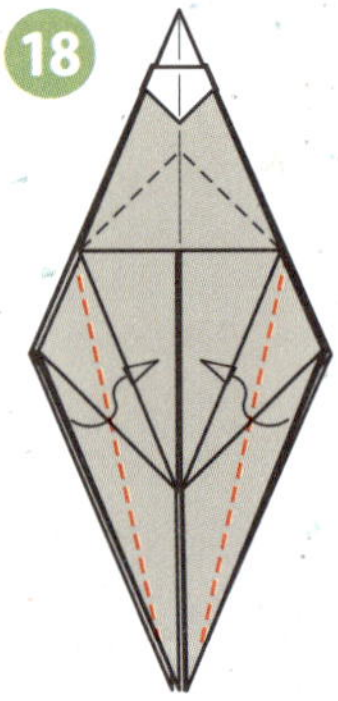

18

여기까지
기초접기

뒤쪽도 같은 방법으로
가늘게 접는다.

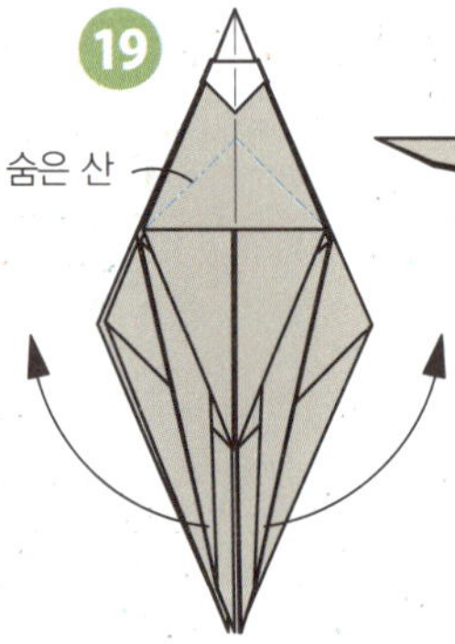

19

숨은 산

안쪽으로 접기

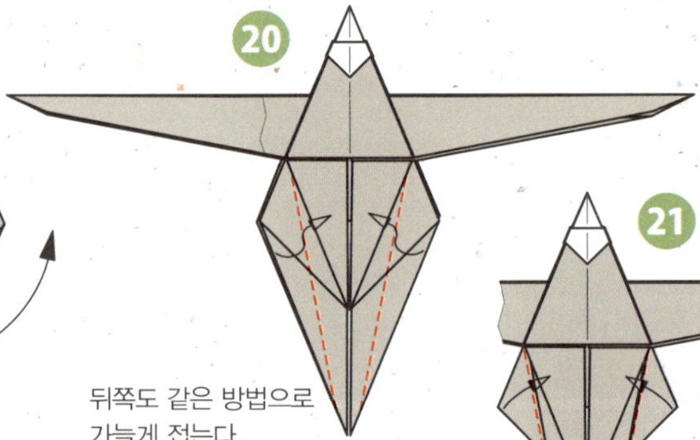

20

뒤쪽도 같은 방법으로
가늘게 접는다.

21

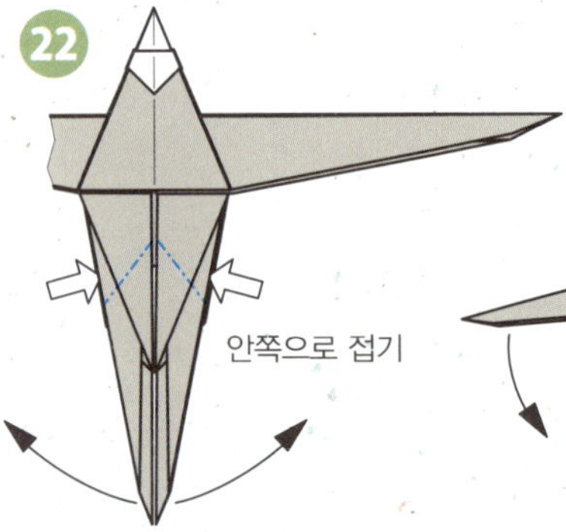

22

안쪽으로 접기

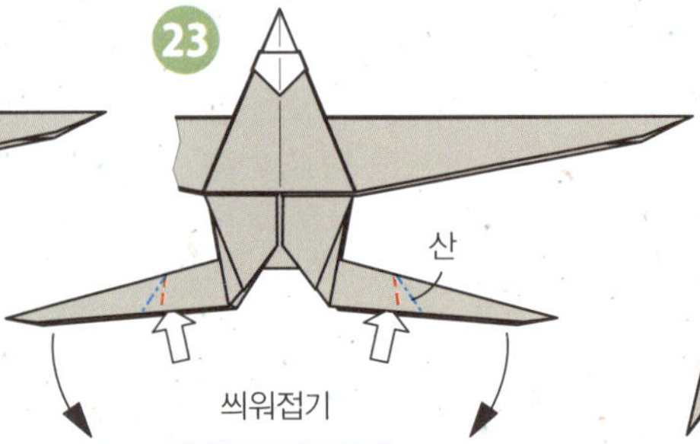

23

산

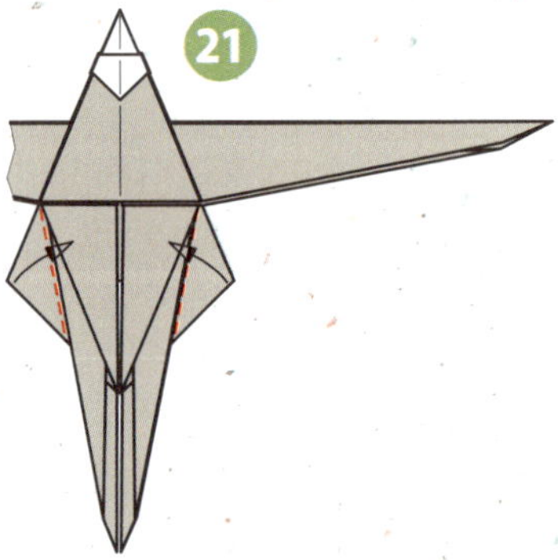

씌워접기

풀먹이기 시작
(머리는 제외)

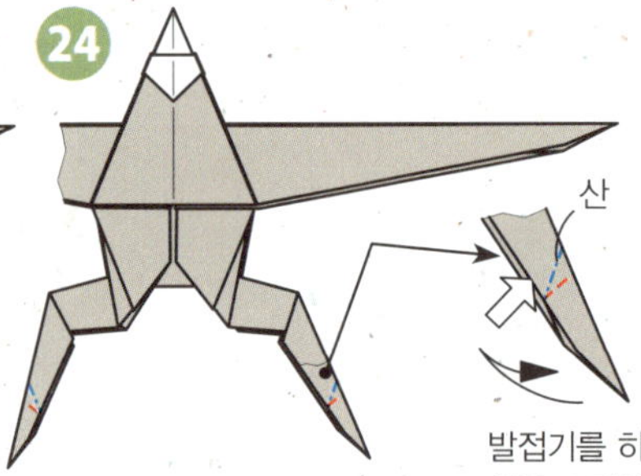

24

산

발접기를 하고
왼쪽도 같은
방법으로 접는다.

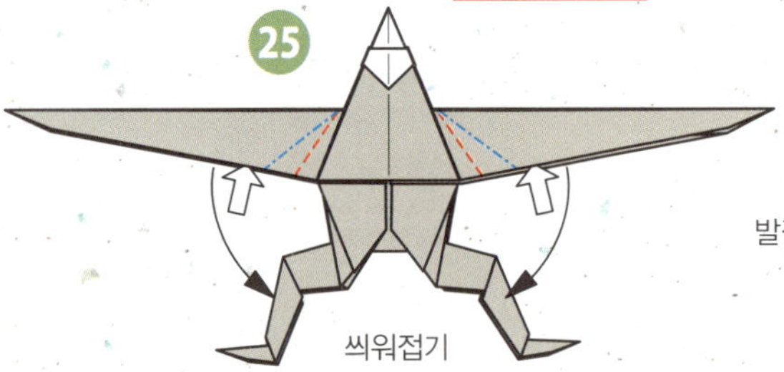

25

씌워접기

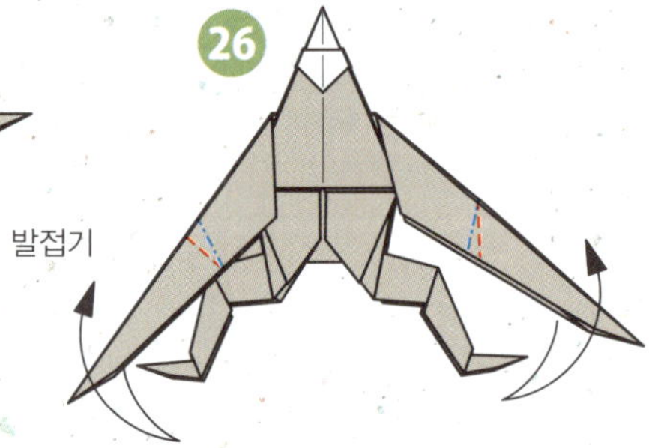

26

발접기

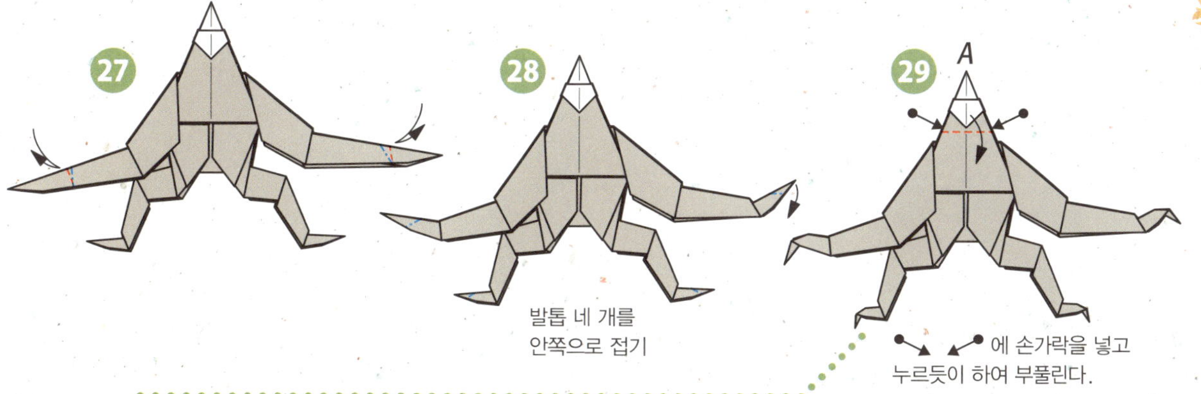

발톱 네 개를 안쪽으로 접기

에 손가락을 넣고 누르듯이 하여 부풀린다.

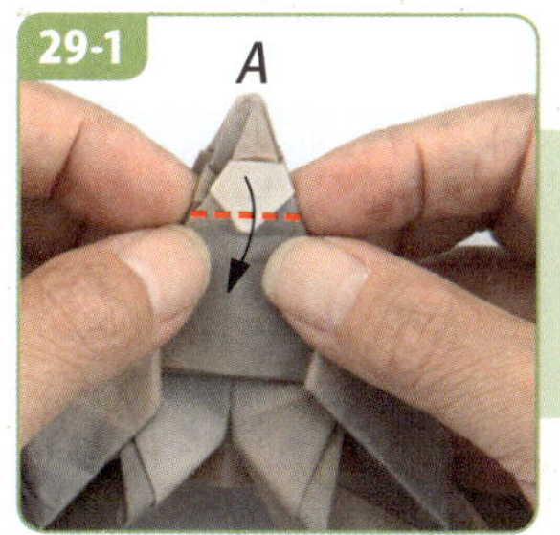

손가락을 넣어 화살표 방향으로 펼쳐 눌러 접는다.

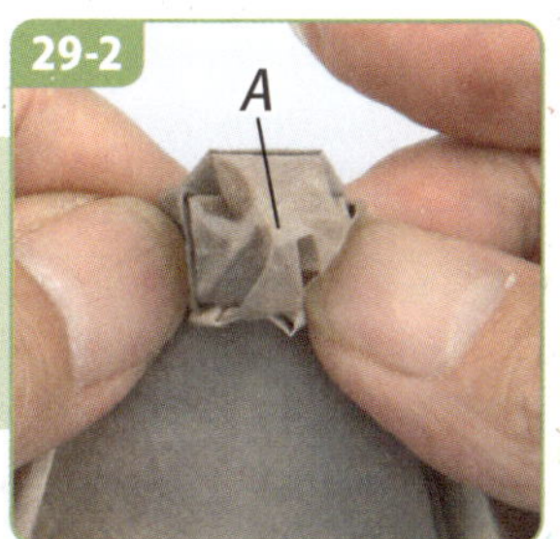

꼭대기 *A*를 평평하게 만든다.

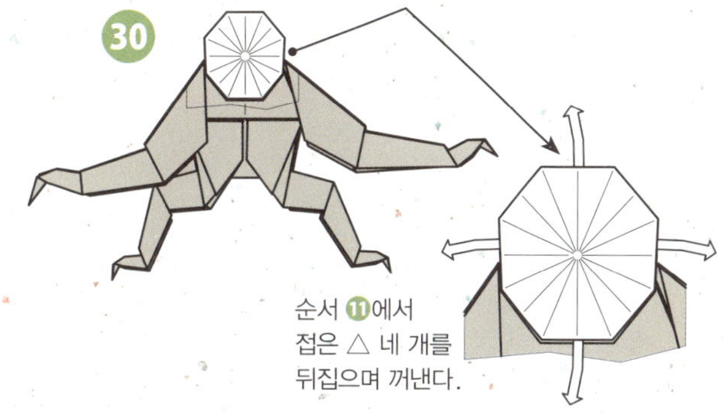

순서 11에서 접은 △ 네 개를 뒤집으며 꺼낸다.

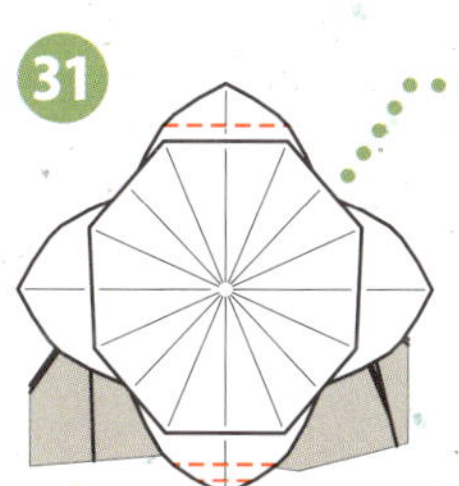

△ 네 개로 귀를 세우고 머리와 털을 만든 다음 얼굴 모양을 가다듬는다.

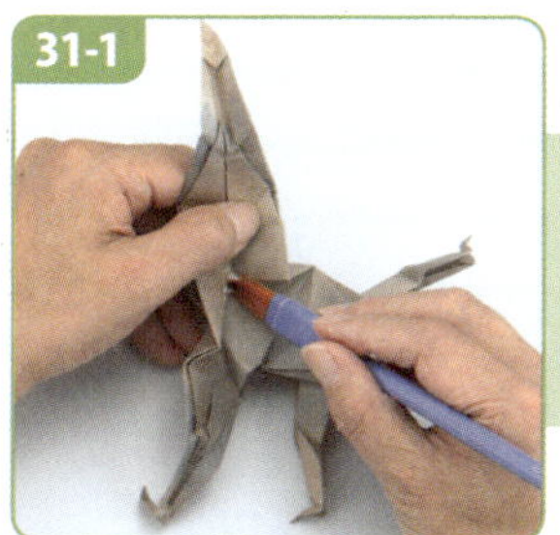

순서 30의 팔각형(머리 부분)의 안쪽에 풀을 먹이는데 아직 붙이지 않는다.

머리 안쪽에 잘게 찢은 티슈를 핀셋 등을 이용해 밀어넣는다. 조금 넣고 또다시 풀을 먹인다.

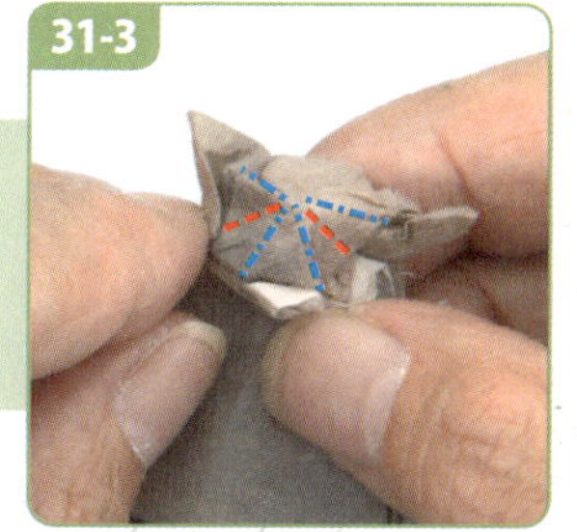

티슈조각을 넣고 풀먹이기를 여러 번 반복하여 얼굴을 입체적으로 만들고 모양을 가다듬는다.

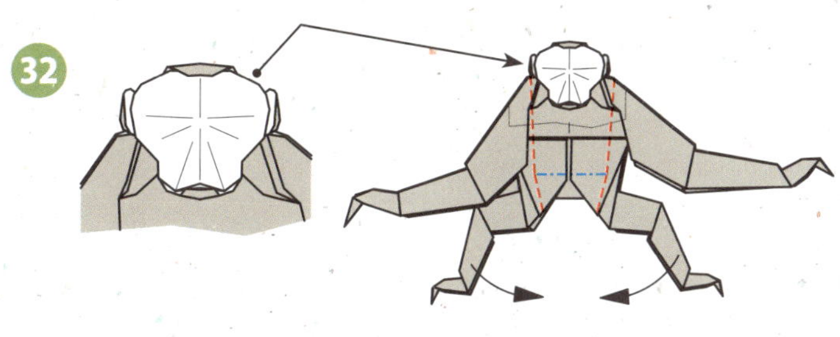

입체적으로 만든다.

모양을 정리하여 완성한다.

포유류 ② 소형 동물

파피용

★ 사용한 종이

32cm × 32cm 1장

POINT

앞다리가 되는 모서리 두 곳에 덧댈 종이를 붙이면 좋다. 접는 방법은 양(30쪽)과 비슷하지만, 앞다리는 양과 반대 방향으로 꺼낸다.

순서 ⑮의 안쪽으로 접기는 테리지노사우루스(106쪽)의 발톱과 뒷다리, 도마뱀(90쪽)의 발톱을 접는 과정과 동일한 방법인데, 이 방법으로 커다란 귀를 만든다. 순서 ㉙~㉛에서는 앞다리가 시작되는 부분을 접기 때문에 짧은 앞다리를 조금 길어 보이게 할 수 있다. 순서 ㊻에서 목의 앞쪽을 조금 숨겨서 머리와 목 사이의 잘록한 부분을 만들 수 있다. 공룡의 머리와 목도 마찬가지인데, 이렇게 잘록한 부분을 강조함으로써 작품이 한층 리얼해진다.

마무리 단계에서 귀를 넓게 펼치고 등과 목 뒤쪽을 평평하게 만들어 입체적으로 만들면 보기에도 훨씬 좋고 서는 자세도 안정적이 된다.

★★★☆☆

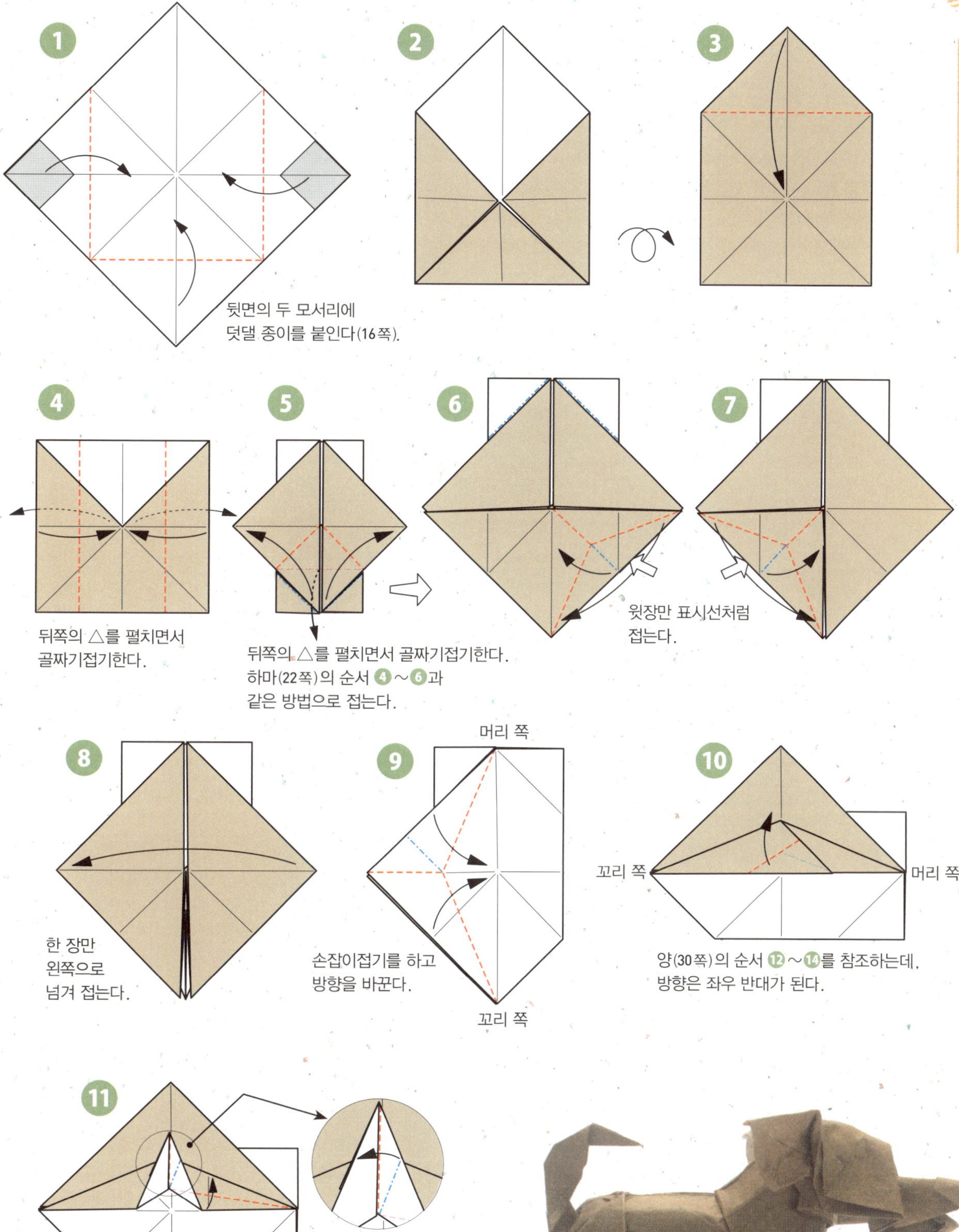
1
뒷면의 두 모서리에
덧댈 종이를 붙인다(16쪽).
2
3
4
뒤쪽의 △를 펼치면서
골짜기접기한다.
5
뒤쪽의 △를 펼치면서 골짜기접기한다.
하마(22쪽)의 순서 4~6과
같은 방법으로 접는다.
6
윗장만 표시선처럼
접는다.
7
8
한 장만
왼쪽으로
넘겨 접는다.
9
머리 쪽
손잡이접기를 하고
방향을 바꾼다.
꼬리 쪽
10
꼬리 쪽
머리 쪽
양(30쪽)의 순서 12~14를 참조하는데,
방향은 좌우 반대가 된다.
11
당겨접기한다.

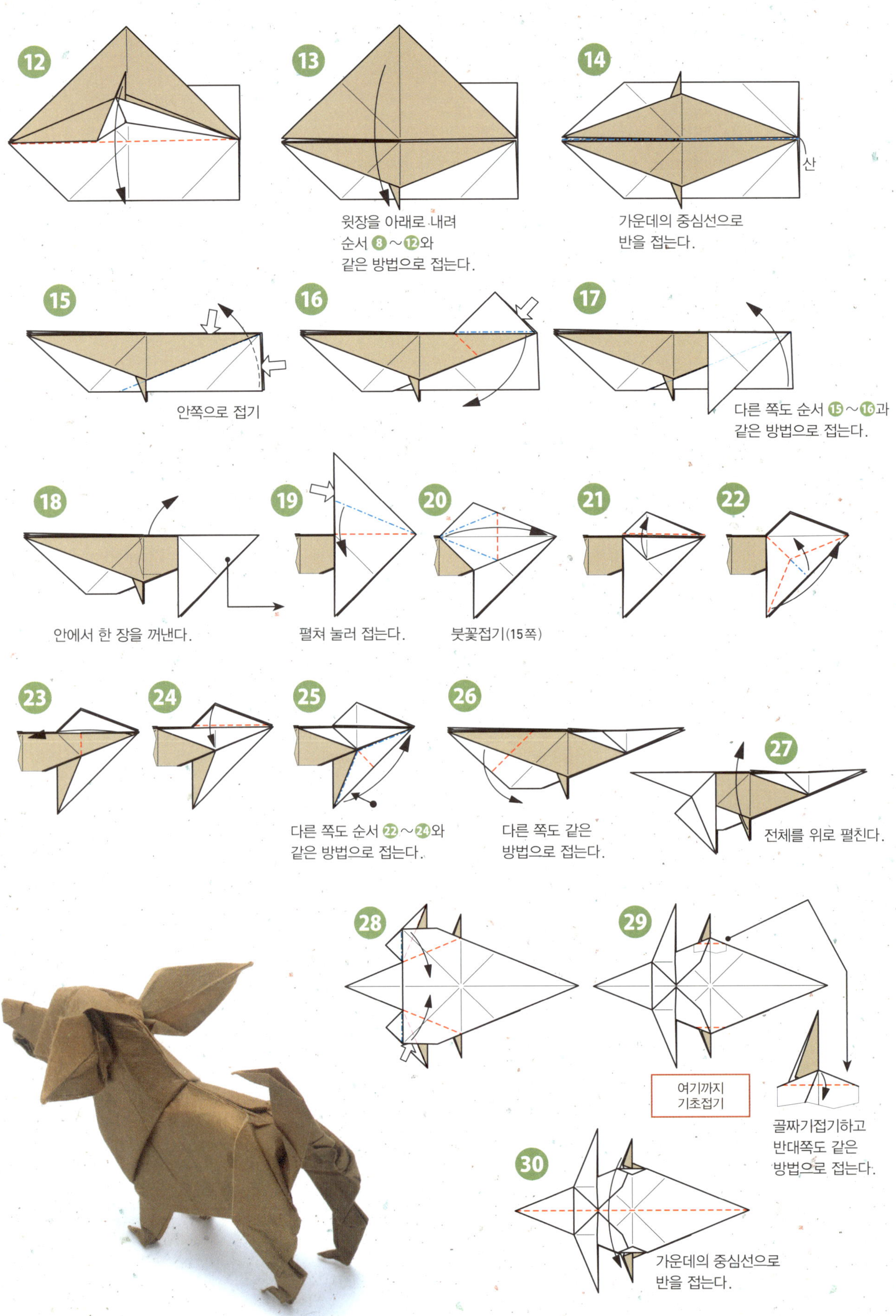
12
13
윗장을 아래로 내려
순서 8~12와
같은 방법으로 접는다.
14
산
가운데의 중심선으로
반을 접는다.
15
안쪽으로 접기
16
17
다른 쪽도 순서 15~16과
같은 방법으로 접는다.
18
안에서 한 장을 꺼낸다.
19
펼쳐 눌러 접는다.
20
붓꽃접기(15쪽)
21
22
23
24
25
다른 쪽도 순서 22~24와
같은 방법으로 접는다.
26
다른 쪽도 같은
방법으로 접는다.
27
전체를 위로 펼친다.
28
29
여기까지
기초접기
골짜기접기하고
반대쪽도 같은
방법으로 접는다.
30
가운데의 중심선으로
반을 접는다.

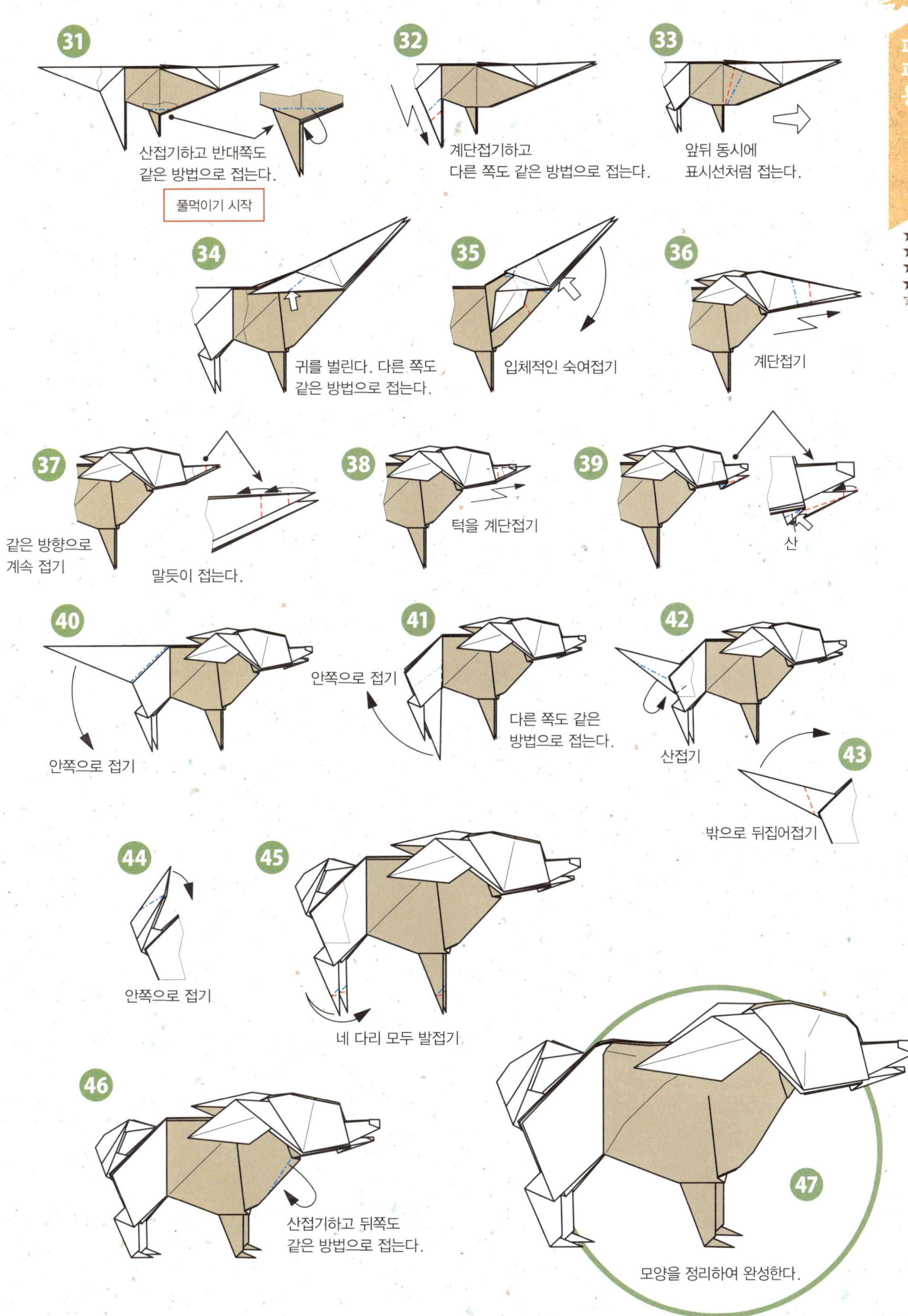
31
산접기하고 반대쪽도
같은 방법으로 접는다.
풀먹이기 시작
32
계단접기하고
다른 쪽도 같은 방법으로 접는다.
33
앞뒤 동시에
표시선처럼 접는다.
34
귀를 벌린다. 다른 쪽도
같은 방법으로 접는다.
35
입체적인 숨여접기
36
계단접기
37
같은 방향으로
계속 접기
말듯이 접는다.
38
턱을 계단접기
39
산
40
안쪽으로 접기
41
안쪽으로 접기
다른 쪽도 같은
방법으로 접는다.
42
산접기
43
밖으로 뒤집어접기
44
안쪽으로 접기
45
네 다리 모두 발접기
46
산접기하고 뒤쪽도
같은 방법으로 접는다.
47
모양을 정리하여 완성한다.

REAL ORIGAMI

포유류 ② 소형 동물

다람쥐

▶ 난이도 ★★★☆☆

★ 사용한 종이

32cm×32cm 1장

POINT

하마(22쪽)와 같이 기초접기부터 시작하는 작품이지만, 머리와 꼬리 부분을 접는 방법은 크게 다르다. 커다란 꼬리를 만들기 위해 하마의 뒷다리가 되는 부분(정사각형의 변에서 생기는 변모서리)을 접어 넣는 결과가 된다(순서 30 참조).

순서 8에서 뒤에 씌워져 있는 한 장을 뒤집는 과정은 사진 설명을 해 두었다. 그리고 순서 19에서 안의 △을 누르는 과정과 순서 28에서 △ABC를 한 장 아래에 끼우는 과정이 있으니 풀먹이기는 이 과정들을 끝내고 나서 하는 것이 좋다.

마무리 단계에서 등 주위는 눌러주고 전체는 입체적으로 만든다. 작품을 그냥 세우면 흔들거리므로 뒷다리가 나오는 부분에 풀먹이기를 해둔다. 앞다리를 지면에 붙인 자세에도 도전해 보자.

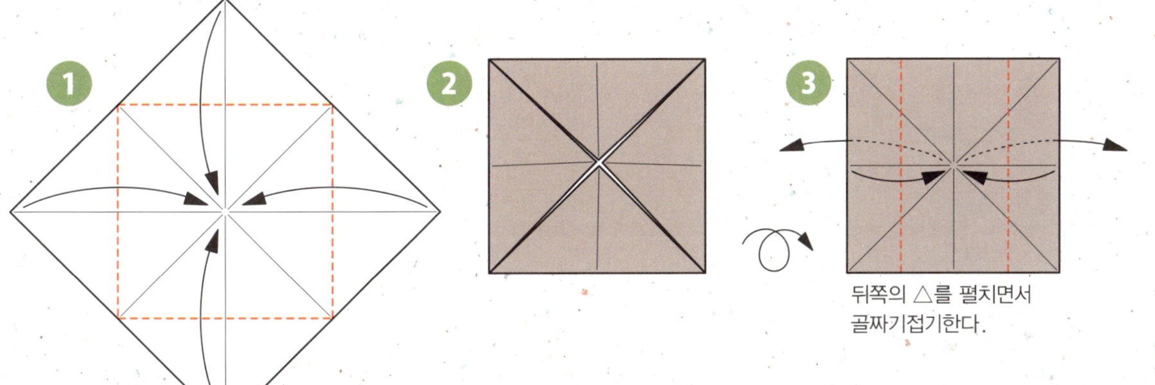

뒤쪽의 △를 펼치면서 골짜기접기한다.

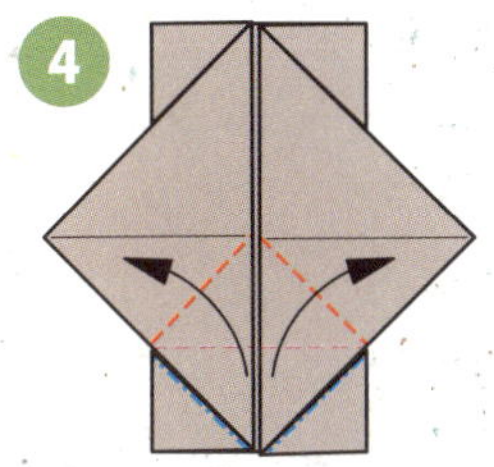

뒤쪽의 △를 펼치면서 골짜기접기한다.
하마(22쪽)의 순서 ④~⑥과
같은 방법으로 접는다.

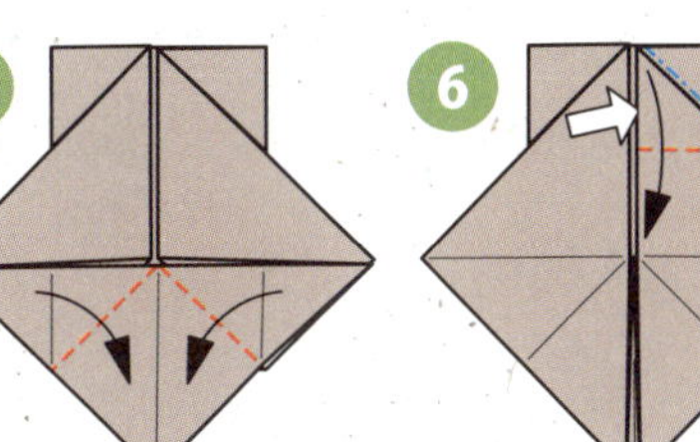

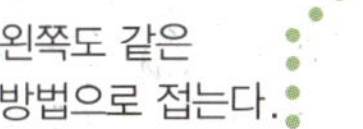

왼쪽도 같은
방법으로 접는다.

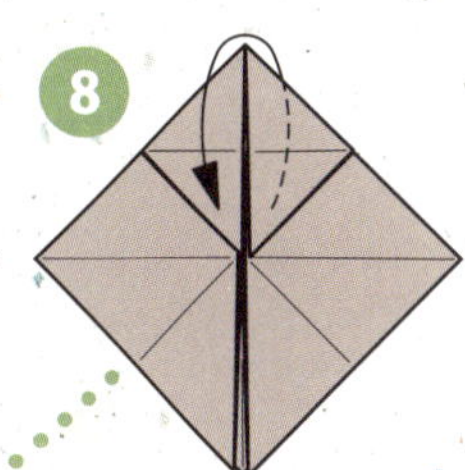

뒤에 씌워져 있는
한 장을 뒤집어
오른쪽으로 넘긴다.

8-1

꼭지점 *A*가 쏙 들어가도록
뒤집는다.

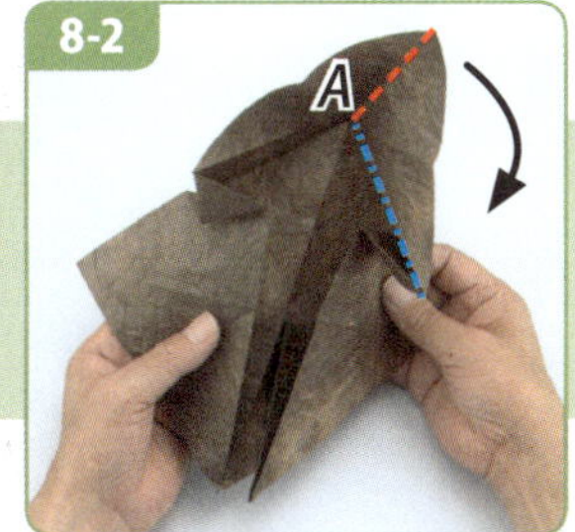

8-2

표시선처럼 접는다.

8-3

접은 모습

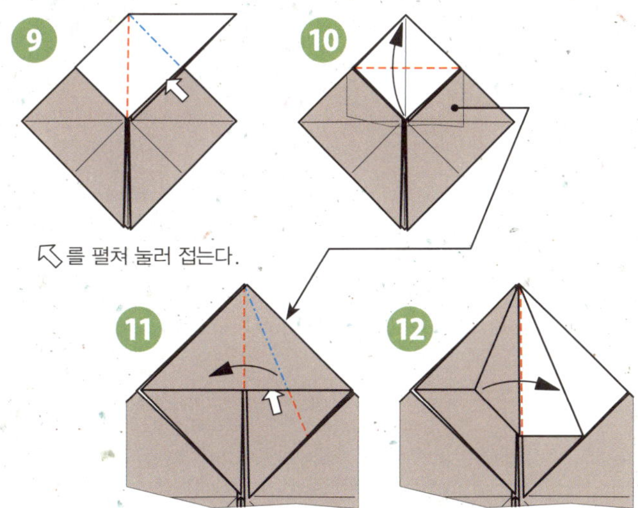

⇖를 펼쳐 눌러 접는다.

⇧를 펼쳐 눌러 접는다.

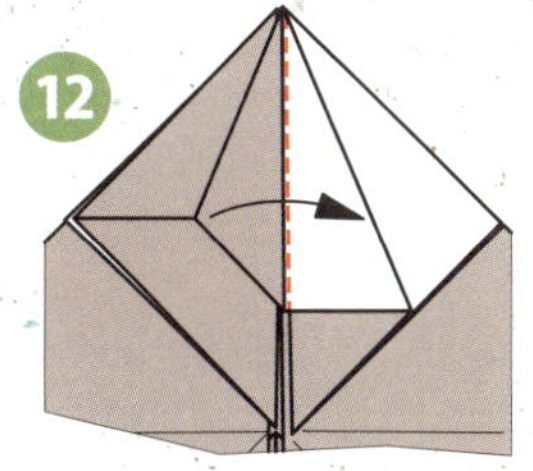

한 장을 오른쪽으로
넘겨 접는다.

13

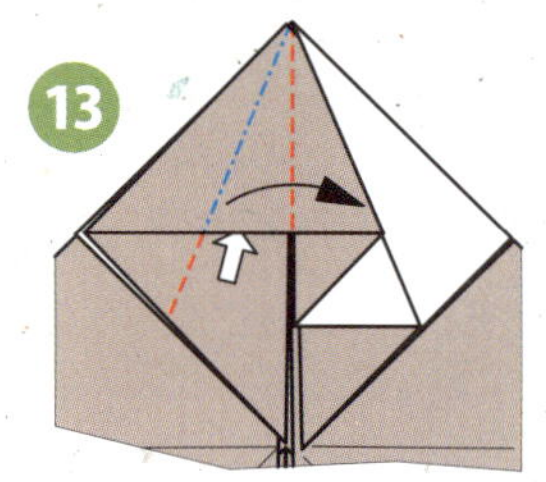

순서 ⑪~⑫와
같은 방법으로 접고
좌우 대칭이 되도록 한다.

14

개구리접기(14쪽)

15

빼내어접기(13쪽)

16

17

학마름모접기(14쪽)

18

학마름모접기

19

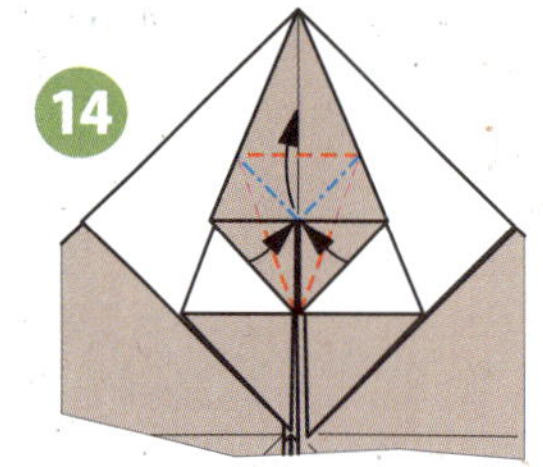

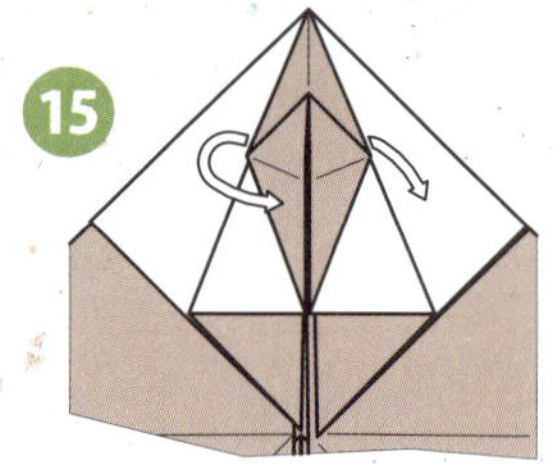

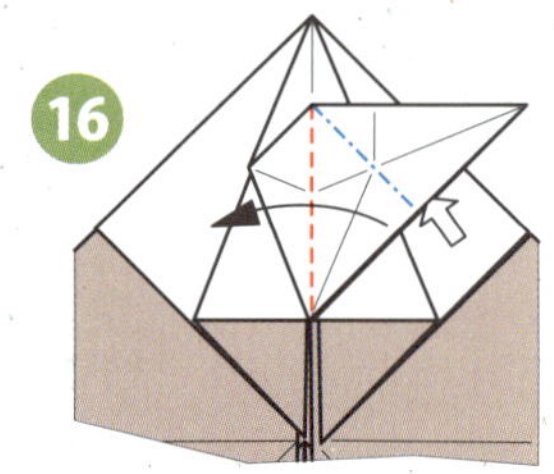

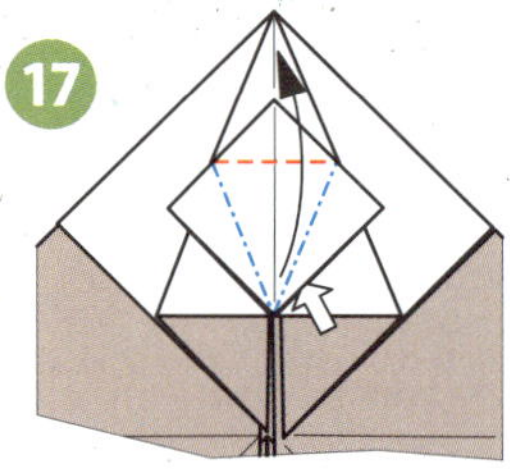

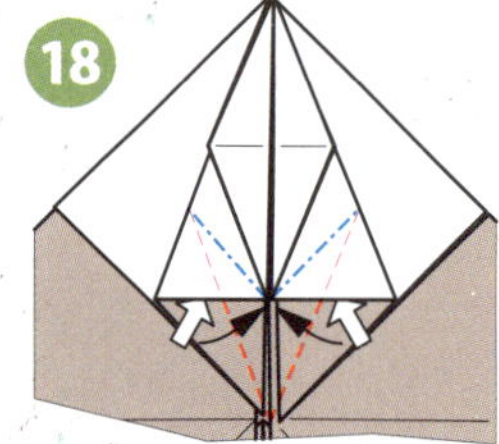

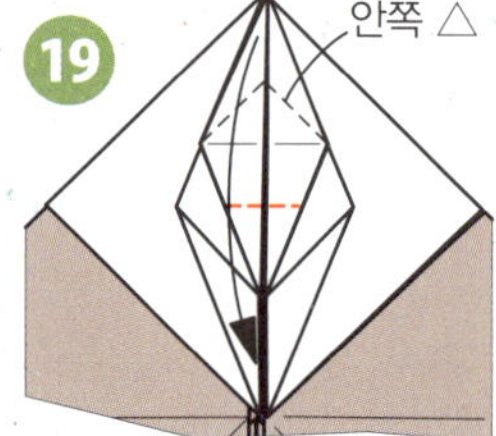

윗장을 아래로 당기면서
안쪽의 △를 누른다.

20

21

22

23

24

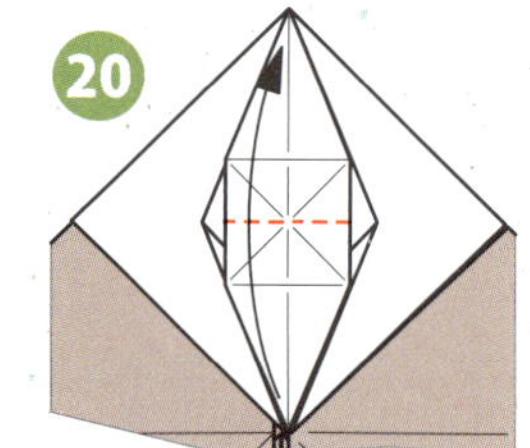

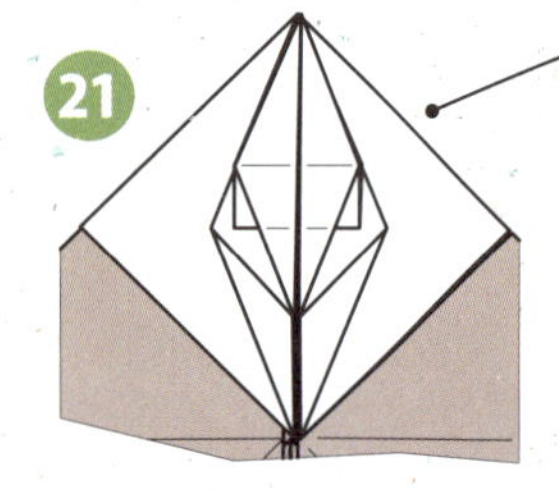

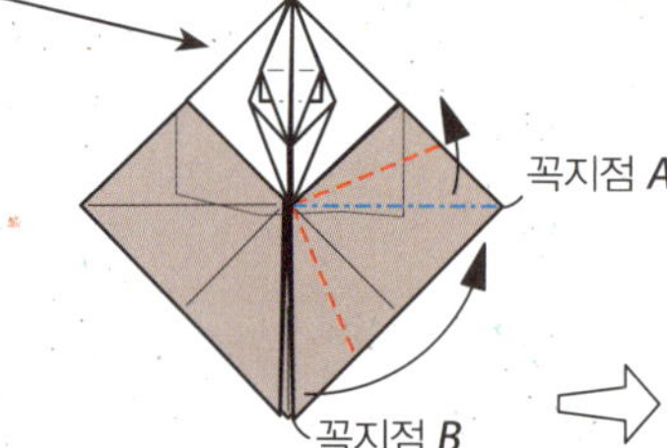

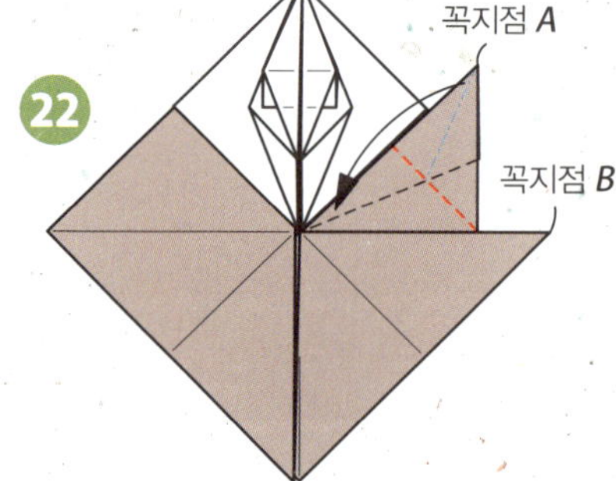

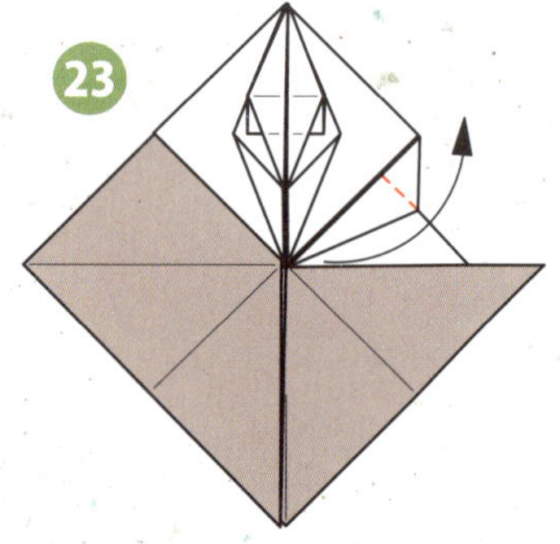

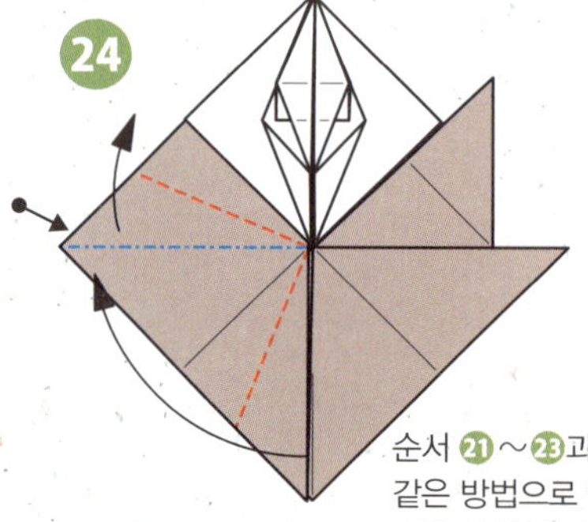

순서 ㉑~㉓과
같은 방법으로 접고
좌우 대칭이 되도록 한다.

25

26

27

당겨 접으며
안으로 끼워 넣는다.

28

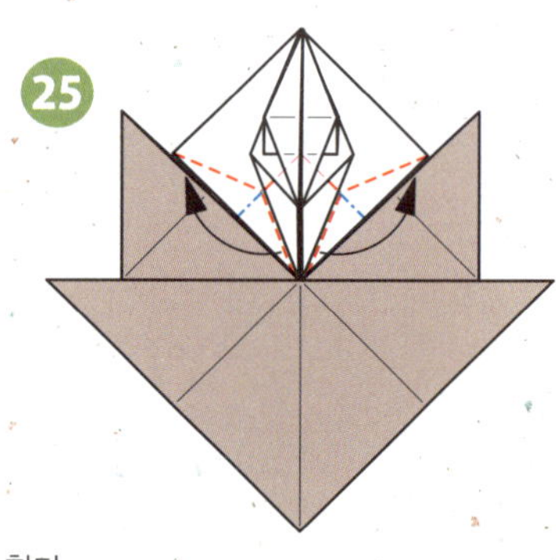

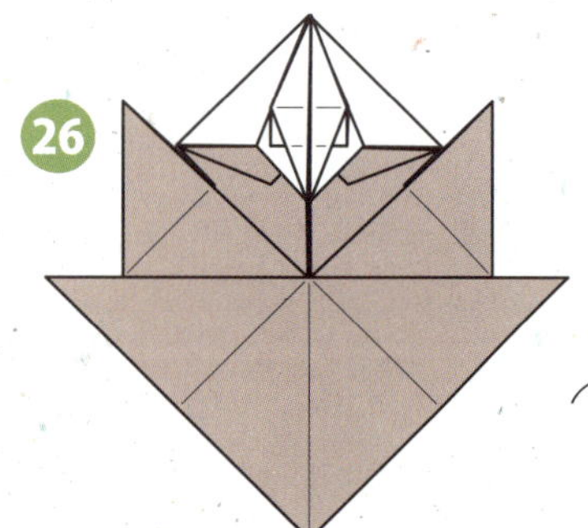

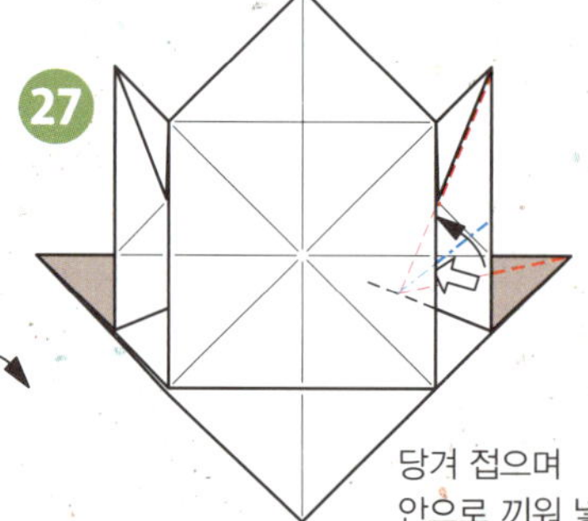

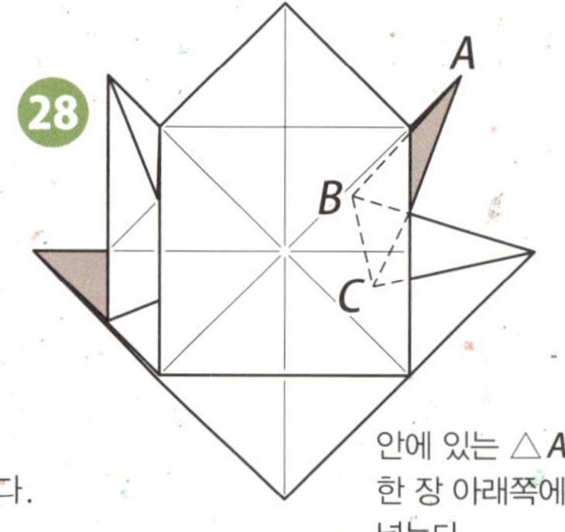

안에 있는 △ABC를
한 장 아래쪽에 끼워
넣는다.

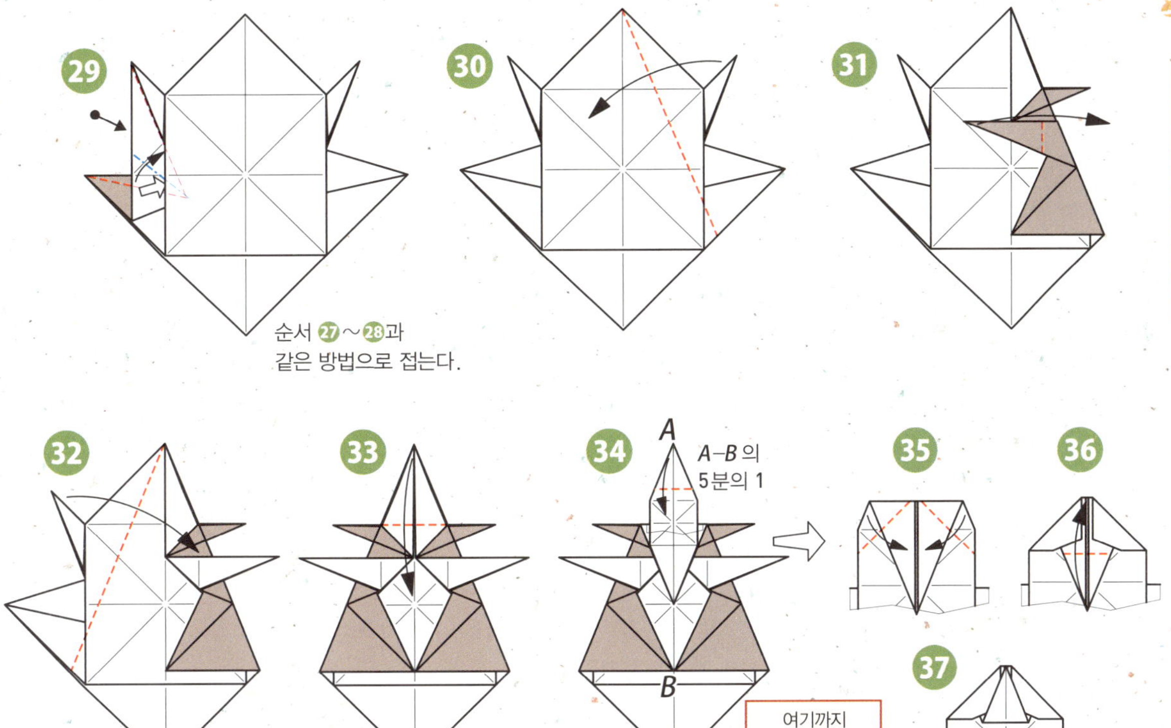

순서 30～31과
같은 방법으로 접는다.

아래의 한 장만
남기고 접는다.

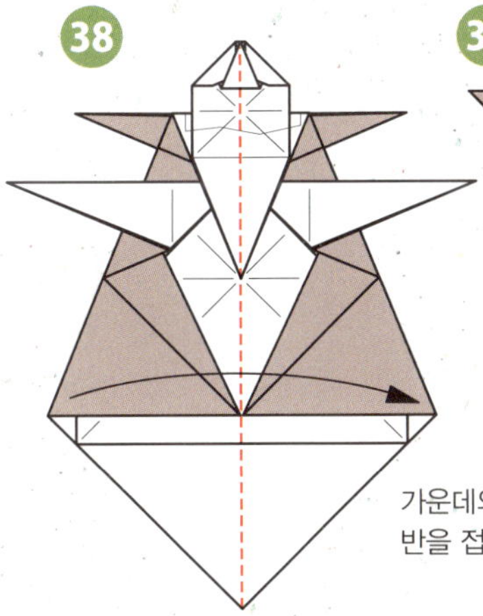

A
A–B의
5분의 1
B

여기까지
기초접기

풀먹이기 시작

38

가운데의 중심선으로
반을 접고 방향을 바꾼다.

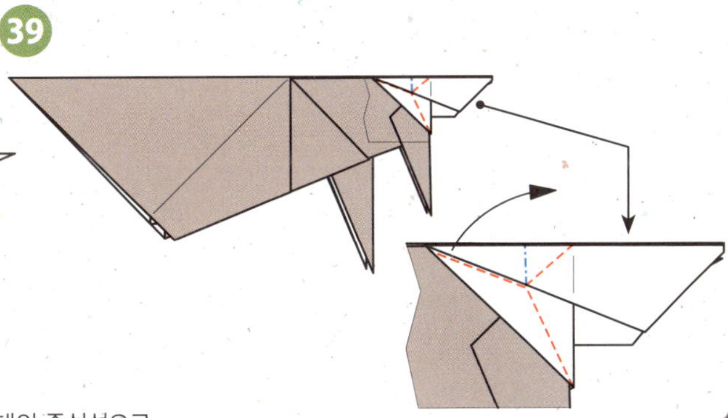

39

손잡이접기

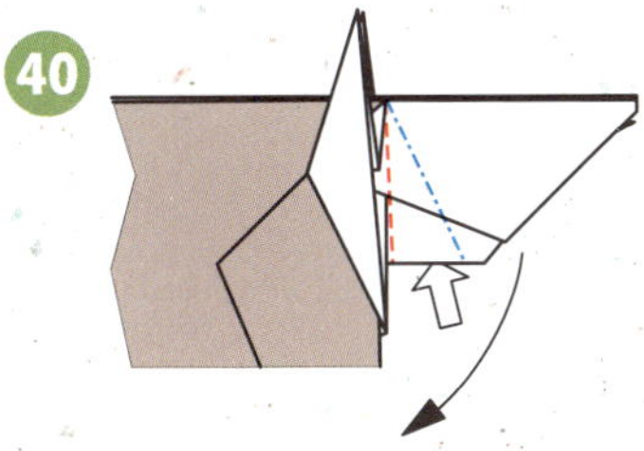

40

씌워접기

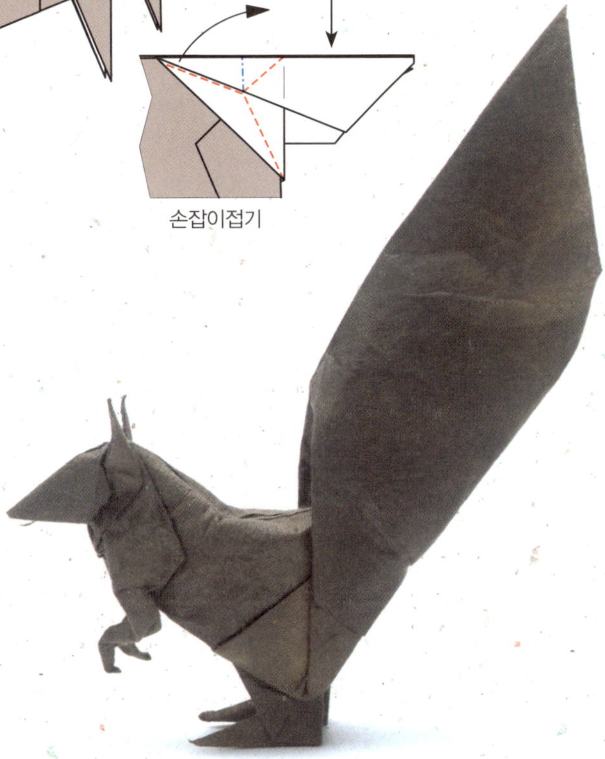

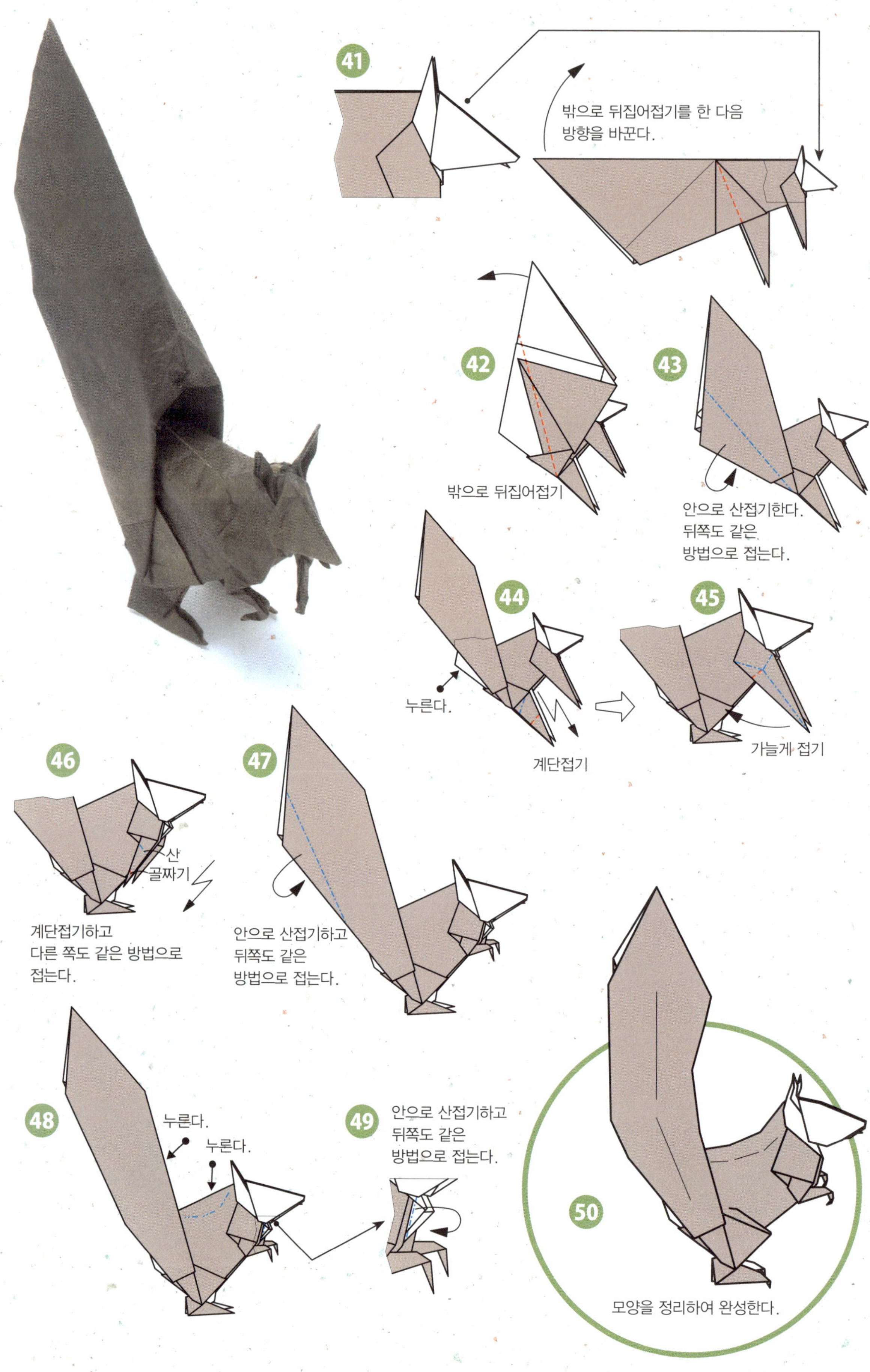
41
밖으로 뒤집어접기를 한 다음
방향을 바꾼다.
42
밖으로 뒤집어접기
43
안으로 산접기한다.
뒤쪽도 같은
방법으로 접는다.
44
누른다.
계단접기
45
가늘게 접기
46
산
골짜기
계단접기하고
다른 쪽도 같은 방법으로
접는다.
47
안으로 산접기하고
뒤쪽도 같은
방법으로 접는다.
48
누른다.
누른다.
49
안으로 산접기하고
뒤쪽도 같은
방법으로 접는다.
50
모양을 정리하여 완성한다.

포유류 ② 소형 동물

아르마딜로

▶ 난이도 ★★★★★

★ 사용한 종이

32cm×32cm 1장

POINT

순서 ②의 24등분 산접기선은 실제로는 종이를 뒤집어 골짜기선을 만들면 된다. 순서 ③~④에서 계단접기를 9번 하는데, 계단 부분이 다음 과정에서 벌어지지 않도록 접착성이 약한 테이프(폭이 좁은 마스킹테이프가 유용하다)로 임시로 고정해 두면 접기에 편하다. 이 테이프는 순서 ㉒~㉓에서 떼어낸다.

순서 55에서 등을 완만한 곡선으로 만드는 과정은 바깥쪽의 한 장만 곡선으로 만들고 안에 있는 부분은 바깥쪽에 맞추어 적당하게 단을 만들어 곡선을 만든다. 풀먹이기를 할 때에는 이 과정이 끝난 단계에서 시작하면 좋다. 다만 곡선으로 만든 프릴의 바깥쪽 주름에 풀먹이기를 하면 애써서 만든 등의 주름이 돋보이지 않게 되므로 이 부분은 풀먹이기를 피하도록 하자. 오히려 주름의 빈틈을 벌리듯이 하여 눈에 띄게 하는 편이 한결 실감나는 작품이 된다.

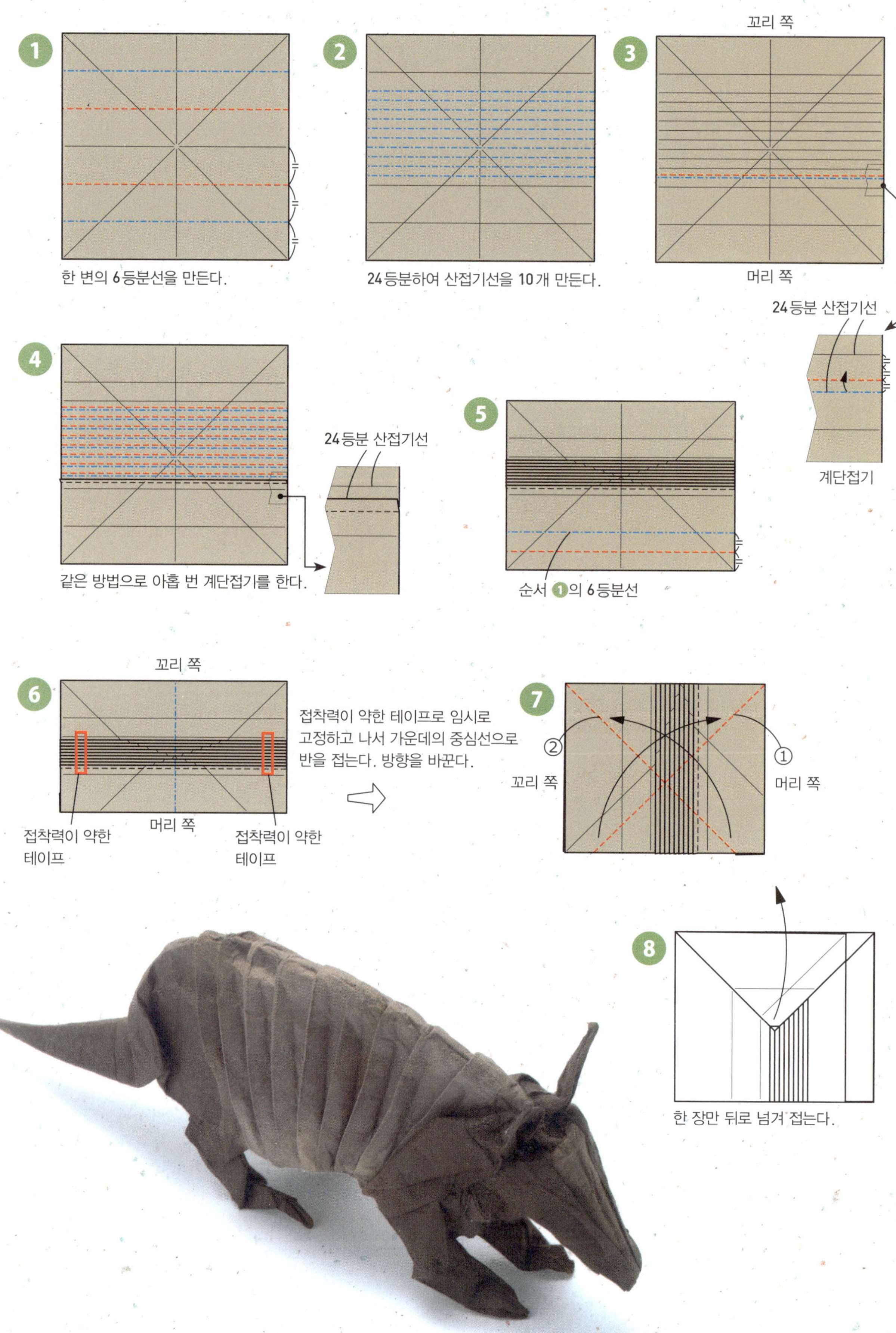
1
한 변의 6등분선을 만든다.
2
24등분하여 산접기선을 10개 만든다.
3
꼬리 쪽
머리 쪽
24등분 산접기선
계단접기
4
24등분 산접기선
같은 방법으로 아홉 번 계단접기를 한다.
5
순서 1의 6등분선
6
꼬리 쪽
머리 쪽
접착력이 약한 테이프
접착력이 약한 테이프
접착력이 약한 테이프로 임시로 고정하고 나서 가운데의 중심선으로 반을 접는다. 방향을 바꾼다.
7
꼬리 쪽
머리 쪽
8
한 장만 뒤로 넘겨 접는다.

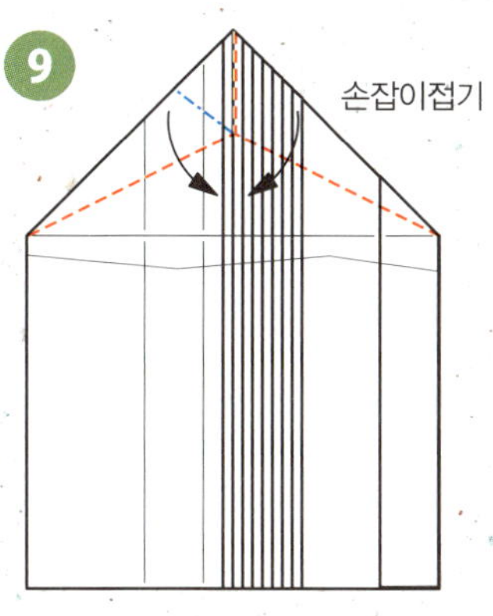

골짜기접기선으로
보조선을 만든다.

순서 7로 되돌려 윗장을
위로 넘긴다.

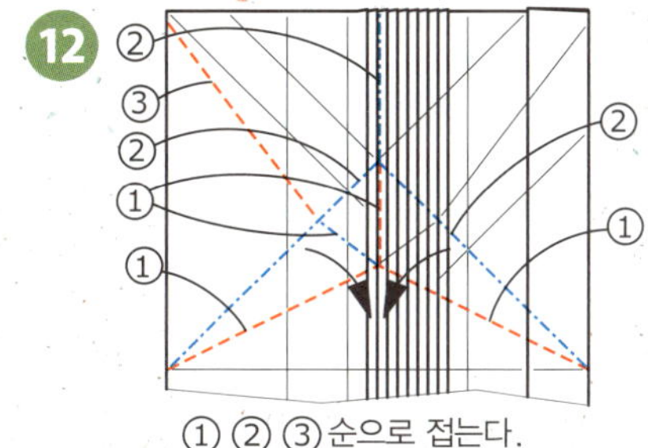

① ② ③순으로 접는다.

골짜기접기선으로
보조선을 만든다.

골짜기접기선과 산접기선으로
보조선을 만든다.

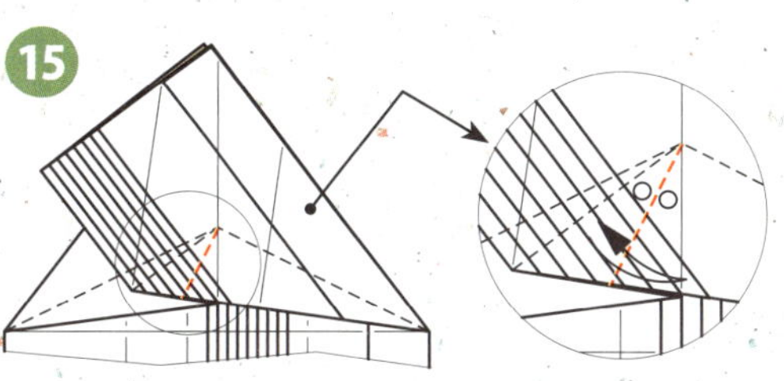

골짜기접기선과 산접기선으로
보조선을 만든다.

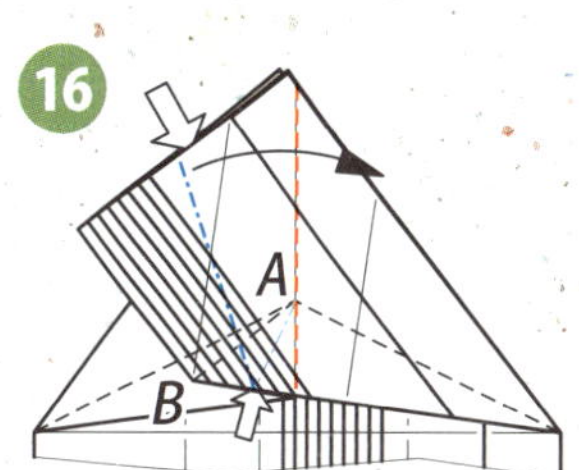

안에 있는 산접기선 *A*–*B*를
평평하게 만들며
표시선처럼 펼쳐 눌러 접는다.

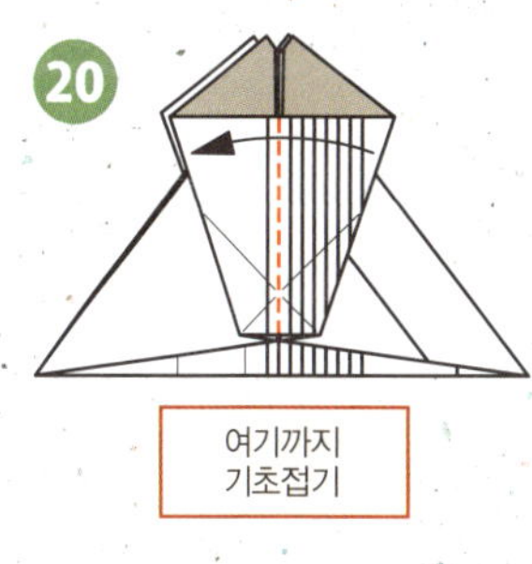

(과정 그림)

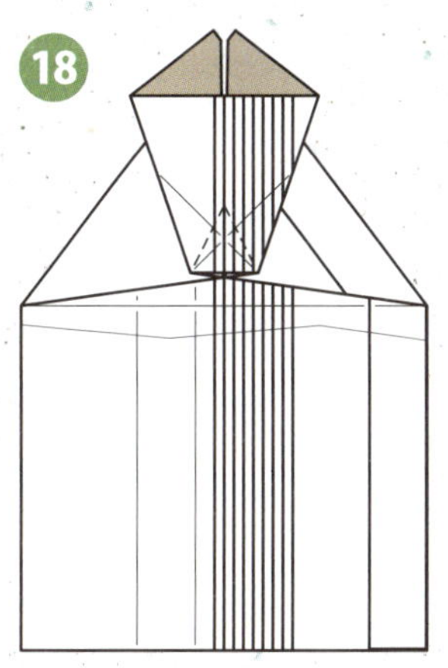

뒤집어서 7~17과
같은 방법으로 접는다.

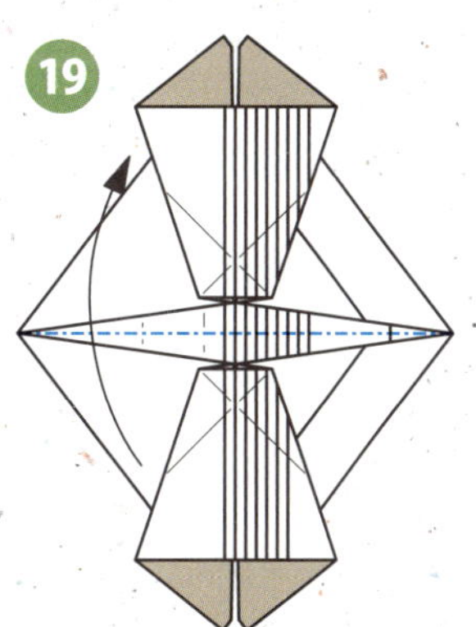

가운데의 중심선으로
반을 접는다.

여기까지
기초접기

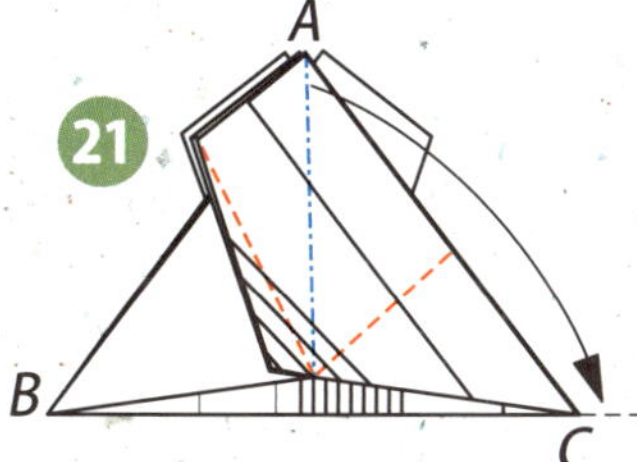

꼭지점 *A*가 *B*–*C*의
연장선 위에 오도록
오른쪽으로 접는다.

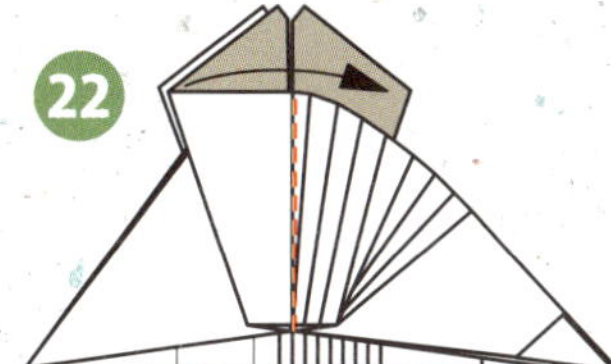

주름을 부채 모양으로 펼치면서
왼쪽 한 장을 오른쪽으로 넘긴다.

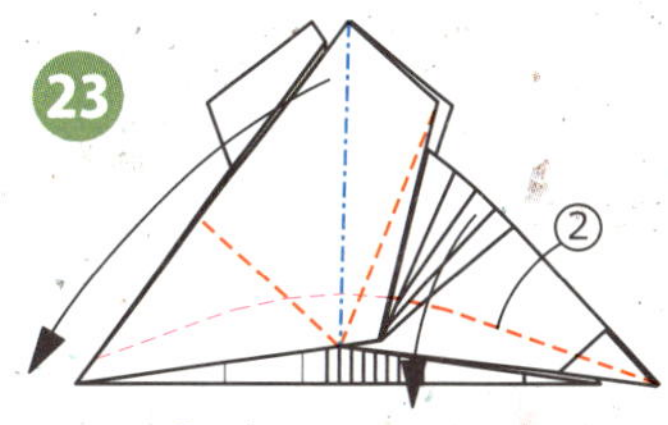

순서 21과 같은 방법으로 접으면서
②의 골짜기접기선을 부채 모양으로
접는다.

24

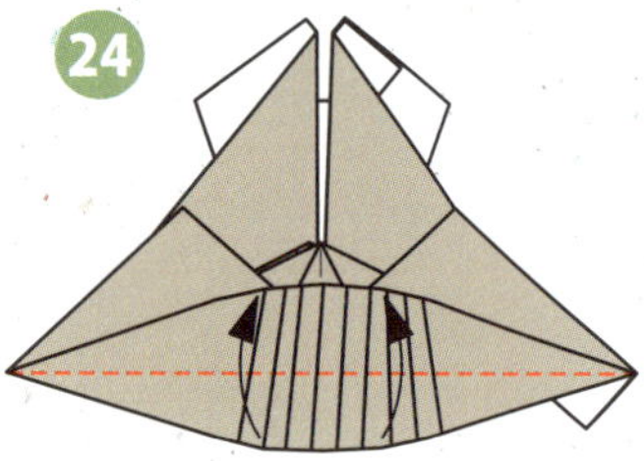

25

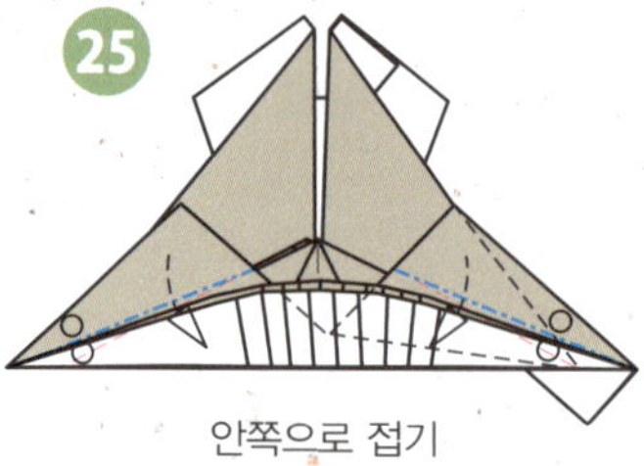

안쪽으로 접기

26

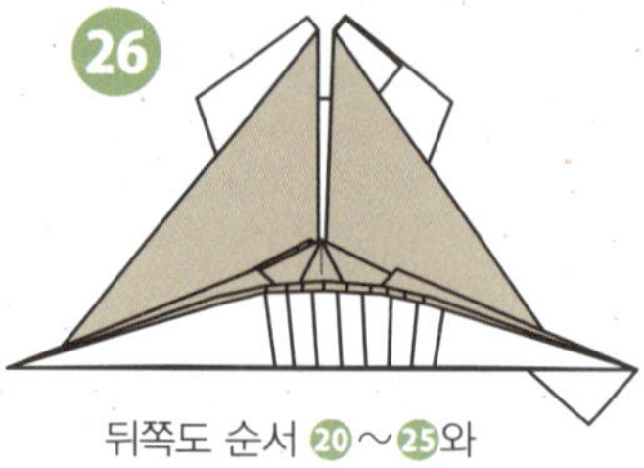

뒤쪽도 순서 20~25와 같은 방법으로 접는다.

27

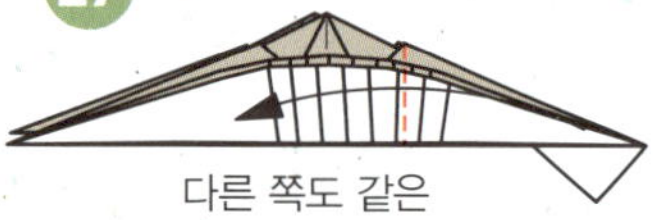

다른 쪽도 같은 방법으로 접는다.

28

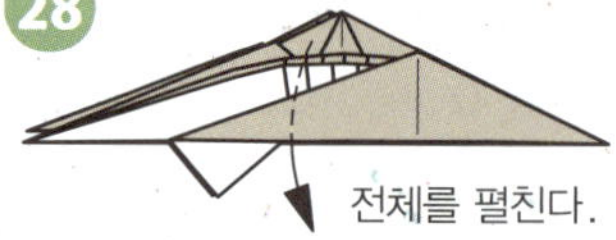

전체를 펼친다.

29

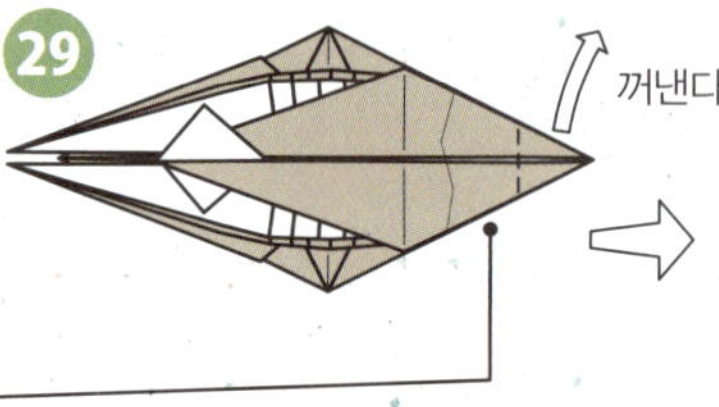

꺼낸다.

30

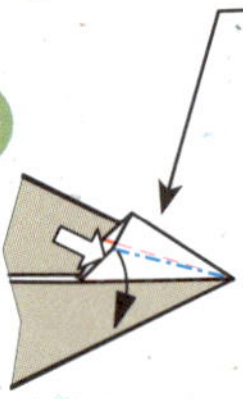

(과정 그림)

31

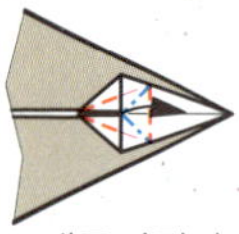

개구리접기(14쪽)

32

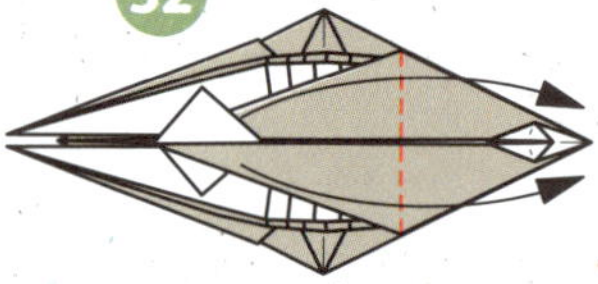

오른쪽으로 넘긴다.

33

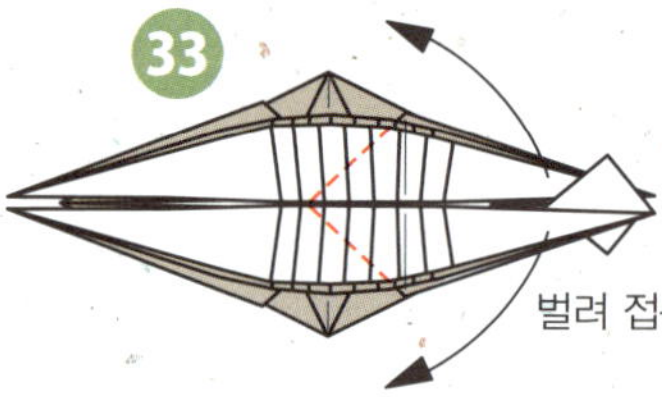

벌려 접는다.

순서 31의 개구리접기 부분에 주목한다.

개구리접기를 접었다 편다.

위의 한 장을 뒤집는다.

과정 그림

아랫부분을 개구리접기로 다시 접는다.

위쪽도 개구리접기를 한다.

과정 그림

접은 모습

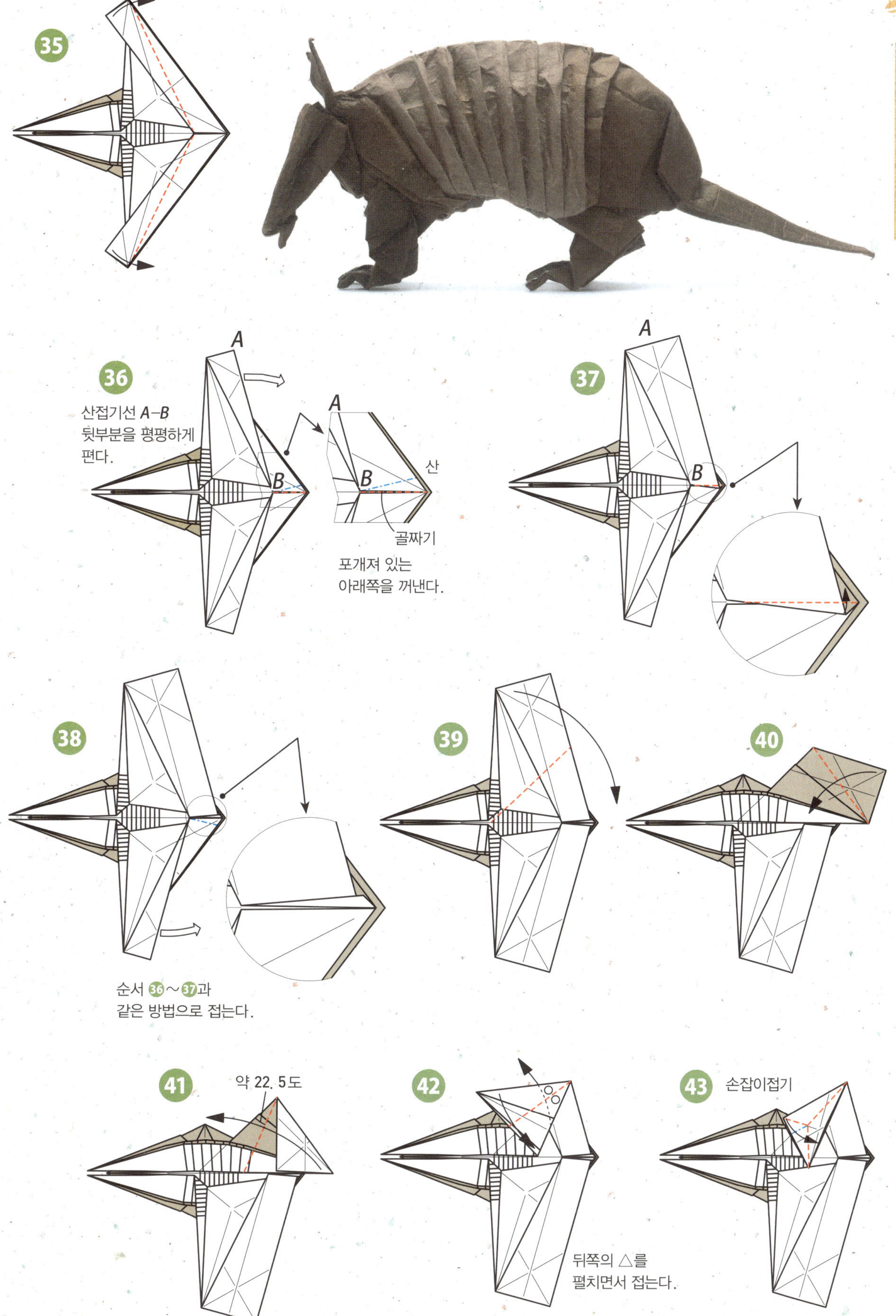
35
36
A
산접기선 A–B
뒷부분을 평평하게
편다.
B
A
B
산
골짜기
포개져 있는
아래쪽을 꺼낸다.
37
A
B
38
순서 36～37과
같은 방법으로 접는다.
39
40
41
약 22.5도
42
뒤쪽의 △를
펼치면서 접는다.
43
손잡이접기

⇦를 펼쳐 눌러 접는다.

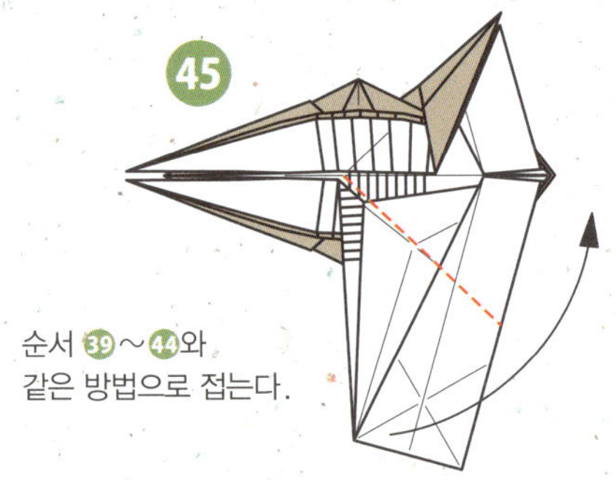

순서 39~44와 같은 방법으로 접는다.

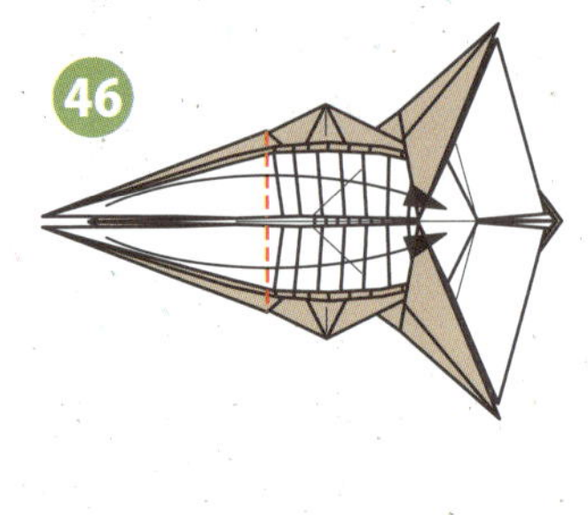

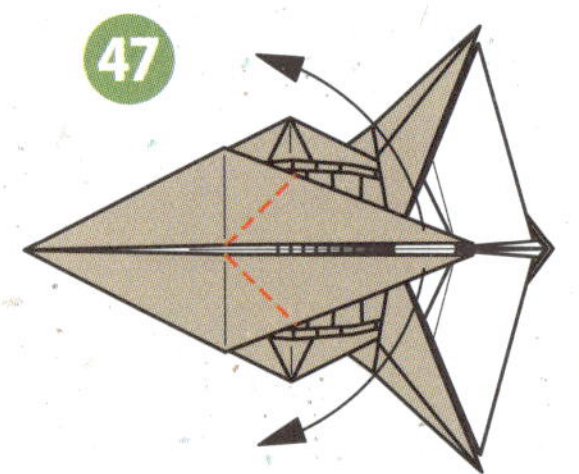

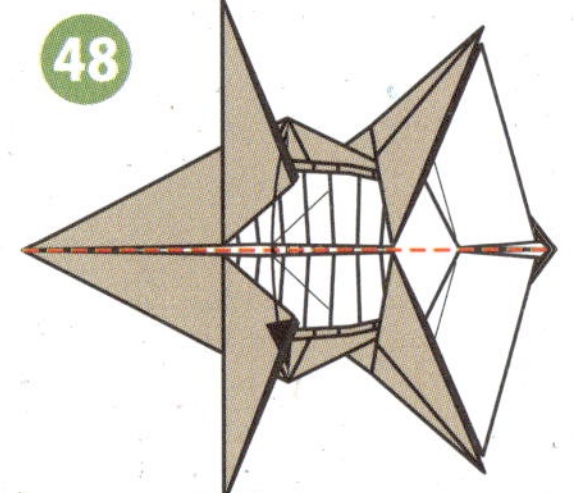

가운데의 중심선으로 반을 접는다.

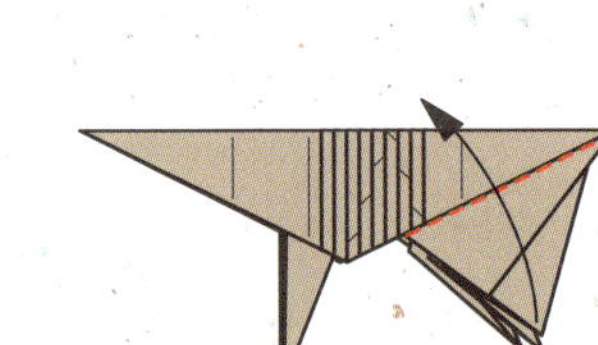

표시선처럼 접고
반대쪽도 같은 방법으로 접는다.

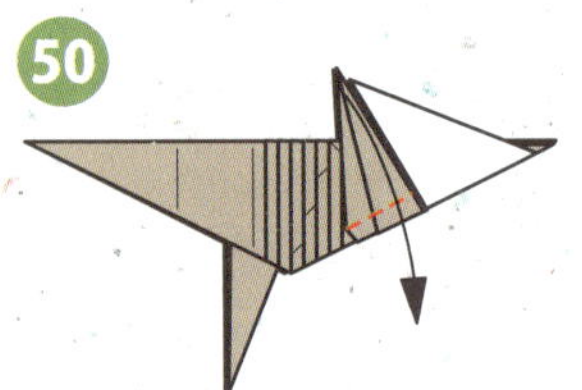

표시선처럼 접고
반대쪽도 같은 방법으로 접는다.

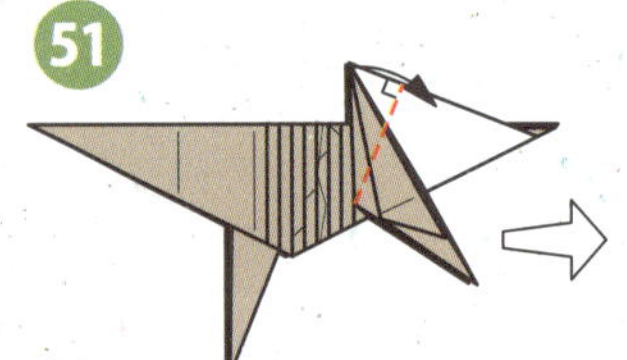

표시선처럼 직각이 되도록 접고
반대쪽도 같은 방법으로 접는다.

안쪽으로 접기를 하고
반대쪽도 같은
방법으로 접는다.

안쪽으로 접기를 하고
반대쪽도 같은
방법으로 접는다.

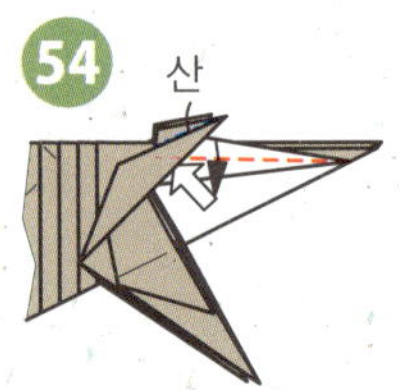

안쪽으로 접기를 하고
반대쪽도 같은 방법으로 접는다.

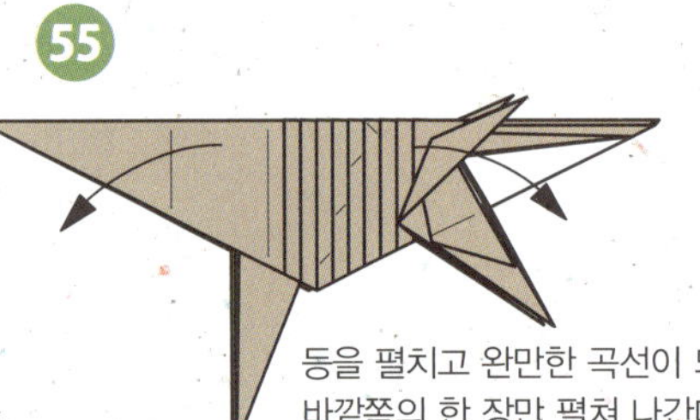

등을 펼치고 완만한 곡선이 되게 한다.
바깥쪽의 한 장만 펼쳐 나간다.

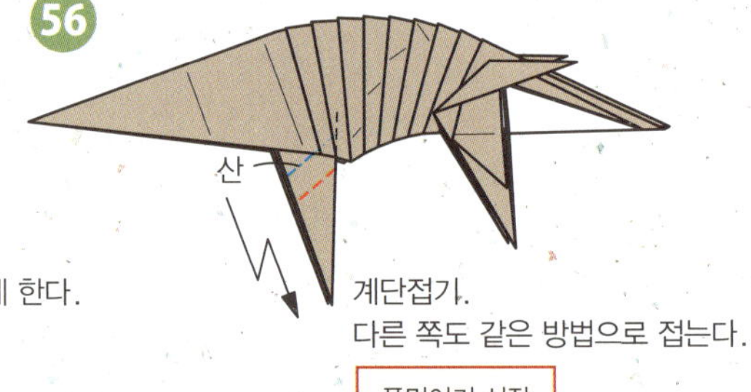

계단접기.
다른 쪽도 같은 방법으로 접는다.

풀먹이기 시작

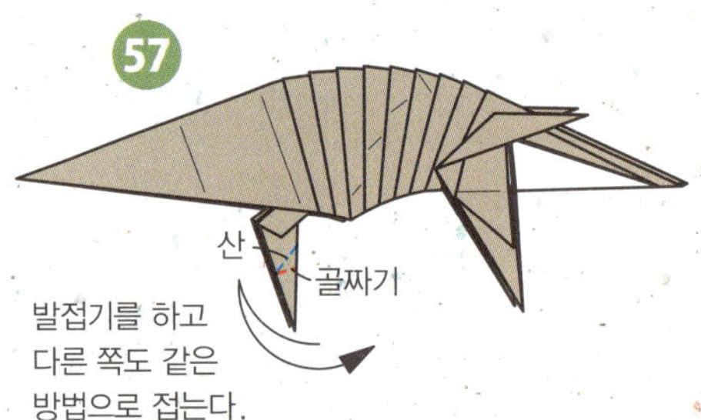

발접기를 하고
다른 쪽도 같은
방법으로 접는다.

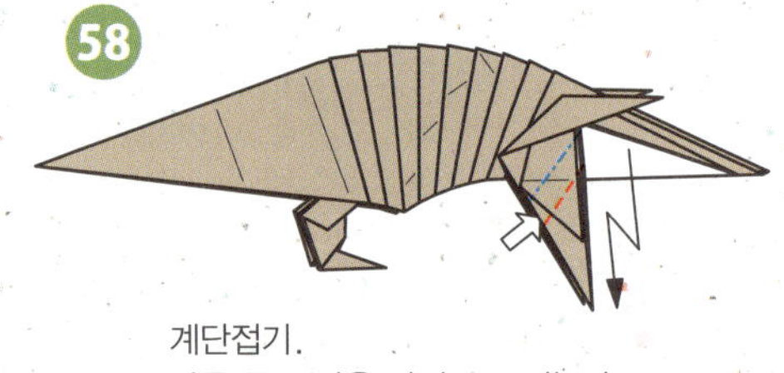

계단접기.
다른 쪽도 같은 방법으로 접는다.

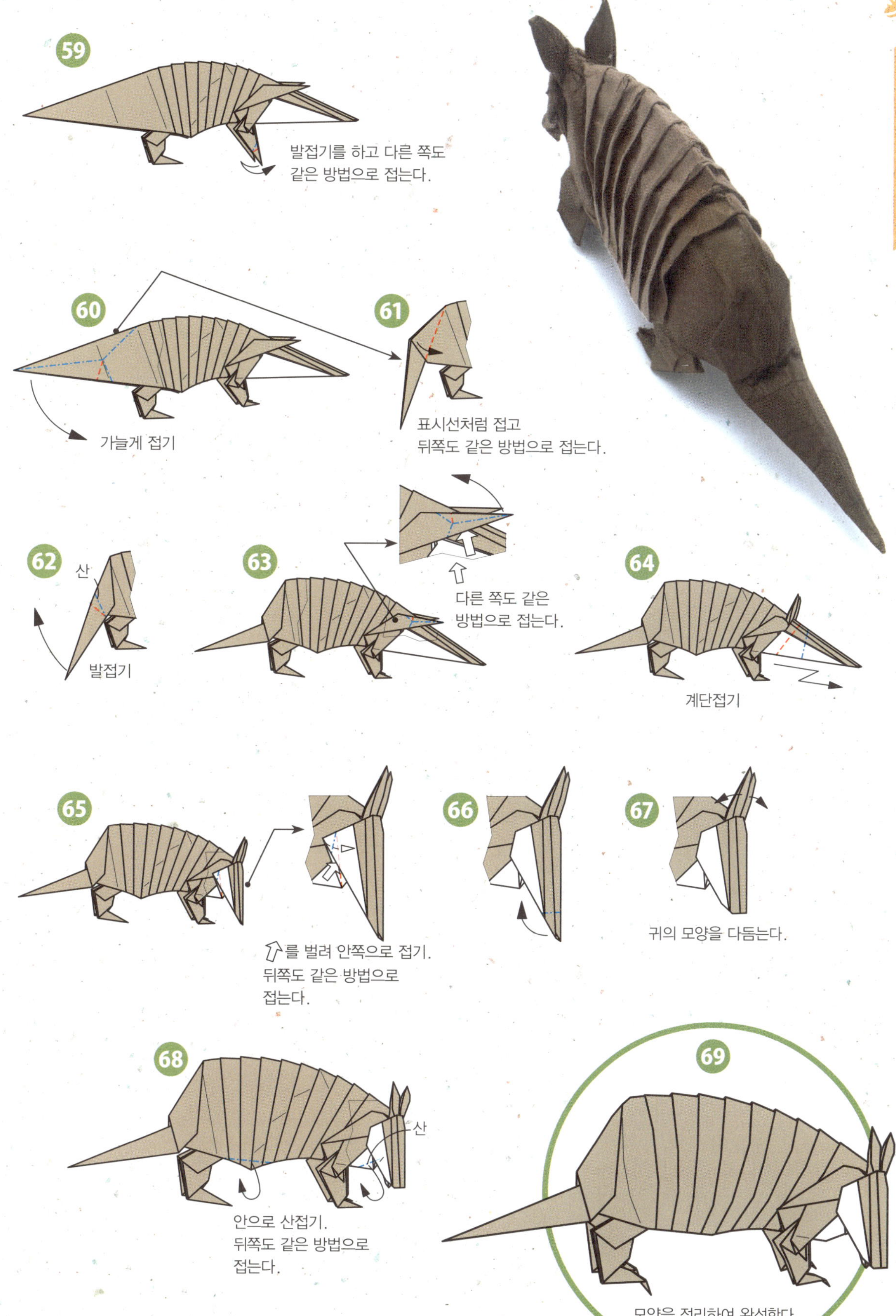
59
발접기를 하고 다른 쪽도
같은 방법으로 접는다.
60
가늘게 접기
61
표시선처럼 접고
뒤쪽도 같은 방법으로 접는다.
62
산
발접기
63
다른 쪽도 같은
방법으로 접는다.
64
계단접기
65
를 벌려 안쪽으로 접기.
뒤쪽도 같은 방법으로
접는다.
66
67
귀의 모양을 다듬는다.
68
산
안으로 산접기.
뒤쪽도 같은 방법으로
접는다.
69
모양을 정리하여 완성한다.

▶ 난이도 ★★★☆☆

갑각류 · 파충류

전갈

★ 사용한 종이

32cm×32cm 1장

앞서 출간한 『놀라운 리얼 종이접기2: 하늘을 나는 생물편』에 수록된 매미나 비상하는 장수풍뎅이와 같은 기초접기에서 시작한다. 순서 22의 방법은 처음으로 출간한 『놀라운 리얼 종이접기』에 수록된 말과 같지만, 그림으로는 이해하기 어려우므로 사진 설명을 해 두었다.

순서 24~25는 순서 22에서 접은 모서리를 가늘게 만드는 과정인데, 산접기선이 각각 두 개 있기 때문에 그것을 주저앉혀 가늘게 만든다(사진 설명 참고). 이 모서리가 가운뎃다리가 되지만, 종이가 퍽 두꺼워지므로 넣을 수 있는 한 최대한 빈틈에 풀을 먹이면 좋다.

순서 36에서 몸통을 가늘게 만드는 과정은 다리에 영향을 미치지 않는 범위에서 최대한 가늘게 만든다. 몸통이 가늘어지면 그만큼 다리가 길어 보여 전체의 정밀함이 한층 돋보인다. 순서 44는 안에 숨겨져 있는 부분을 머리 쪽으로 구부려 접어 꼬리 부분의 종이의 두께를 줄이기 위한 과정이다. 마무리 단계에서는 몸통이 공중에 뜨는 것처럼 모든 다리를 구부려 접으면 매우 근사해진다.

1

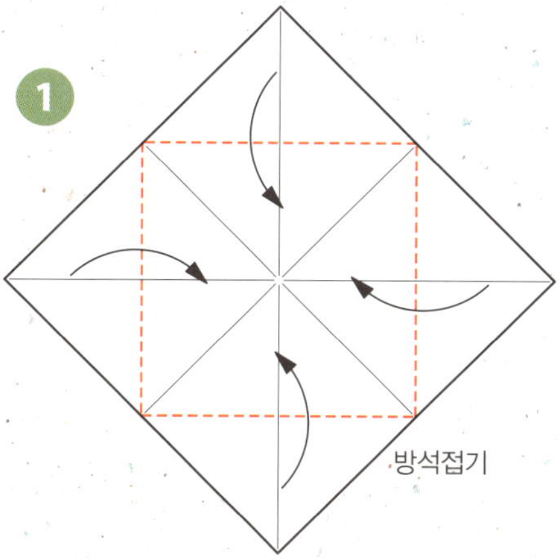

방석접기

2

3

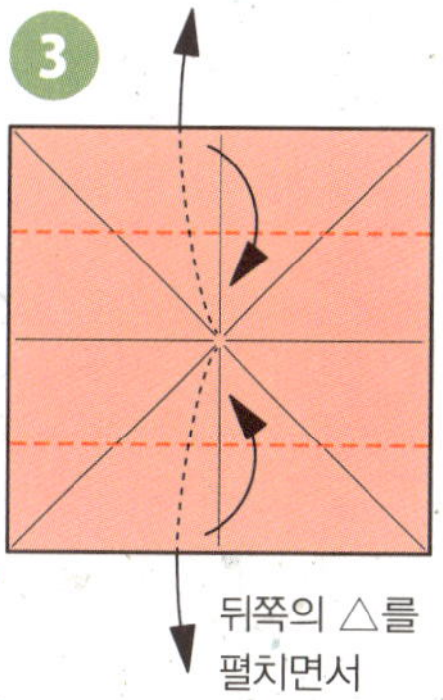

뒤쪽의 △를
펼치면서
골짜기접기한다.

4

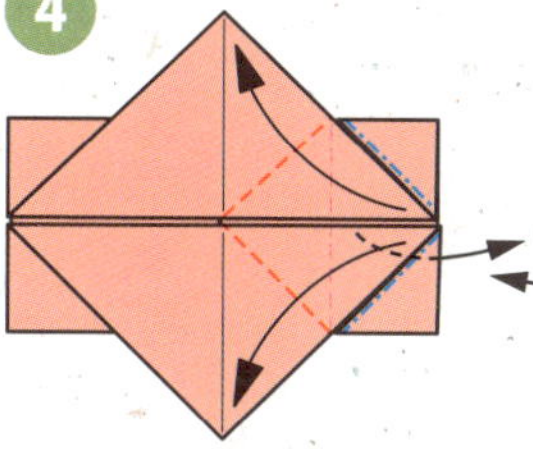

뒤쪽의 △를 펼치면서 접는다.
하마(22쪽)의 순서 4~6과
같은 방법으로 접는다.

5

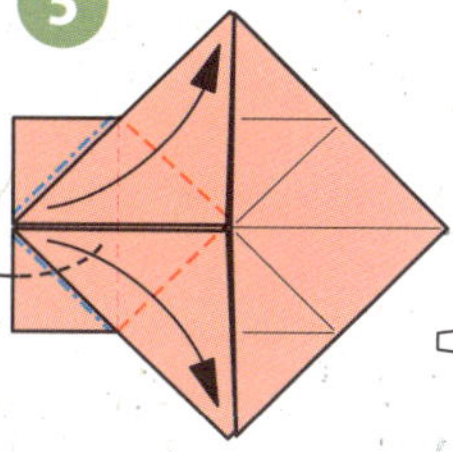

순서 4와
같은 방법으로 접는다.

6

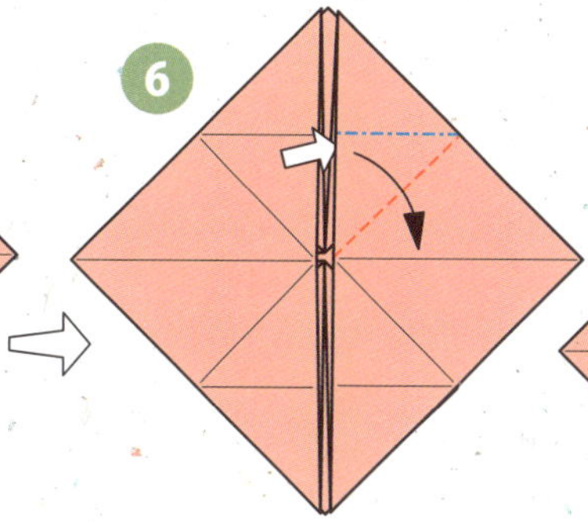

⇨를 펼쳐 눌러 접는다.

7

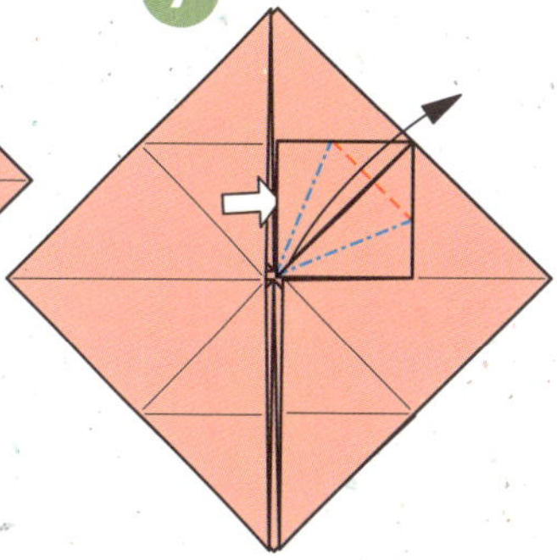

학마름모접기(14쪽)

8

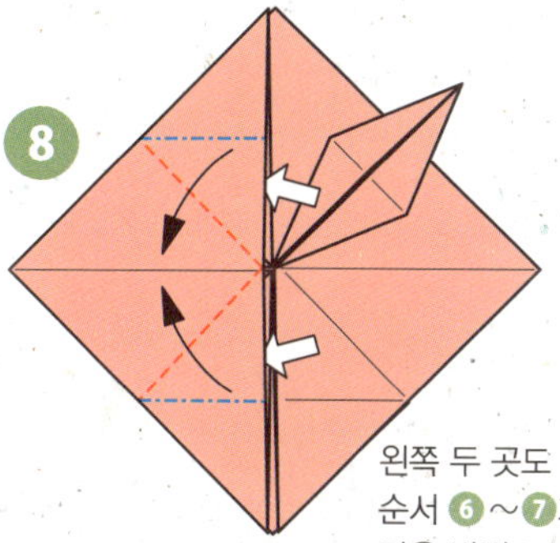

왼쪽 두 곳도
순서 6~7과
같은 방법으로 접는다.

9

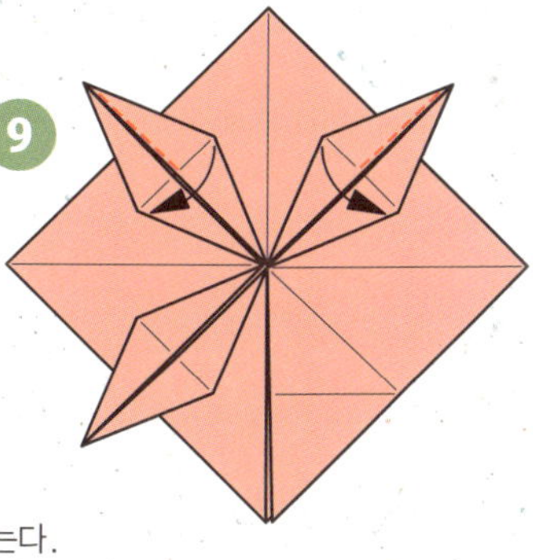

10

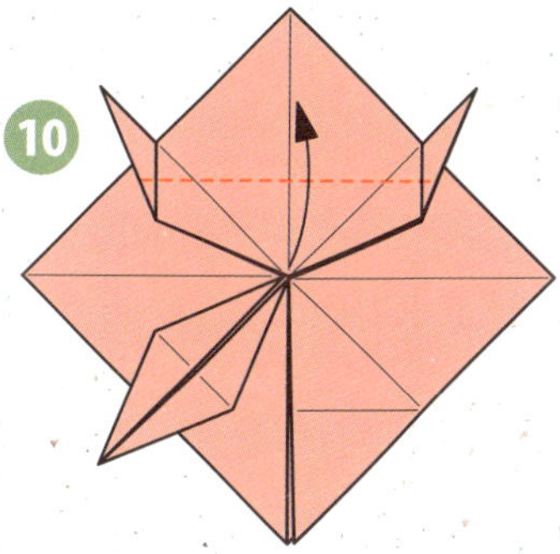

11

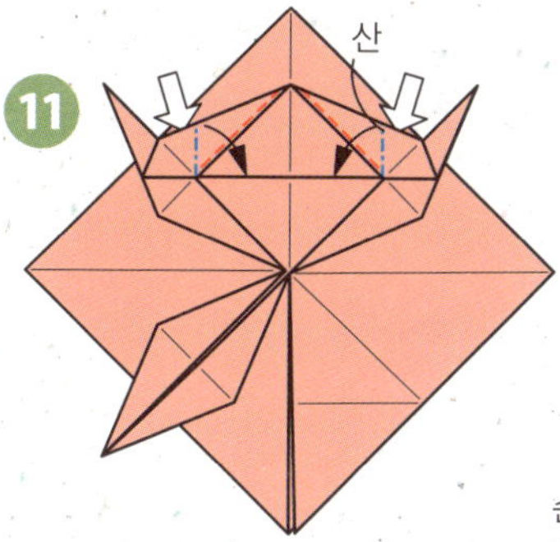

산

12

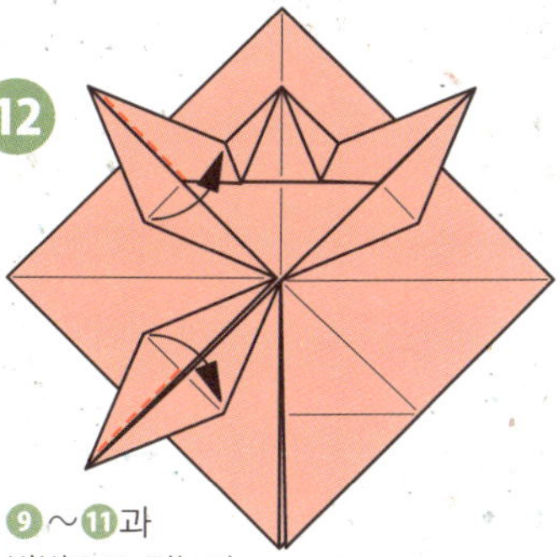

순서 9~11과
같은 방법으로 접는다.

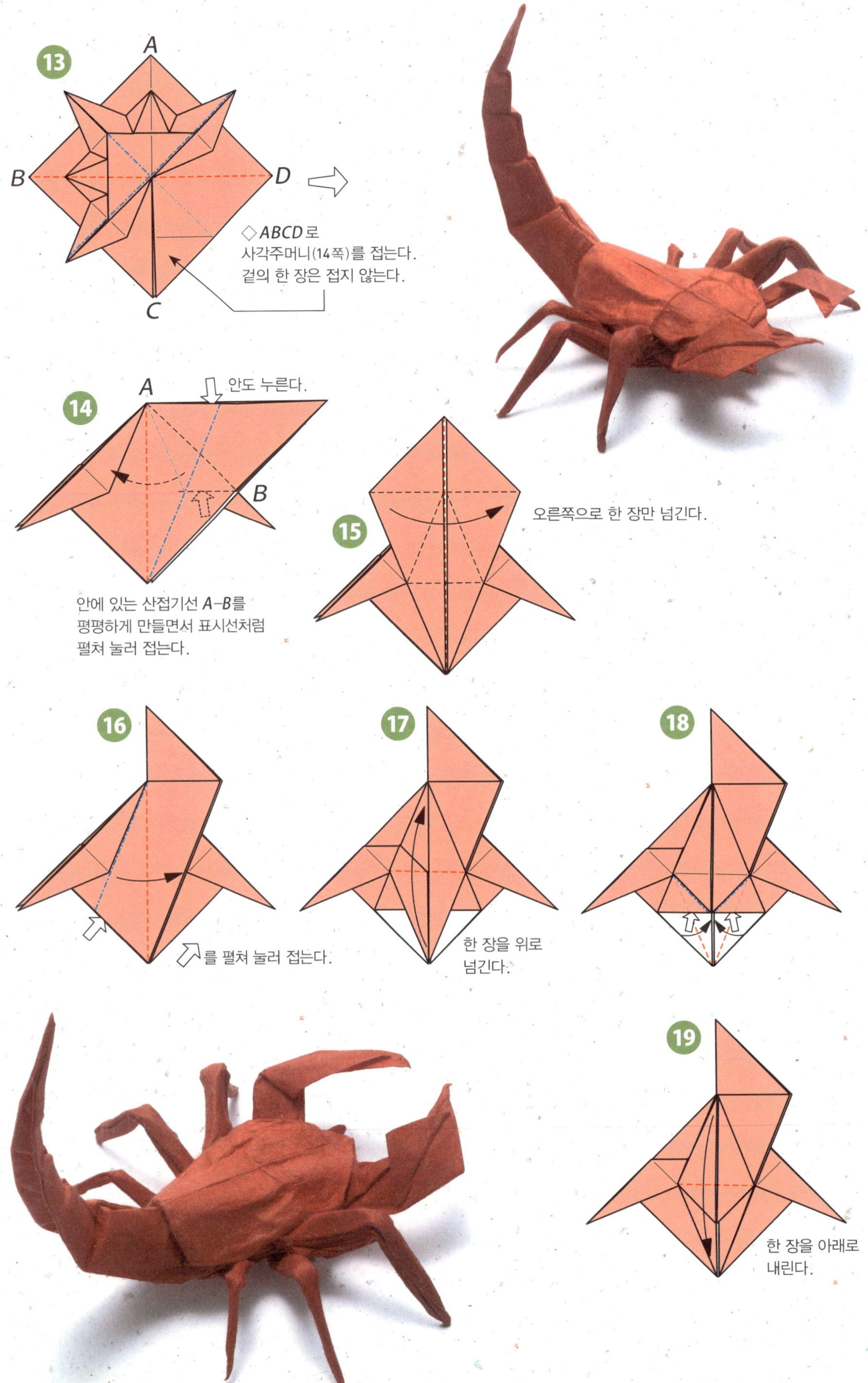
13
A
B
D
C
◇ABCD로
사각주머니(14쪽)를 접는다.
겉의 한 장은 접지 않는다.
14
A
안도 누른다.
B
안에 있는 산접기선 A–B를
평평하게 만들면서 표시선처럼
펼쳐 눌러 접는다.
15
오른쪽으로 한 장만 넘긴다.
16
를 펼쳐 눌러 접는다.
17
한 장을 위로
넘긴다.
18
19
한 장을 아래로
내린다.

★★★½☆

20

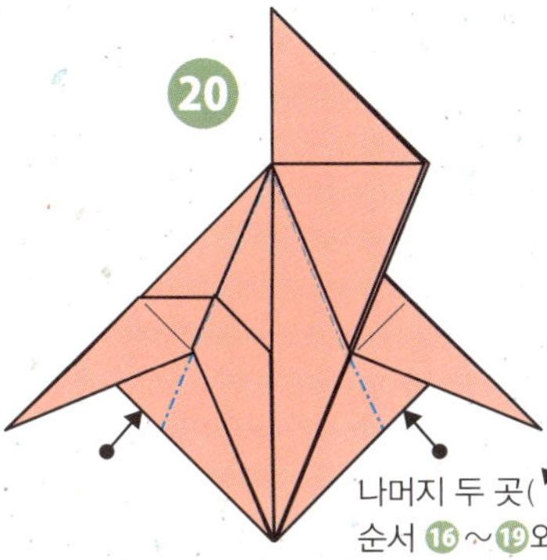

나머지 두 곳( )도 순서 16~19와 같은 방법으로 접는다.

21

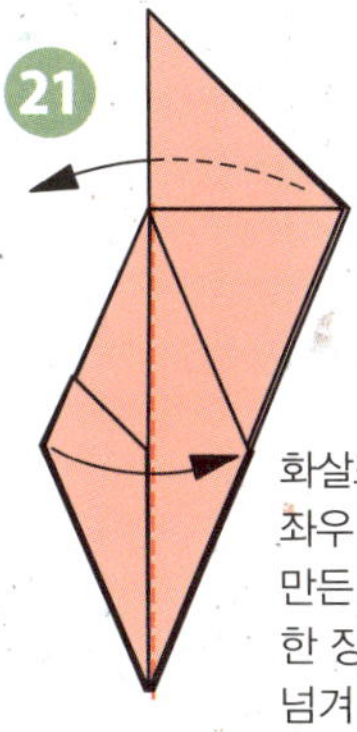

화살표 방향으로 넘겨 좌우 대칭이 되도록 만든 후, 오른쪽의 한 장만 왼쪽으로 넘겨 시작한다.

22

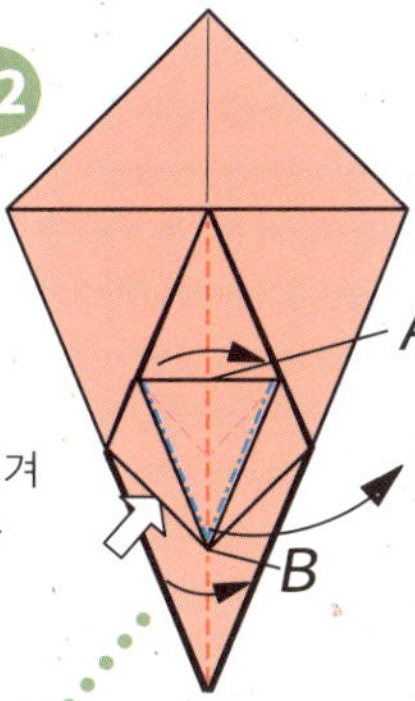

A

B

A–B를 골짜기선을 만들어 누르면서 B부분을 밖으로 당긴다.

22-1

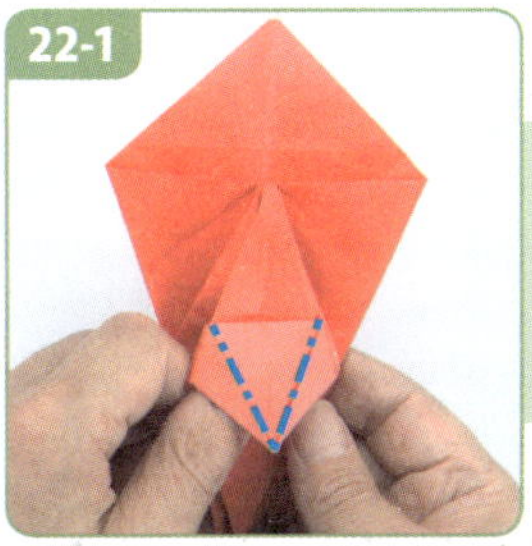

산접기선 두 개를 만든다.

22-2

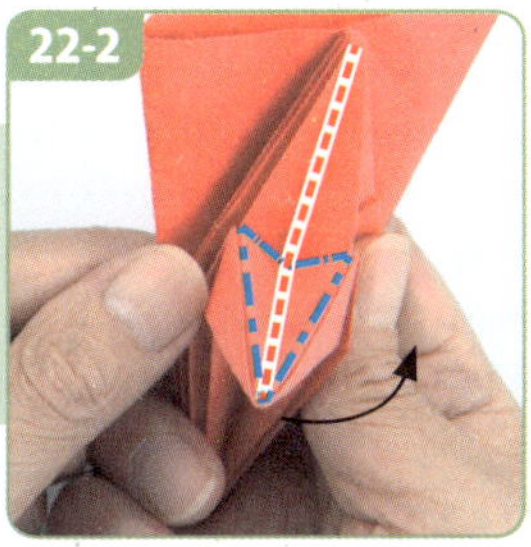

22-1에서 만든 산접기선 두 개를 마주 포개며 오른쪽으로 넘긴다.

23

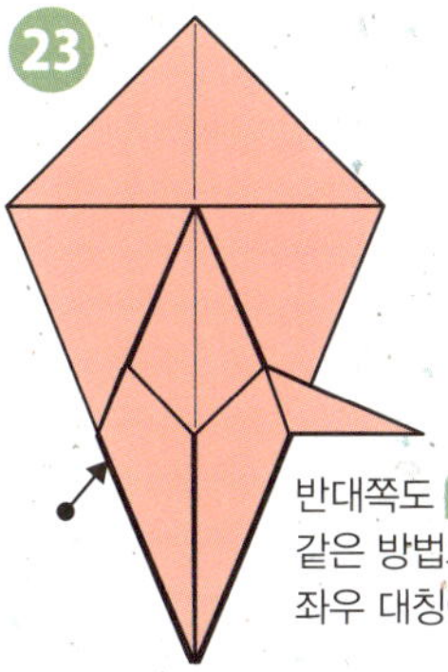

반대쪽도 22-1, 22-2와 같은 방법으로 접고 좌우 대칭이 되도록 한다.

24

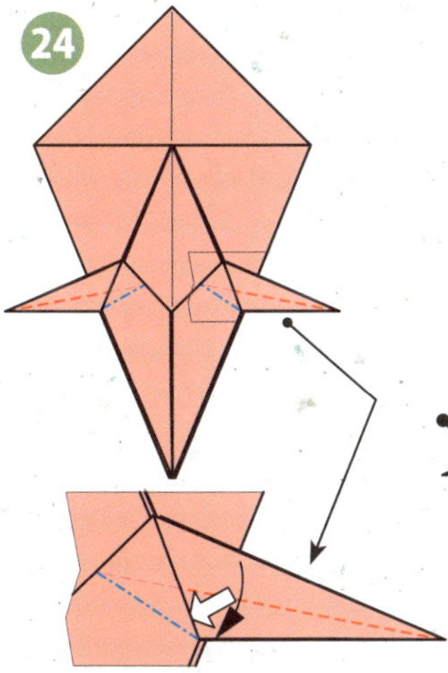

표시선처럼 한 장만 가늘게 접고 뒷장과 왼쪽 두 곳도 같은 방법으로 접는다.

25

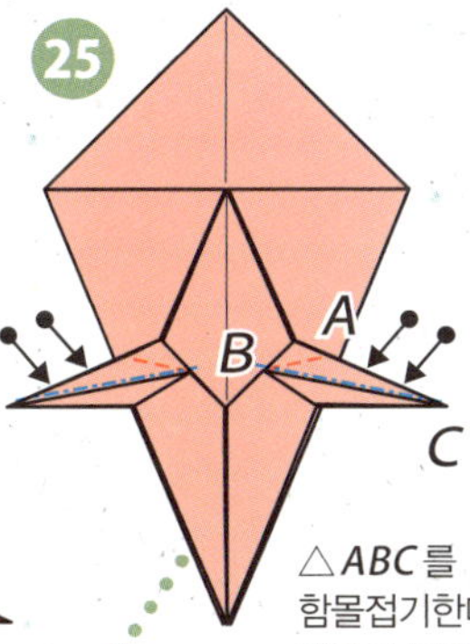

A

B

C

△ABC를 함몰접기한다. 좌우의 다리에 두 곳씩 있다.

25-1

아래쪽을 벌려 순서 25의 B–C에 산접기선을 만든다.

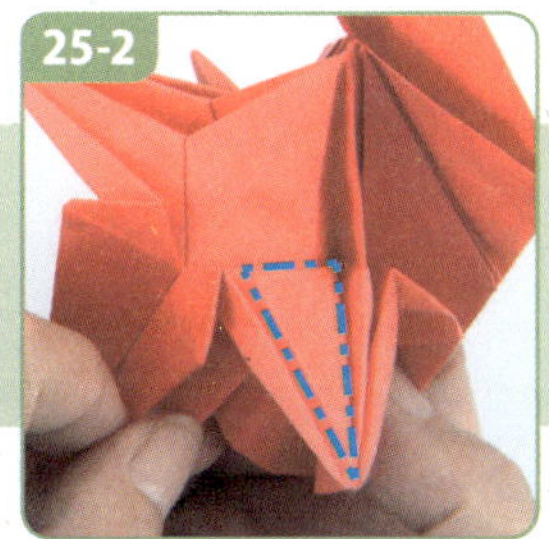

25-2

산접기선 세 개로 ▽을 만든다.

25-3

골짜기접기선 세 개로 함몰접기한다. 다른 쪽 도 순서 25-1~25-3과 같은 방법으로 접고 오른쪽으로 넘긴다.

25-4

왼쪽의 도 같은 방법으로 접는다.

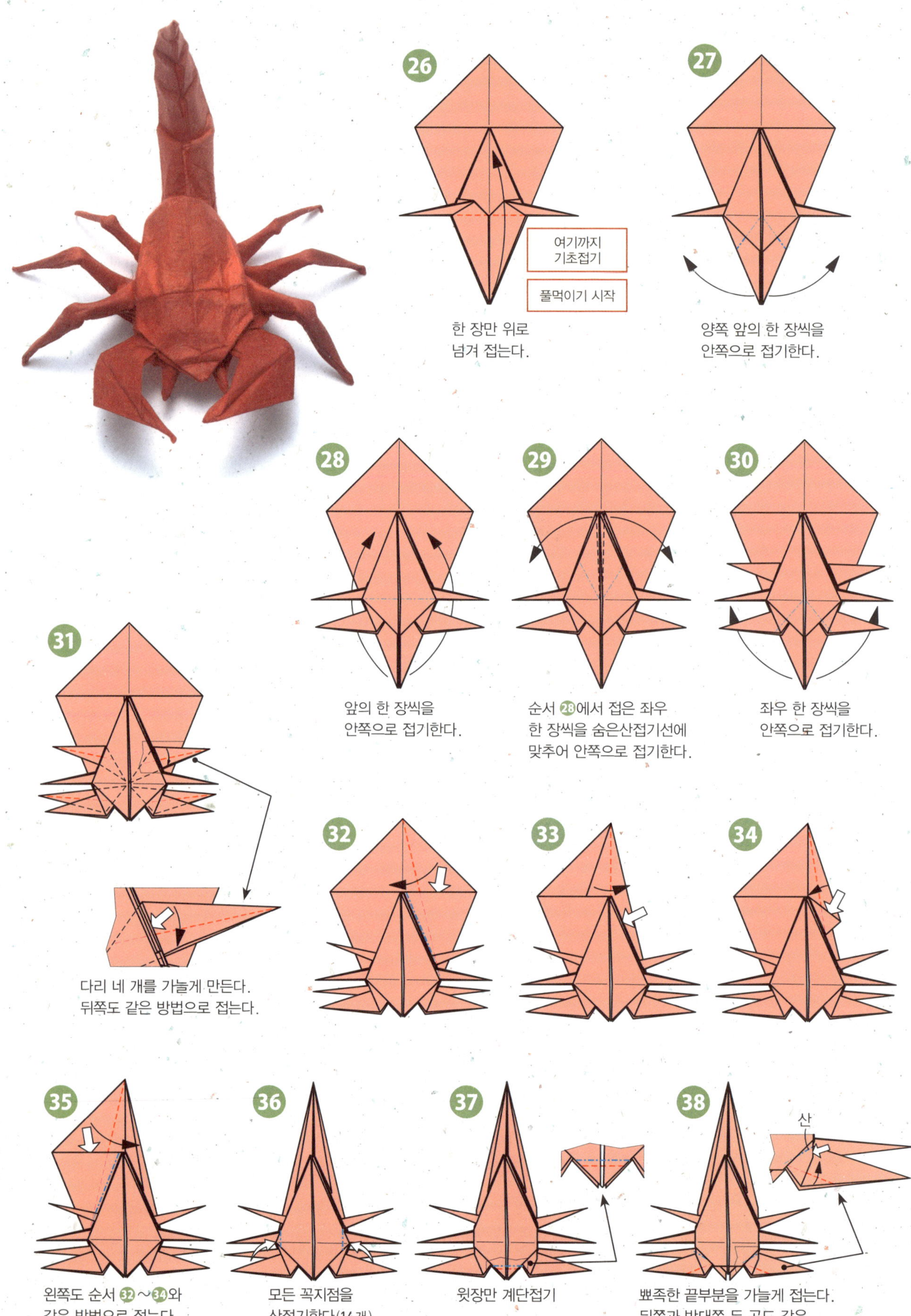
26
여기까지
기초접기
풀먹이기 시작
한 장만 위로
넘겨 접는다.
27
양쪽 앞의 한 장씩을
안쪽으로 접기한다.
28
앞의 한 장씩을
안쪽으로 접기한다.
29
순서 28에서 접은 좌우
한 장씩을 숨은산접기선에
맞추어 안쪽으로 접기한다.
30
좌우 한 장씩을
안쪽으로 접기한다.
31
다리 네 개를 가늘게 만든다.
뒤쪽도 같은 방법으로 접는다.
32
33
34
35
왼쪽도 순서 32~34와
같은 방법으로 접는다.
36
모든 꼭지점을
산접기한다(14개).
37
윗장만 계단접기
38
산
뾰족한 끝부분을 가늘게 접는다.
뒤쪽과 반대쪽 두 곳도 같은
방법으로 접는다.

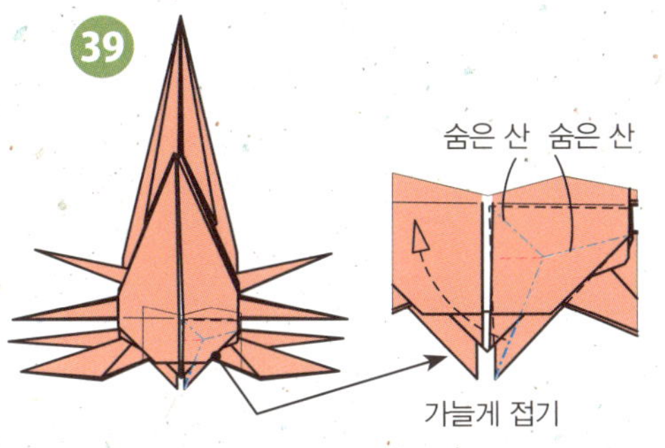
39
숨은 산 숨은 산
가늘게 접기

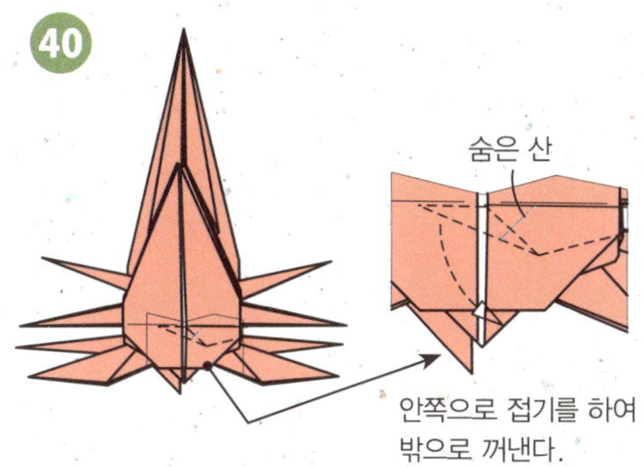
40
숨은 산
안쪽으로 접기를 하여
밖으로 꺼낸다.

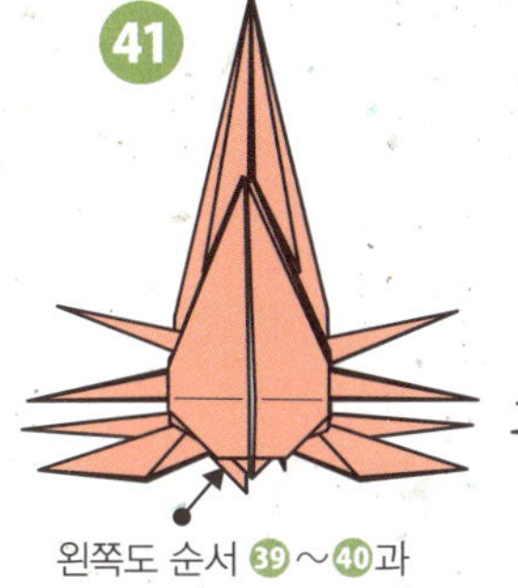
41
왼쪽도 순서 39~40과
같은 방법으로 접는다.

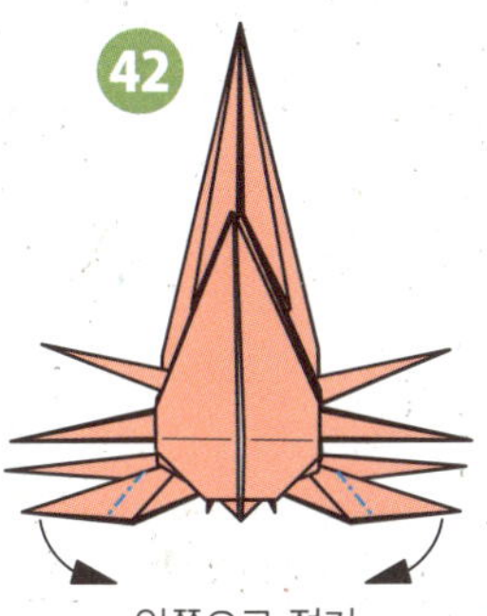
42
안쪽으로 접기

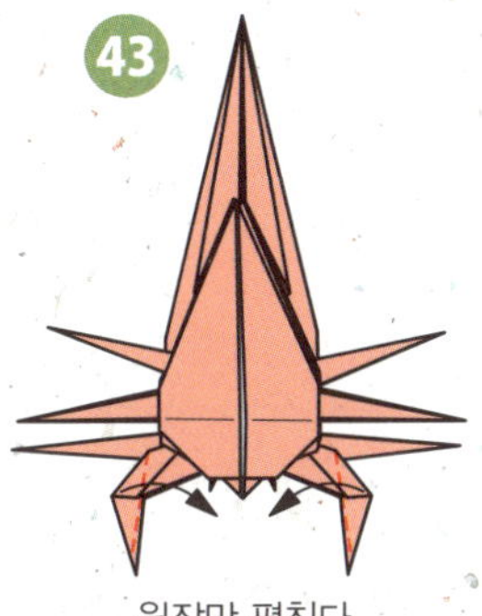
43
윗장만 펼친다.

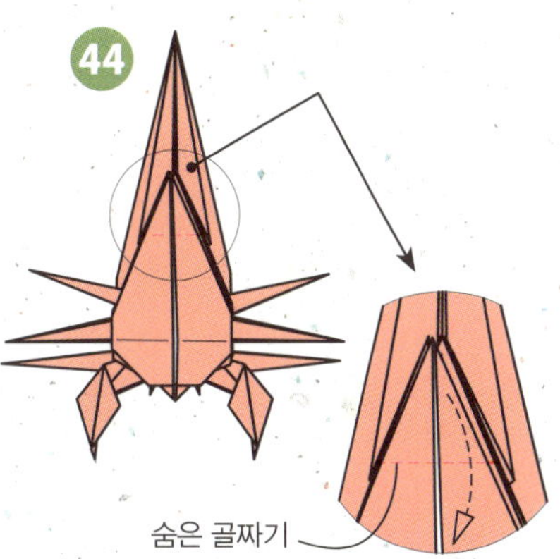
44
숨은 골짜기
윗장을 살짝 들어올린 후
가운데 △부분을
아래로 접는다.

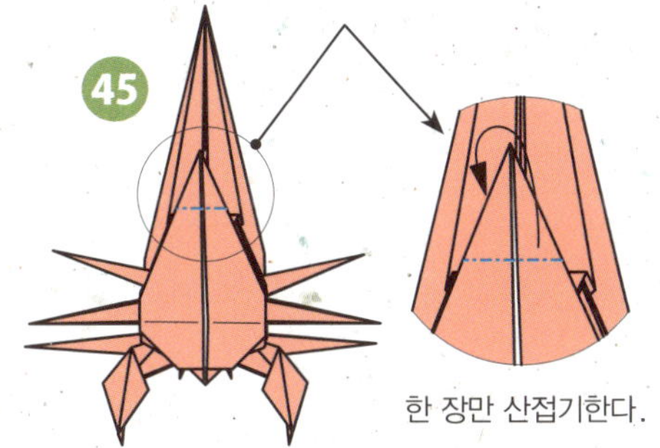
45
한 장만 산접기한다.

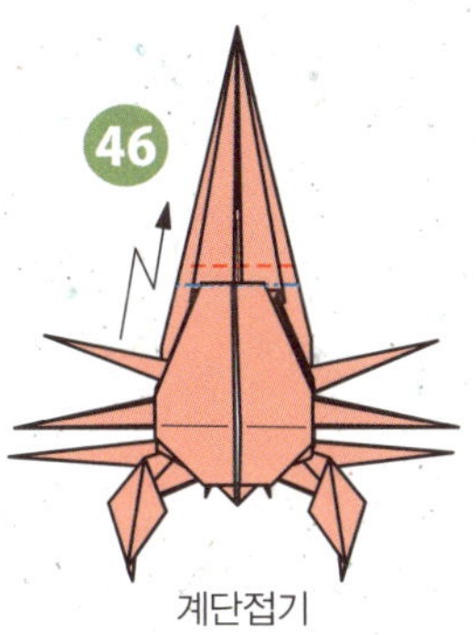
46
계단접기

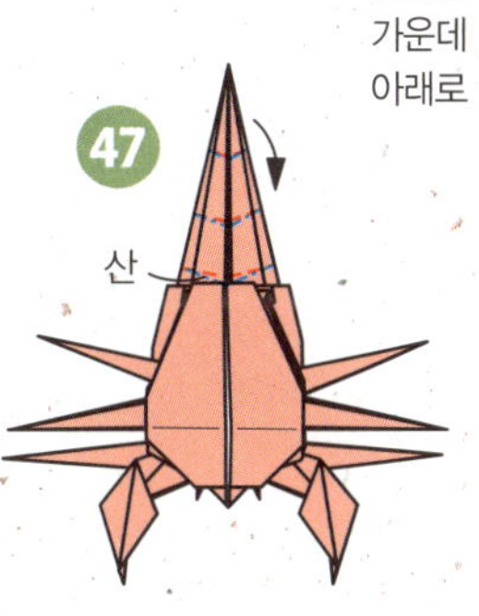
47
산

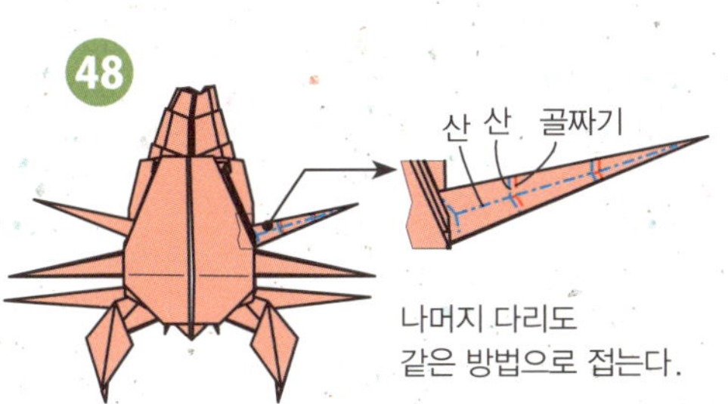
48
산 산 골짜기
나머지 다리도
같은 방법으로 접는다.

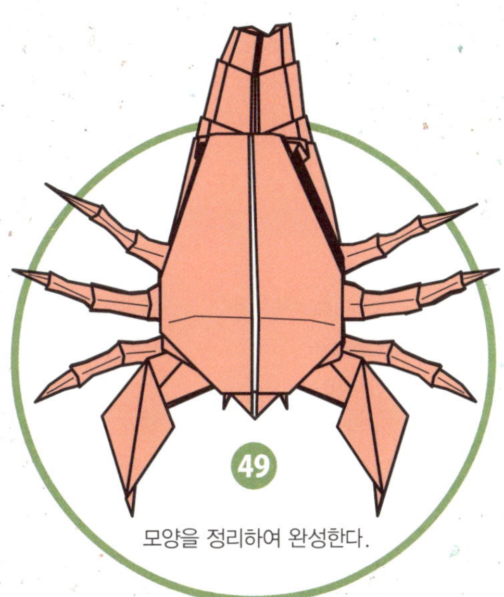
49
모양을 정리하여 완성한다.

갑각류 · 파충류

도마뱀

▶ 난이도 ★★★★☆

★ 사용한 종이

23cm×23cm 1장

POINT

테리지노사우루스(106쪽)와 마찬가지로 아코디언접기로 발톱 부분을 먼저 접는다. 네 다리의 발톱을 모두 접고 나서 발톱 주변 뒤쪽에 풀먹이기를 해두는 것이 좋다. 다만 발톱과 발톱 사이에 비어져 나온 풀이 서로 엉겨 버리면 나중에 발톱 다섯 개를 나누기 어려워지므로 발톱과 발톱 사이는 떼어 둔다.

순서 30에서 넣어져 있는 배의 일부를 꺼내는 과정은 사진 설명을 참고한다. 이 과정은 종이의 두께를 줄이기 위한 것이다. 같은 과정이 순서 45에도 나오므로 마찬가지로 종이 두께 줄여 두도록 하자.

몸통과 꼬리는 다리에 영향을 미치지 않는 범위에서 최대한 가늘게 접는다. 마무리 단계에서 몸통을 입체적으로 만들면 더욱 가늘게 보이게 된다. 머리를 조금 들어올리듯이 하여 몸통과 머리의 경계가 되는 부분의 잘록함을 강조하면 한결 그럴듯해진다.

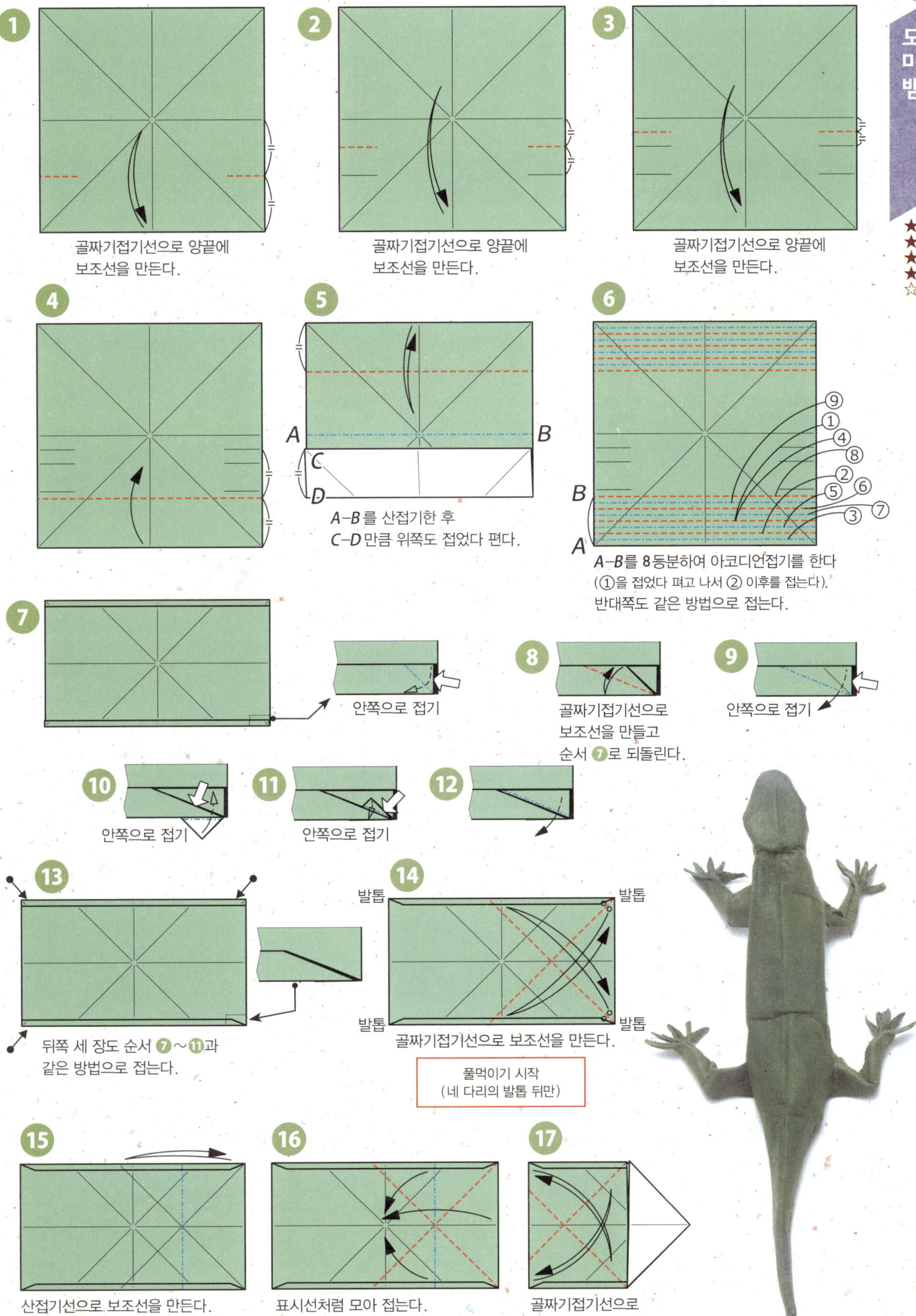
도마뱀
1
골짜기접기선으로 양끝에
보조선을 만든다.
2
골짜기접기선으로 양끝에
보조선을 만든다.
3
골짜기접기선으로 양끝에
보조선을 만든다.
4
5
A
B
C
D
A–B를 산접기한 후
C–D만큼 위쪽도 접었다 편다.
6
B
A
⑨
①
④
⑧
②
⑥
⑤
⑦
③
A–B를 8등분하여 아코디언접기를 한다
(①을 접었다 펴고 나서 ② 이후를 접는다).
반대쪽도 같은 방법으로 접는다.
7
안쪽으로 접기
8
골짜기접기선으로
보조선을 만들고
순서 7로 되돌린다.
9
안쪽으로 접기
10
안쪽으로 접기
11
안쪽으로 접기
12
13
뒤쪽 세 장도 순서 7~11과
같은 방법으로 접는다.
14
발톱
발톱
발톱
발톱
골짜기접기선으로 보조선을 만든다.
풀먹이기 시작
(네 다리의 발톱 뒤만)
15
산접기선으로 보조선을 만든다.
16
표시선처럼 모아 접는다.
17
골짜기접기선으로
보조선을 만든다.

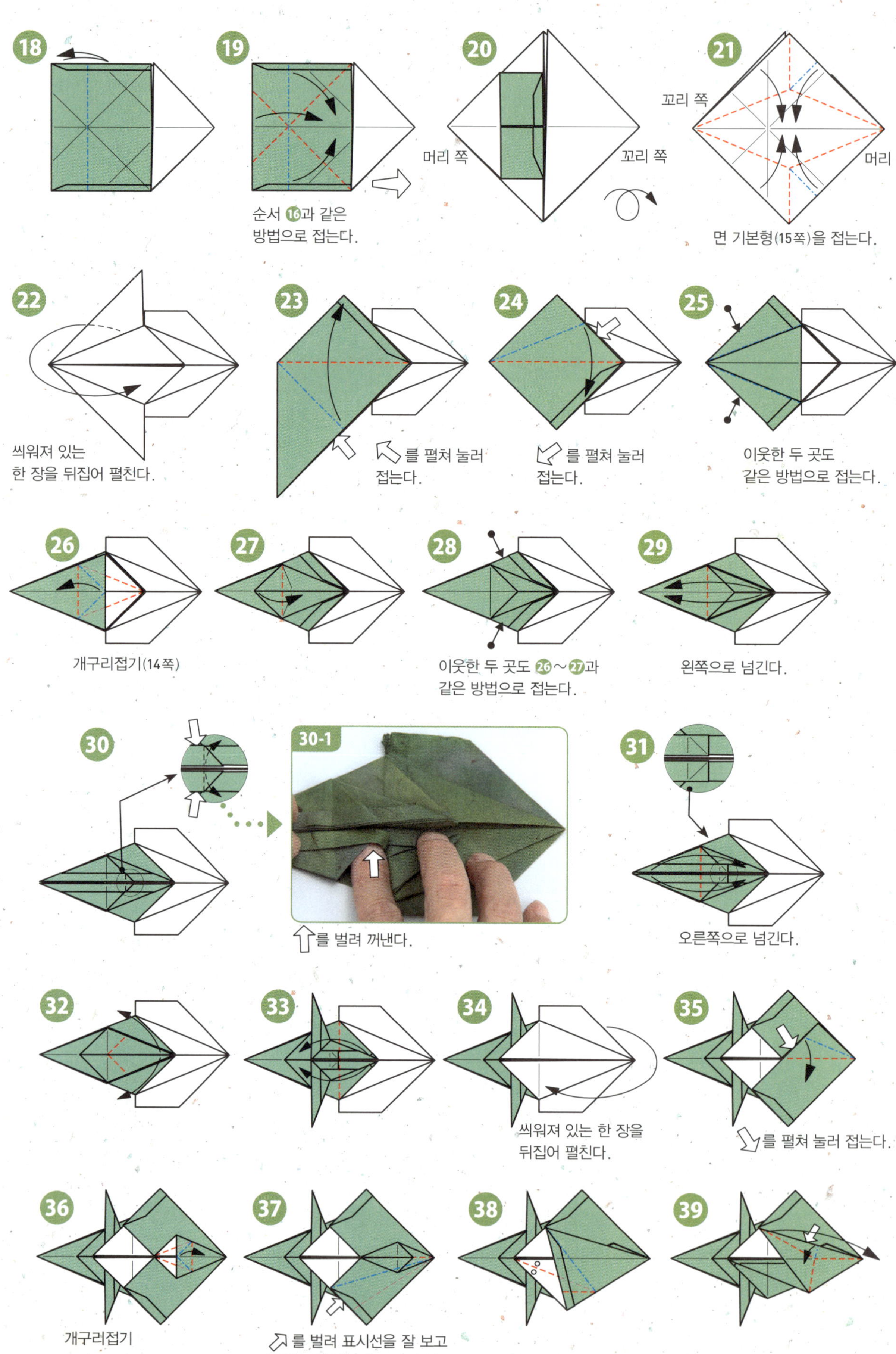
18
19
순서 16과 같은
방법으로 접는다.
20
머리 쪽
꼬리 쪽
21
꼬리 쪽
머리 쪽
면 기본형(15쪽)을 접는다.
22
씌워져 있는
한 장을 뒤집어 펼친다.
23
를 펼쳐 눌러
접는다.
24
를 펼쳐 눌러
접는다.
25
이웃한 두 곳도
같은 방법으로 접는다.
26
개구리접기(14쪽)
27
28
이웃한 두 곳도 26~27과
같은 방법으로 접는다.
29
왼쪽으로 넘긴다.
30
30-1
를 벌려 꺼낸다.
31
오른쪽으로 넘긴다.
32
33
34
씌워져 있는 한 장을
뒤집어 펼친다.
35
를 펼쳐 눌러 접는다.
36
개구리접기
37
를 벌려 표시선을 잘 보고
펼쳐 눌러 접는다.
38
39

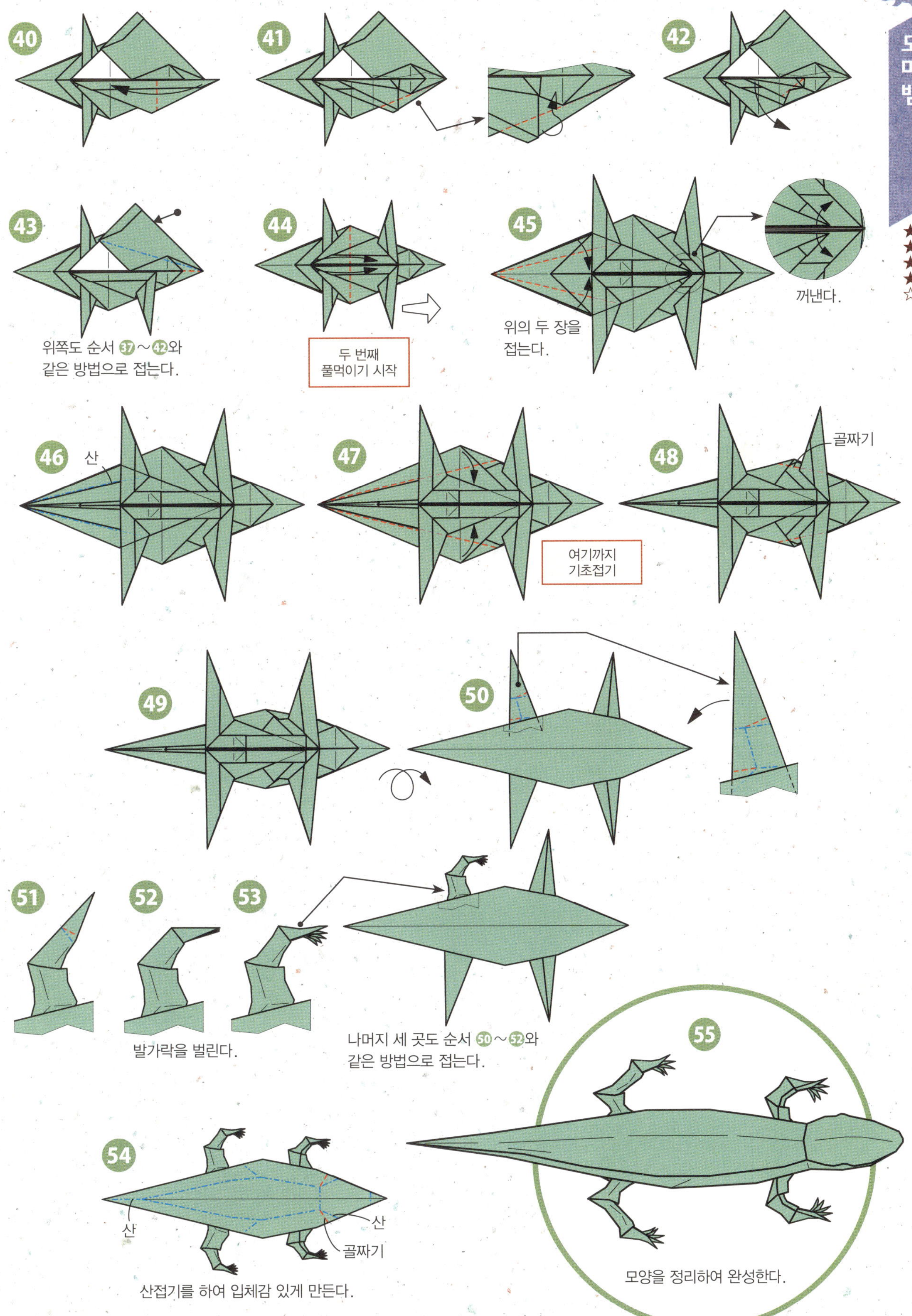
40
41
42
43
위쪽도 순서 37~42와
같은 방법으로 접는다.
44
두 번째
풀먹이기 시작
45
위의 두 장을
접는다.
꺼낸다.
46
산
47
여기까지
기초접기
48
골짜기
49
50
51
52
53
발가락을 벌린다.
나머지 세 곳도 순서 50~52와
같은 방법으로 접는다.
54
산
산
골짜기
산접기를 하여 입체감 있게 만든다.
55
모양을 정리하여 완성한다.

REAL ORIGAMI

공룡

디플로도쿠스

★ 사용한 종이
23cm×23cm 1장

▶난이도 ★★☆☆☆

POINT

공룡 기본형(15쪽)부터 접는다.

디플로도쿠스는 꼬리가 긴 대형 초식공룡으로, 이 공룡은 어린 시절에 도감에서 보던 것이다. 공룡의 모습도 시대와 함께 조금씩 변화(진화)하는지 당시의 도감에서는 다리가 그다지 길지 않았던 것으로 기억한다. 이 작품은 그 무렵의 기억을 토대로 만든 것이기 때문에 다리가 짧은 편이다. 현재의 디플로도쿠스처럼 다리가 긴 작품도 앞으로 기회가 있으면 소개하려고 한다.

뒷다리를 꺼내는 순서 3의 과정은 양(30쪽)이나 파피용(68쪽)의 앞다리를 접을 때 등 자주 이용하는 방법이라, 어렵지는 않지만 그림으로 설명하기 어려워 사진 설명을 두었다.

공룡 기본형(15쪽)부터

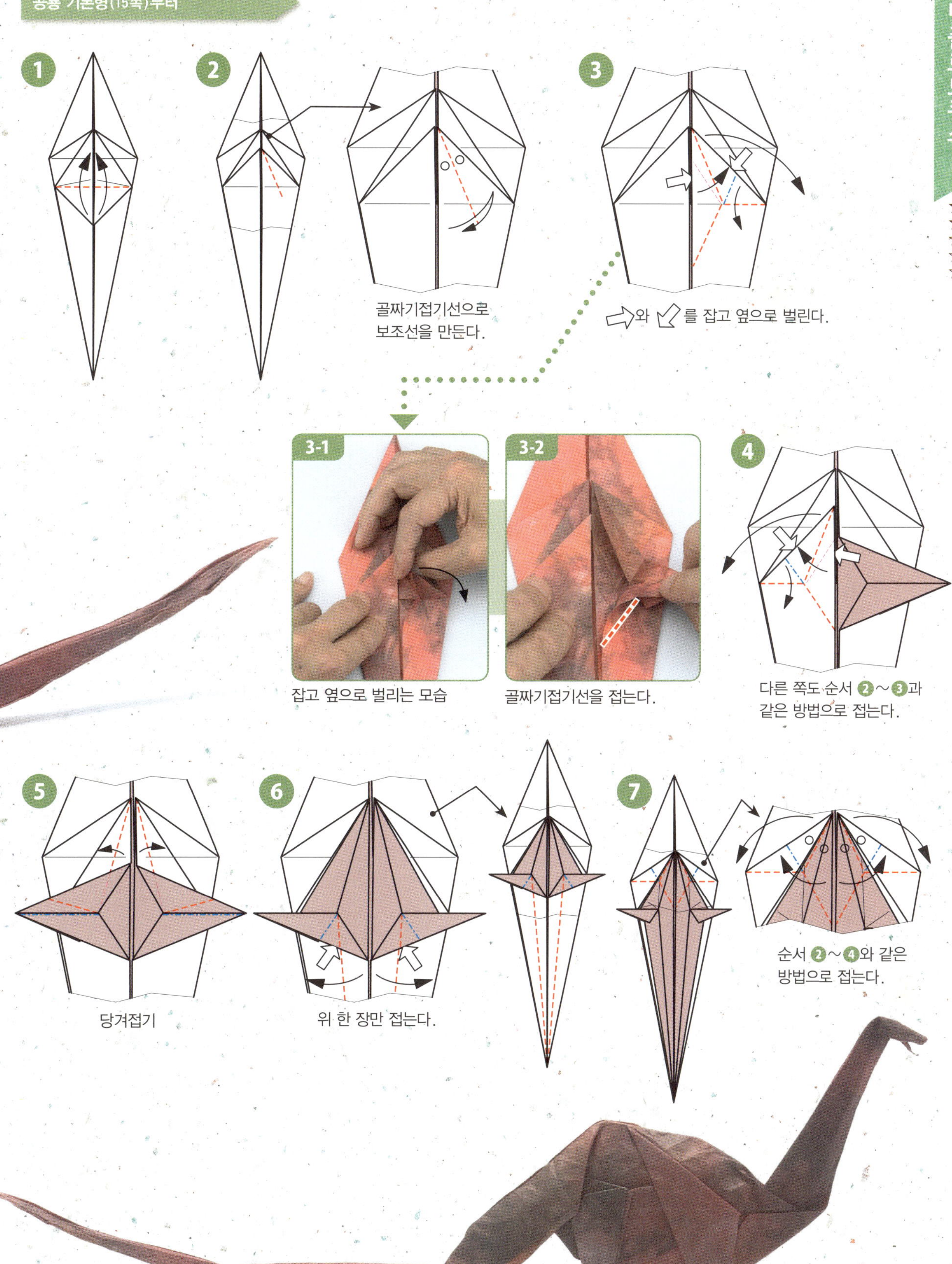
1
2
골짜기접기선으로
보조선을 만든다.
3
와 를 잡고 옆으로 벌린다.
3-1
잡고 옆으로 벌리는 모습
3-2
골짜기접기선을 접는다.
4
다른 쪽도 순서 2~3과
같은 방법으로 접는다.
5
당겨접기
6
위 한 장만 접는다.
7
순서 2~4와 같은
방법으로 접는다.

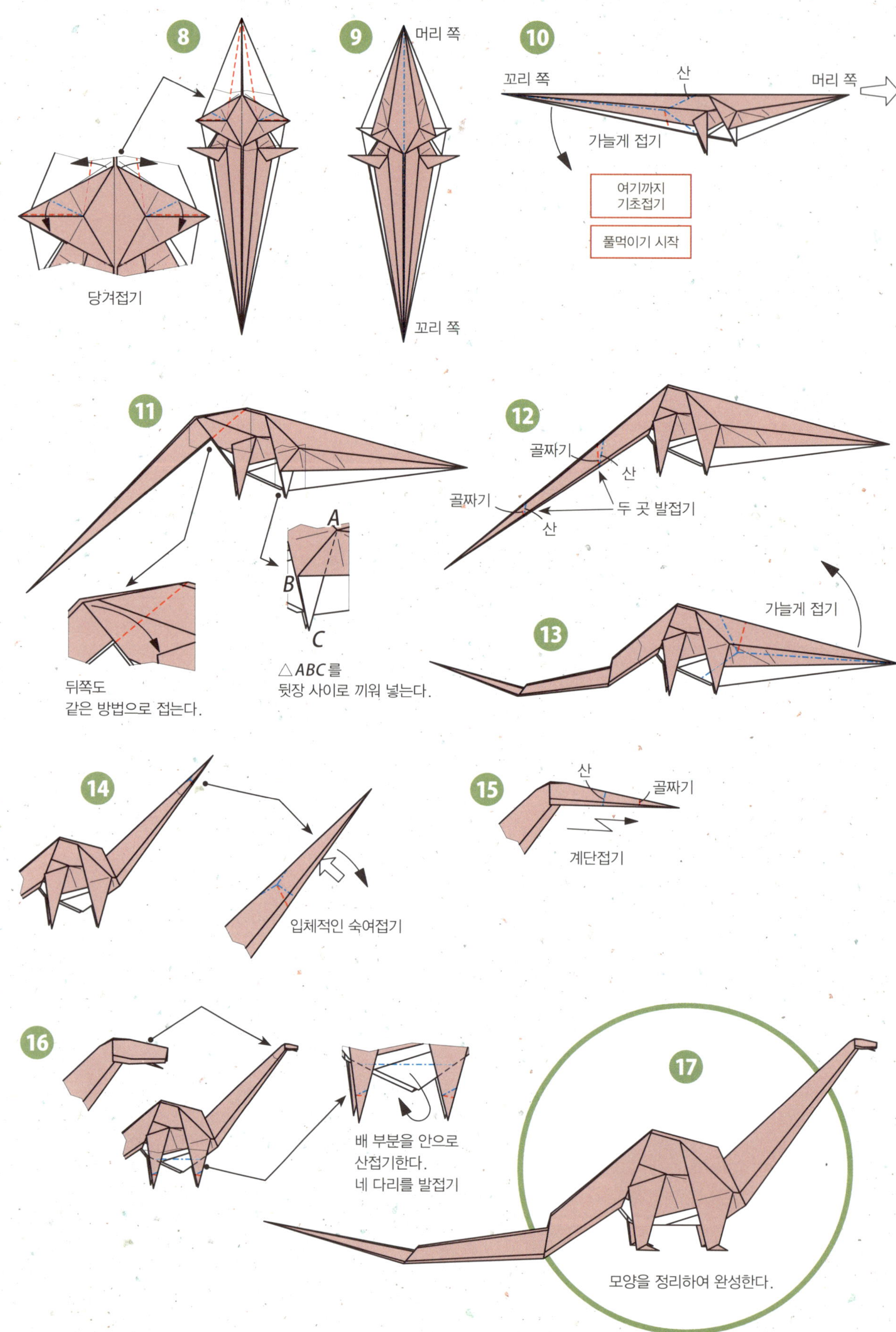
8
당겨접기
9
머리 쪽
꼬리 쪽
10
꼬리 쪽
산
머리 쪽
가늘게 접기
여기까지
기초접기
풀먹이기 시작
11
A
B
C
뒤쪽도
같은 방법으로 접는다.
△ABC를
뒷장 사이로 끼워 넣는다.
12
골짜기
산
골짜기
산
두 곳 발접기
13
가늘게 접기
14
입체적인 숙여접기
15
산
골짜기
계단접기
16
배 부분을 안으로
산접기한다.
네 다리를 발접기
17
모양을 정리하여 완성한다.

REAL ORIGAMI

▶난이도 ★★★☆☆

공룡

트리케라톱스

★ 사용한 종이

40cm×40cm 1장

POINT

앞다리가 되는 종이 뒷면의 두 모서리, 뒷다리가 되는 앞면의 두 모서리에 덧댈 종이를 붙이면 좋다.

순서 20에서 깊숙한 곳에 있는 부분을 뒤집는 과정은 어렵지는 않지만, 그림으로는 표현하기 어려워 사진 설명을 덧붙였다. 순서 22에는 프릴이 되는 뾰족한 부분을 함몰접기하는 과정이 있다. 부드러운 화지는 비교적 함몰접기가 쉽지만, 시중에서 판매하는 종이로는 어려울 수도 있다. 그럴 때에는 간단하게 산접기선으로 접어 뒤에 숨기기만 해도 된다.

순서 30에서는 변형 학마름모접기(14쪽)를 하지만, 폭이 넓어지면 완성된 작품이 좀 뚱뚱해 보일 수 있으니 주의한다.

마무리 단계에서 등(프릴의 아래 부분)과 머리 가운데의 산접기선에 평평한 부분을 만들어 입체적으로 만들면 좋다. 순서 44에서 충분히 머리를 수그리는 편이 보기 좋은 모양으로 완성된다.

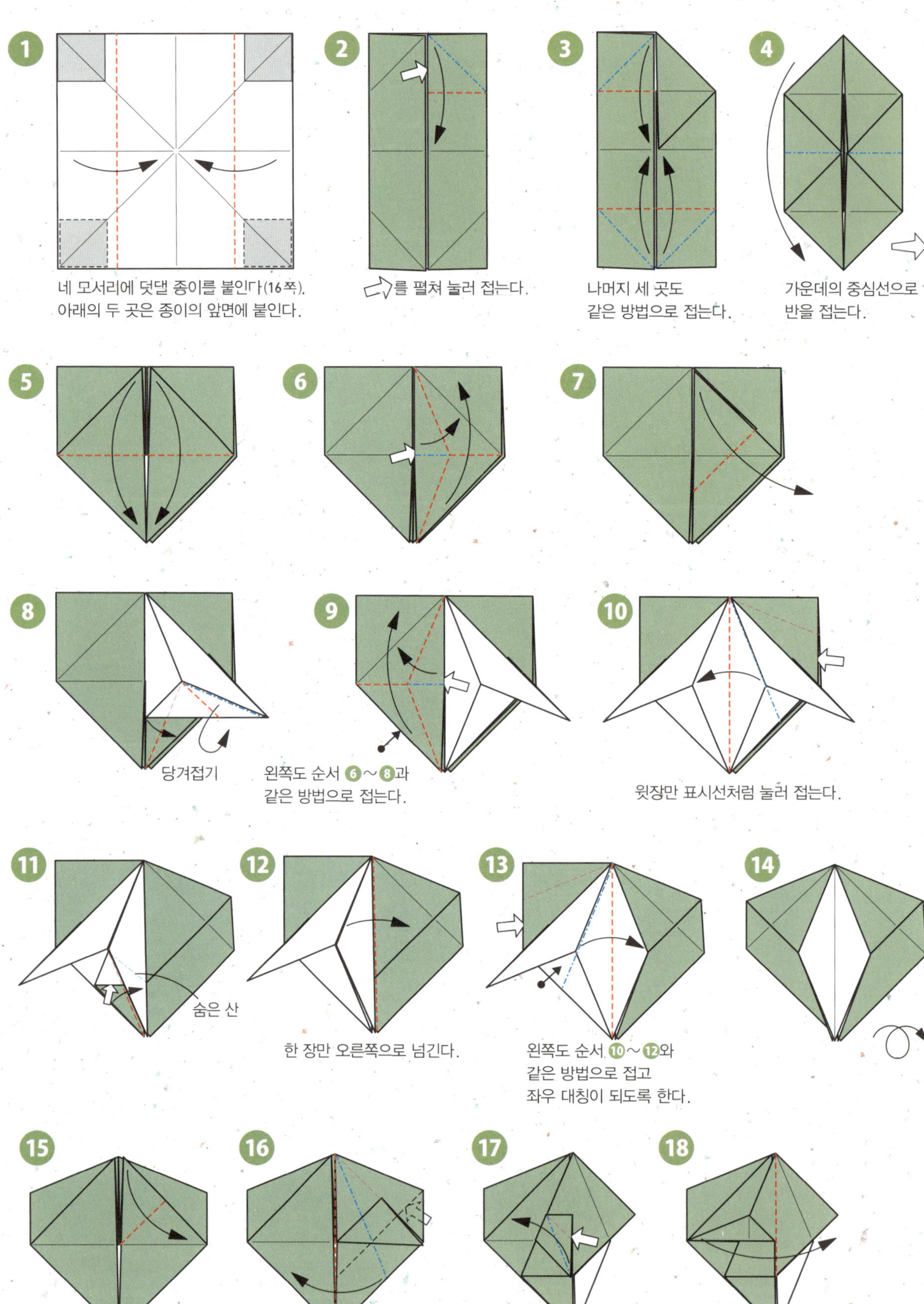
1
네 모서리에 덧댈 종이를 붙인다(16쪽).
아래의 두 곳은 종이의 앞면에 붙인다.
2
를 펼쳐 눌러 접는다.
3
나머지 세 곳도
같은 방법으로 접는다.
4
가운데의 중심선으로
반을 접는다.
5
6
7
8
당겨접기
9
왼쪽도 순서 6~8과
같은 방법으로 접는다.
10
윗장만 표시선처럼 눌러 접는다.
11
숨은 산
12
한 장만 오른쪽으로 넘긴다.
13
왼쪽도 순서 10~12와
같은 방법으로 접고
좌우 대칭이 되도록 한다.
14
15
16
순서 10과 같은 방법으로
를 펼쳐 눌러 접는다.
17
18
한 장만 오른쪽으로 넘긴다.

19

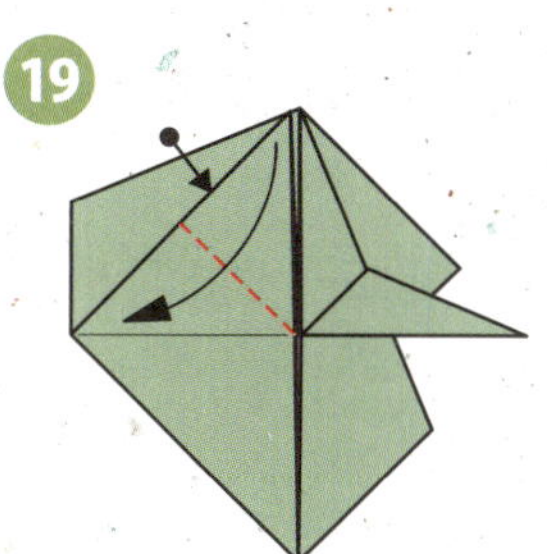

왼쪽도 순서 15~18과
같은 방법으로 접고
좌우 대칭이 되도록 한다.

20

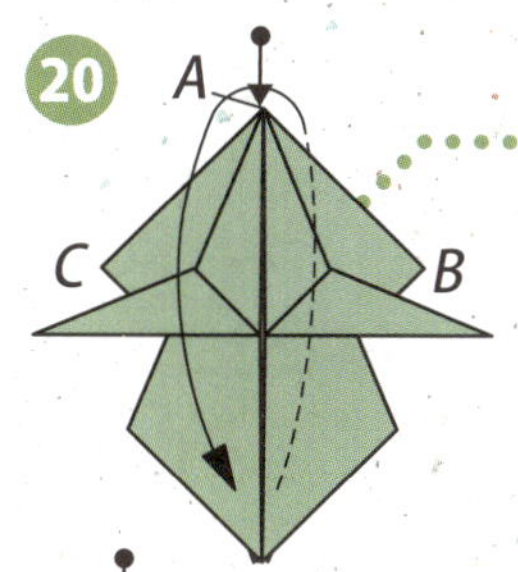

를 중심으로 하여
뒤집는다. *A–B*와 *A–C*가
골짜기가 된다.

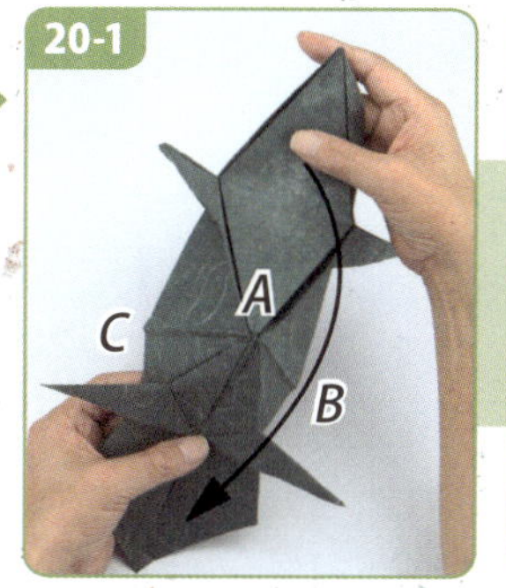

*A–B*와 *A–C*가 골짜기가
되도록 뒤집는다.

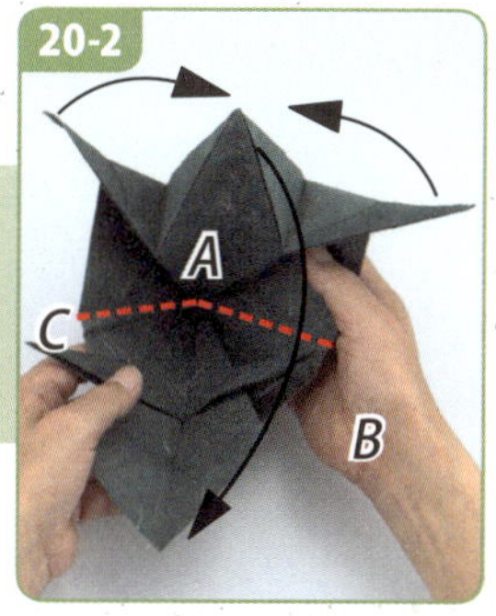

화살표 방향으로 접는다.

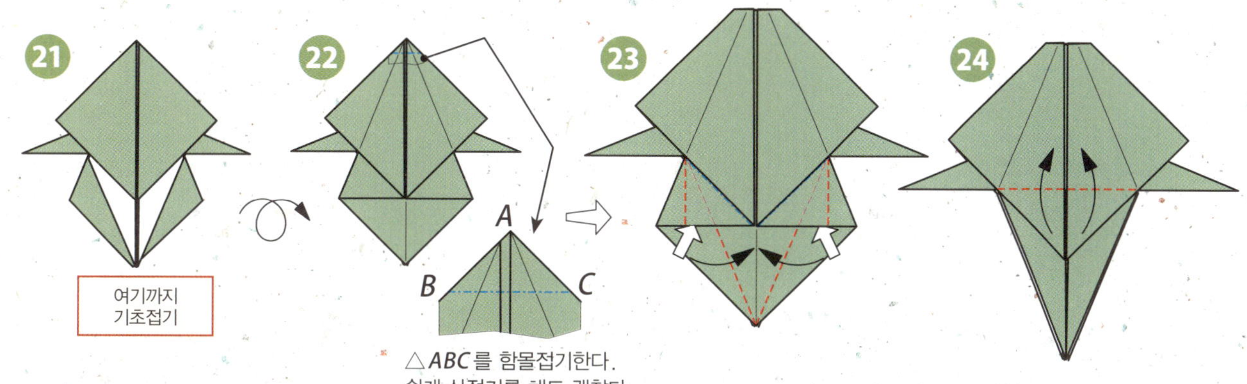

△*ABC*를 함몰접기한다.
쉽게 산접기를 해도 괜찮다.

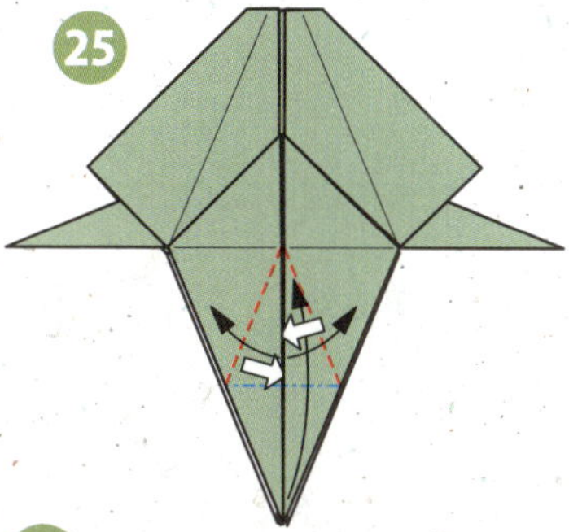

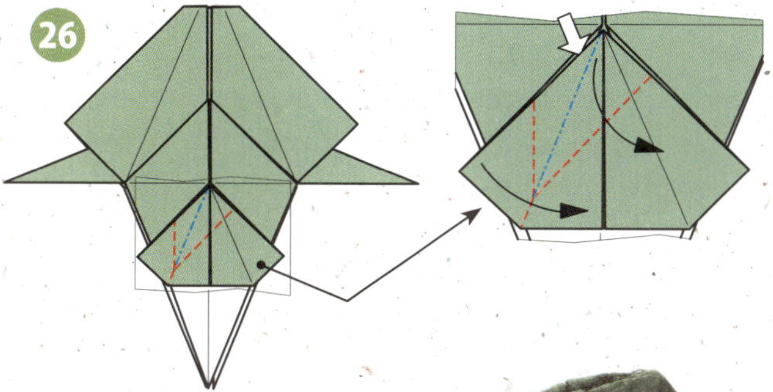

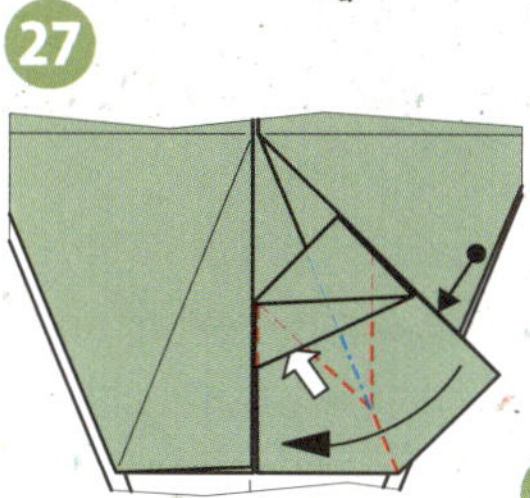

25

26

27

오른쪽도 순서 26과
같은 방법으로 접는다.

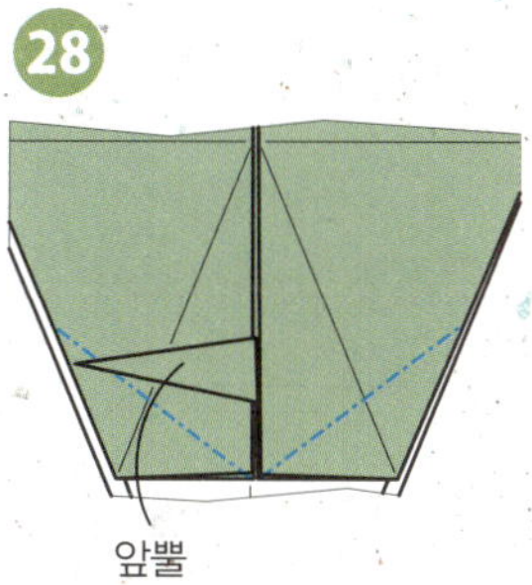

28

앞뿔

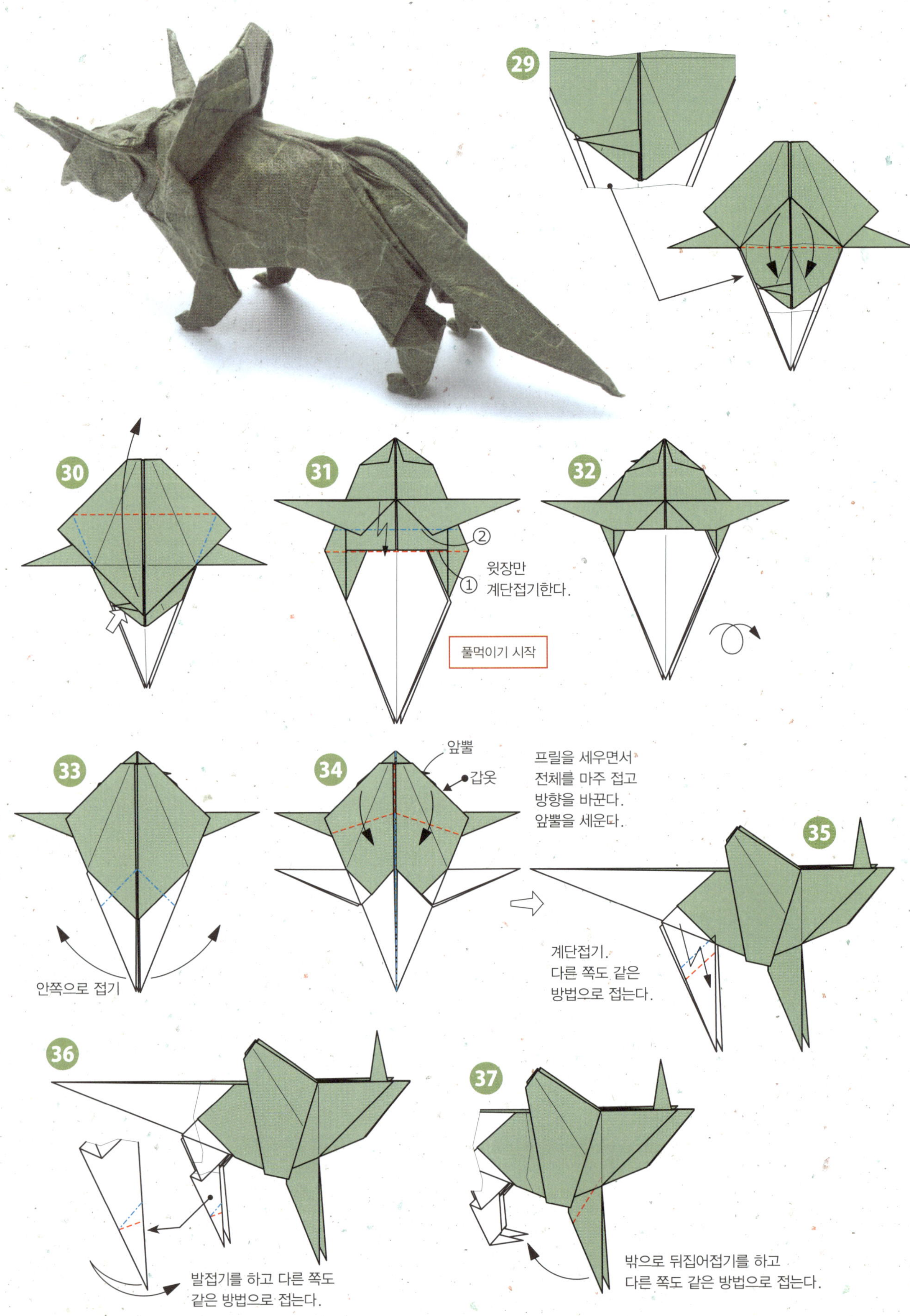
29
30
31
②
①
윗장만
계단접기한다.
풀먹이기 시작
32
33
안쪽으로 접기
34
앞뿔
갑옷
프릴을 세우면서
전체를 마주 접고
방향을 바꾼다.
앞뿔을 세운다.
35
계단접기.
다른 쪽도 같은
방법으로 접는다.
36
발접기를 하고 다른 쪽도
같은 방법으로 접는다.
37
밖으로 뒤집어접기를 하고
다른 쪽도 같은 방법으로 접는다.

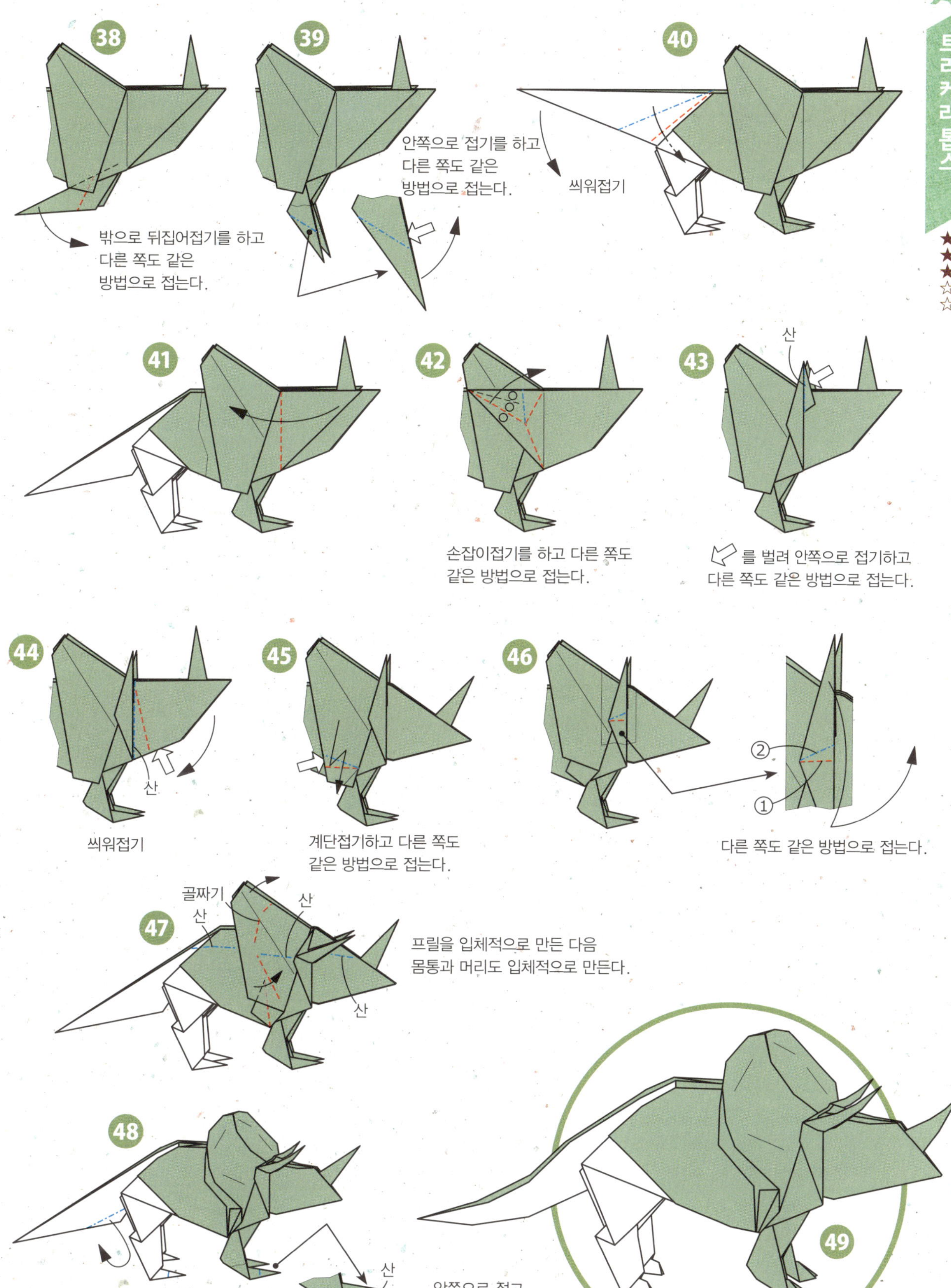
38
밖으로 뒤집어접기를 하고
다른 쪽도 같은
방법으로 접는다.
39
안쪽으로 접기를 하고
다른 쪽도 같은
방법으로 접는다.
40
씌워접기
41
42
손잡이접기를 하고 다른 쪽도
같은 방법으로 접는다.
43
산
를 벌려 안쪽으로 접기하고
다른 쪽도 같은 방법으로 접는다.
44
산
씌워접기
45
계단접기하고 다른 쪽도
같은 방법으로 접는다.
46
②
①
다른 쪽도 같은 방법으로 접는다.
47
골짜기
산
산
산
프릴을 입체적으로 만든 다음
몸통과 머리도 입체적으로 만든다.
48
안으로 산접기하고 뒤쪽도
같은 방법으로 접는다.
산
안쪽으로 접고
다른 쪽도
같은 방법으로 접는다.
49
모양을 정리하여 완성한다.

REAL ORIGAMI

▶ 난이도 ★★★☆☆

공룡

에다포사우루스

★ 사용한 종이

32cm×32cm 1장

POINT

에다포사우루스는 공룡시대 이전(석탄기)의 초식포유류형 파충류이다. 등에 있는 부채 모양의 돌기는 체온조절의 역할을 했다고 생각하고 있지만, 확실하지는 않다고 한다. 이 에다포사우루스의 기초접기는 첫 번째 책『놀라운 리얼 종이접기』에 있는 장수풍뎅이나 람포링쿠스와 동일하다. 이 기초접기는 응용 범위가 넓으니까 반드시 완전히 익혀 두도록 하자.

순서 ⑬ 이후 빼내어접기(13쪽)를 세 번 한다. 순서 ⑳~㉕까지 4등분선을 접는 과정은 그림으로 자세하게 설명하고 있으므로 다른 작품에서 같은 패턴이 나올 때 이것을 참고하자.

등의 돌기 부분은 계단접기 형태로 주름을 잡는데, 머리 쪽에 산접기선을 만들기 어려우면 머리 쪽이 골짜기가 되는 계단으로 만들어도 상관없다. 앞다리는 뒷다리에 비해 길기 때문에 계단접기를 하여 길이를 조절하면 된다.

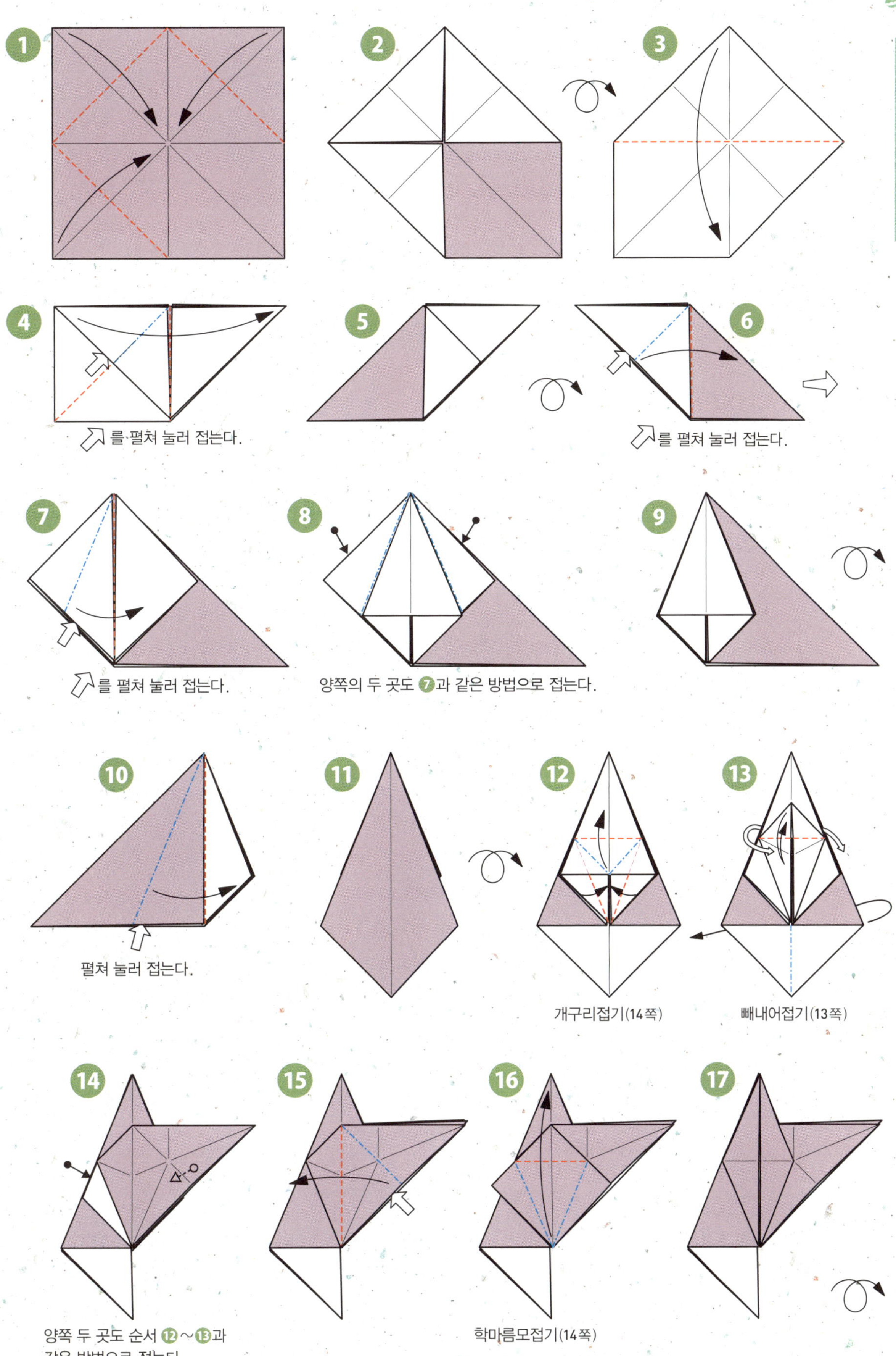
1
2
3
4
를 펼쳐 눌러 접는다.
5
6
를 펼쳐 눌러 접는다.
7
를 펼쳐 눌러 접는다.
8
양쪽의 두 곳도 7과 같은 방법으로 접는다.
9
10
펼쳐 눌러 접는다.
11
12
개구리접기(14쪽)
13
빼내어접기(13쪽)
14
양쪽 두 곳도 순서 12~13과
같은 방법으로 접는다.
15
16
학마름모접기(14쪽)
17

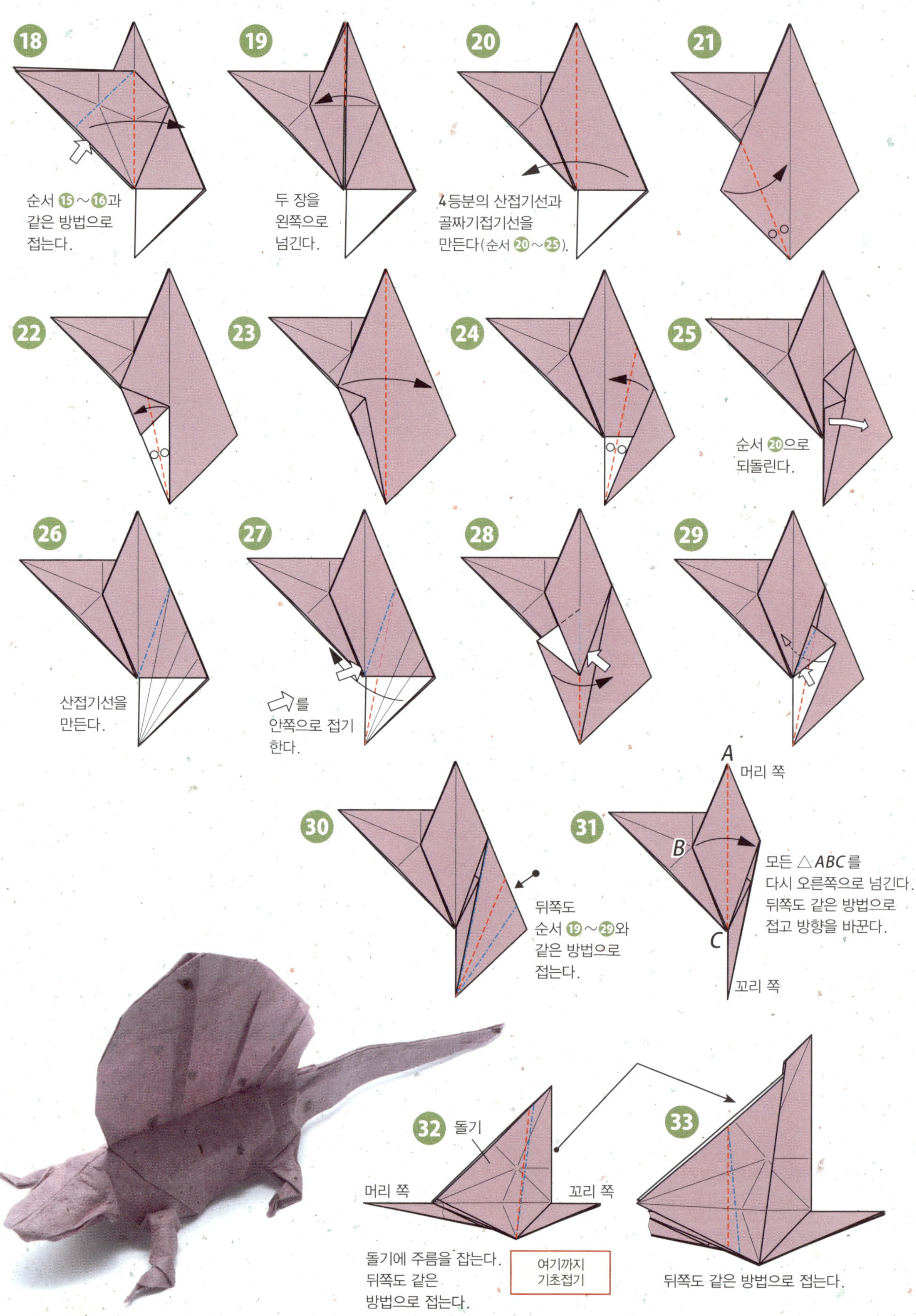
18
순서 15~16과
같은 방법으로
접는다.
19
두 장을
왼쪽으로
넘긴다.
20
4등분의 산접기선과
골짜기접기선을
만든다(순서 20~25).
21
22
23
24
25
순서 20으로
되돌린다.
26
산접기선을
만든다.
27
를
안쪽으로 접기
한다.
28
29
30
뒤쪽도
순서 19~29와
같은 방법으로
접는다.
31
A
머리 쪽
B
C
꼬리 쪽
모든 △ABC를
다시 오른쪽으로 넘긴다.
뒤쪽도 같은 방법으로
접고 방향을 바꾼다.
32
돌기
머리 쪽
꼬리 쪽
돌기에 주름을 잡는다.
뒤쪽도 같은
방법으로 접는다.
여기까지
기초접기
33
뒤쪽도 같은 방법으로 접는다.

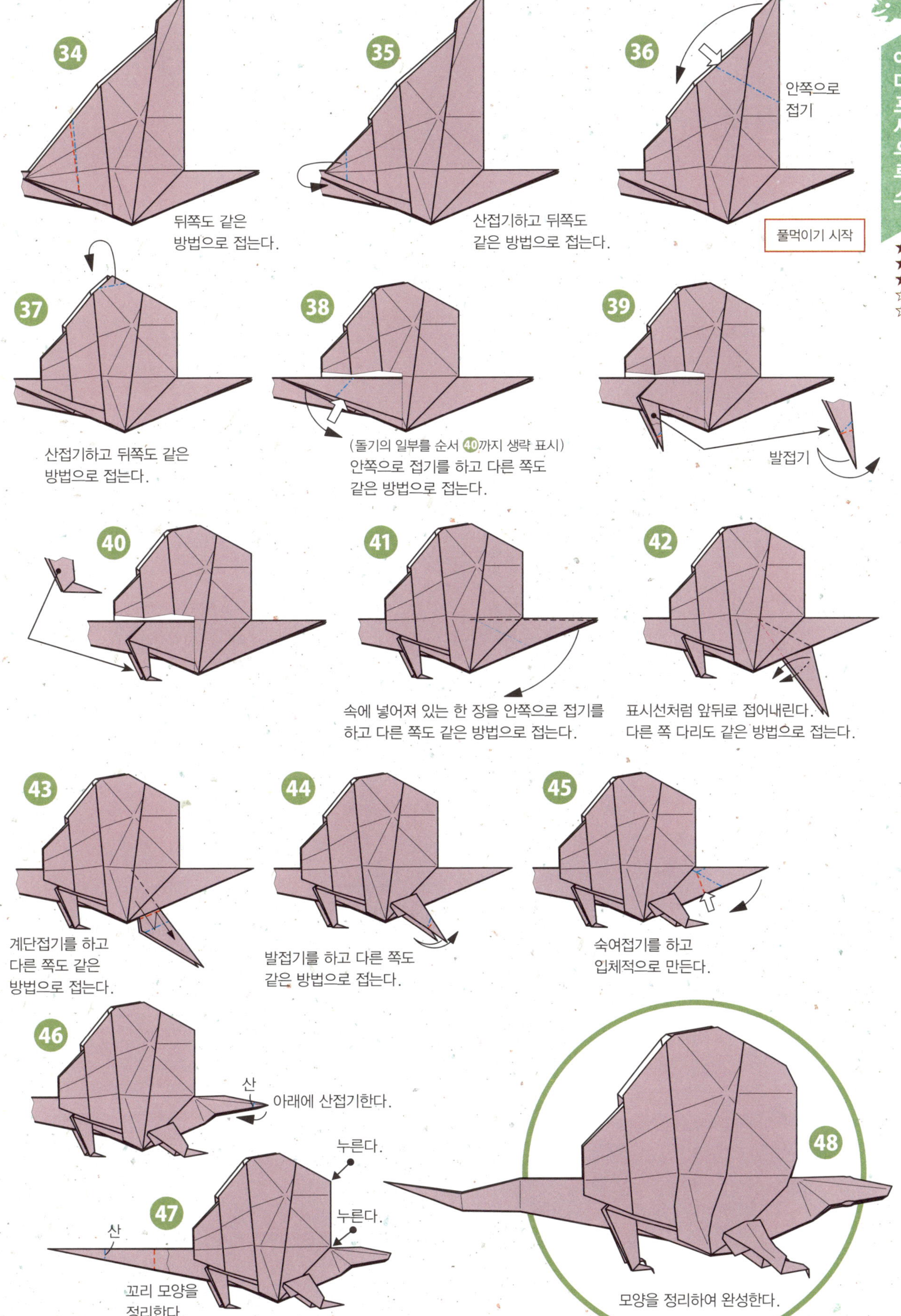
에다포사우루스
★★★☆☆
34
뒤쪽도 같은
방법으로 접는다.
35
산접기하고 뒤쪽도
같은 방법으로 접는다.
36
안쪽으로
접기
풀먹이기 시작
37
산접기하고 뒤쪽도 같은
방법으로 접는다.
38
(돌기의 일부를 순서 40까지 생략 표시)
안쪽으로 접기를 하고 다른 쪽도
같은 방법으로 접는다.
39
발접기
40
41
속에 넣어져 있는 한 장을 안쪽으로 접기를
하고 다른 쪽도 같은 방법으로 접는다.
42
표시선처럼 앞뒤로 접어내린다.
다른 쪽 다리도 같은 방법으로 접는다.
43
계단접기를 하고
다른 쪽도 같은
방법으로 접는다.
44
발접기를 하고 다른 쪽도
같은 방법으로 접는다.
45
숙여접기를 하고
입체적으로 만든다.
46
산
아래에 산접기한다.
47
누른다.
누른다.
산
꼬리 모양을
정리한다.
48
모양을 정리하여 완성한다.

REAL ORIGAMI

공룡

테리지노사우루스

▶ 난이도 ★★★★☆

★ 사용한 종이

32cm×32cm 1장

POINT

테리지노사우루스는 뒷다리에 발톱 네 개 있고 앞다리에는 가늘고 긴 발톱 세 개 있으며 가늘고 긴 목을 가진 기묘한 모양을 한 공룡이다. 앞뒤다리의 발톱은 두 번째 책 『놀라운 리얼 종이접기2: 하늘을 나는 생물편』에 나온 용과 참새의 접는 방법과 동일하다. 순서 ⑮~⑲에서 뒷다리를 접는 과정도 발톱에 비하면 크지만 같은 방법으로 접는다.

순서 ㉙에서는 안쪽에 들어 있는 아코디언접기 부분을 꺼내 다시 접는다(사진 설명 참고). 머리는 이 부분으로부터 아래턱을 만드는데, 사진처럼 접음으로써 종이에 가는 부담을 줄일 수 있다. 순서 41~42의 과정 또한 꼬리 끝의 종이의 두께를 줄이기 위한 것이다.

완성된 작품은 뒷다리만으로도 세울 수 있지만, 그렇게 하려면 발톱 부분의 빈틈에 풀먹이기를 해야 한다. 발톱을 하나하나 구부려 균형을 잡도록 한다.

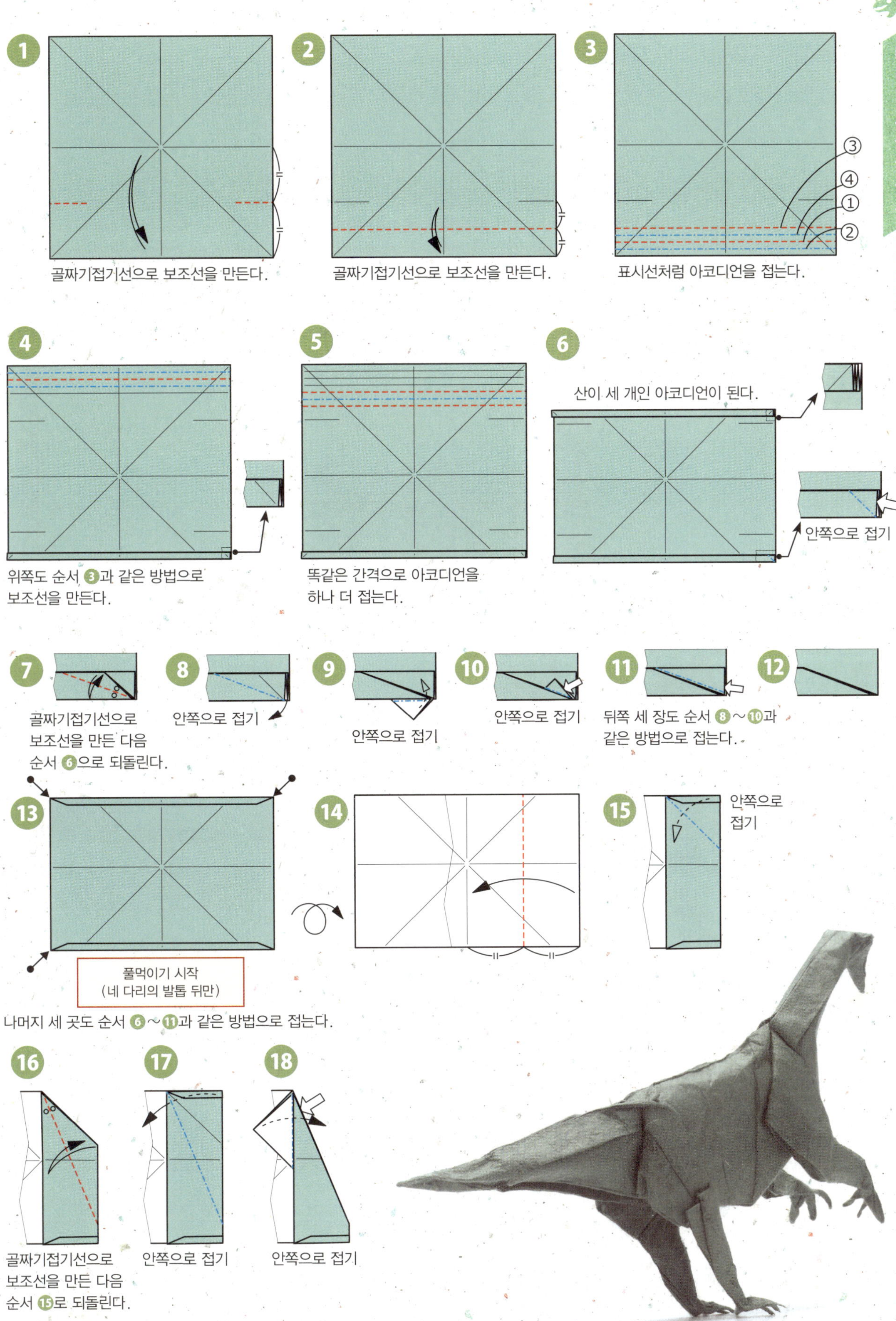
1
골짜기접기선으로 보조선을 만든다.
2
골짜기접기선으로 보조선을 만든다.
3
③
④
①
②
표시선처럼 아코디언을 접는다.
4
위쪽도 순서 3과 같은 방법으로
보조선을 만든다.
5
똑같은 간격으로 아코디언을
하나 더 접는다.
6
산이 세 개인 아코디언이 된다.
안쪽으로 접기
7
골짜기접기선으로
보조선을 만든 다음
순서 6으로 되돌린다.
8
안쪽으로 접기
9
안쪽으로 접기
10
안쪽으로 접기
11
뒤쪽 세 장도 순서 8~10과
같은 방법으로 접는다.
12
13
풀먹이기 시작
(네 다리의 발톱 뒤만)
나머지 세 곳도 순서 6~11과 같은 방법으로 접는다.
14
15
안쪽으로
접기
16
골짜기접기선으로
보조선을 만든 다음
순서 15로 되돌린다.
17
안쪽으로 접기
18
안쪽으로 접기

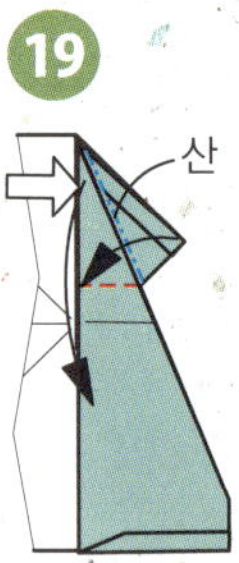

19
산

안쪽으로 접기

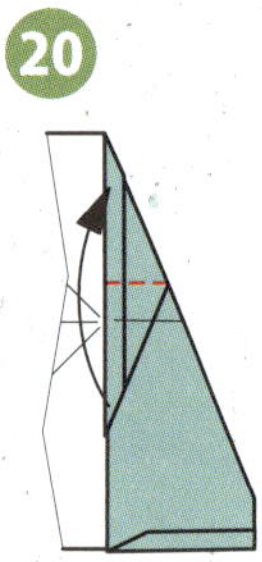

20

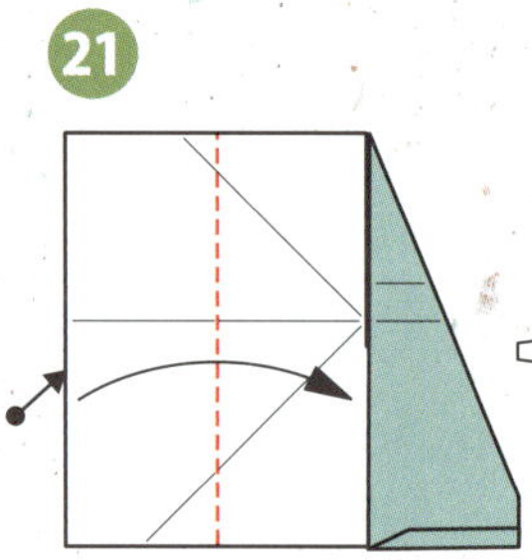

21

왼쪽도 순서 14~20과
같은 방법으로 접는다.

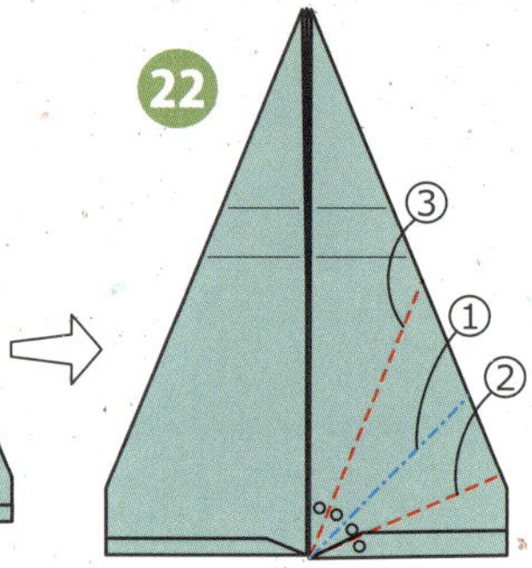

22
③
①
②

산접기와 골짜기접기로
보조선을 만든다.

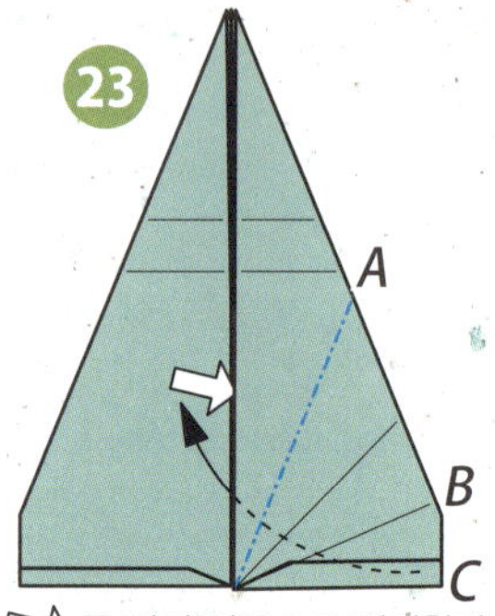

23
A
B
C

⇨를 벌려 안쪽으로 접기한다.
A–B와 B–C가
골짜기접기선이 된다.

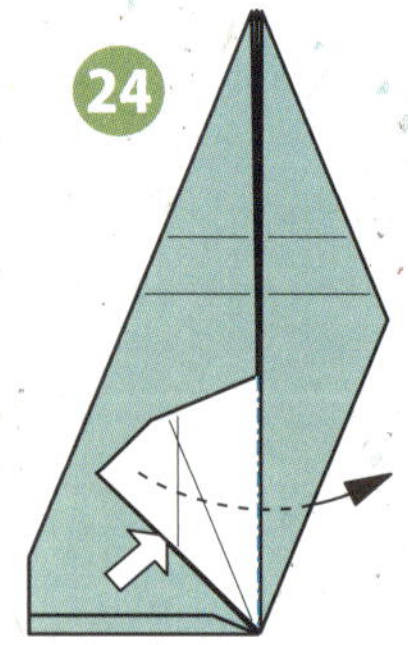

24

⇗를 벌려 안쪽으로
접기한다.

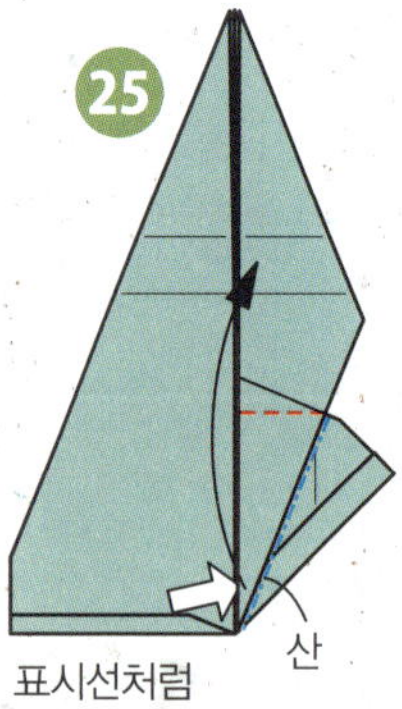

25
산

표시선처럼
펼쳐 눌러 접는다.

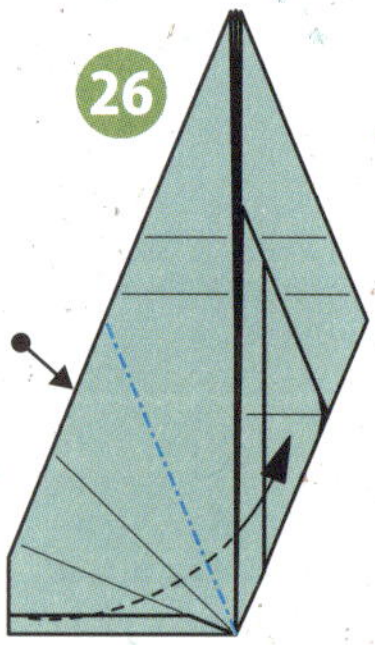

26

왼쪽도 순서 22~25와
같은 방법으로 접는다.

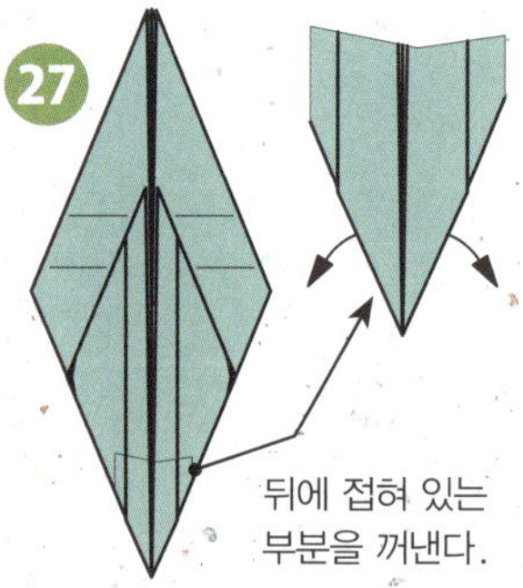

27

뒤에 접혀 있는
부분을 꺼낸다.

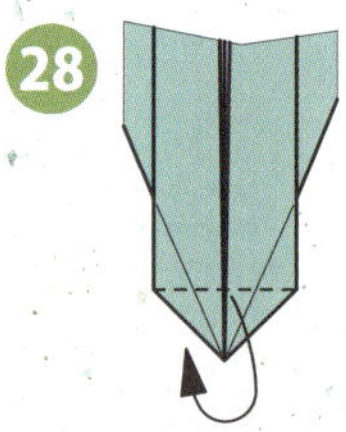

28

뒤집는다.

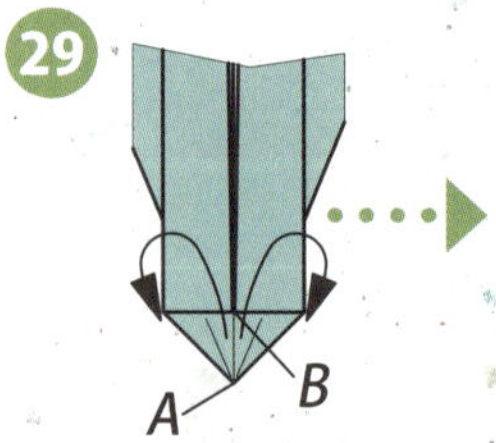

29
A
B

A–B의 끝을 모두
산접기를 하여 꺼낸다.

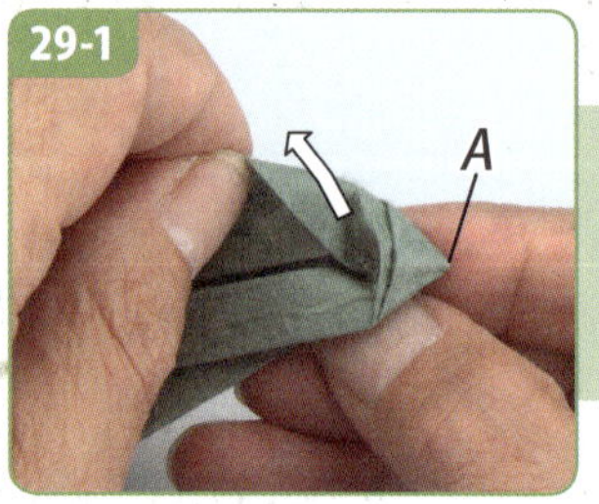

29-1
A

꺼내는 모습

29-2
A

전부 꺼낸 모습.
45도의 산접기선을 만들어 접는다.

29-3
A

접는 모습

30

한 장만 위로
넘겨 접는다.

31

사진 29-2의
꼭지점 A를 눌러접는다.

32

33

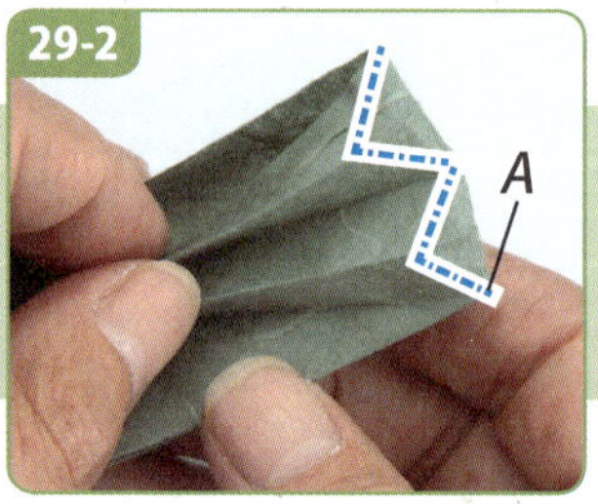

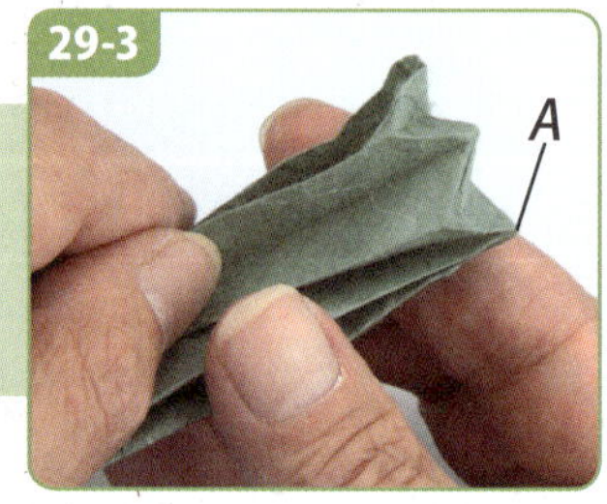

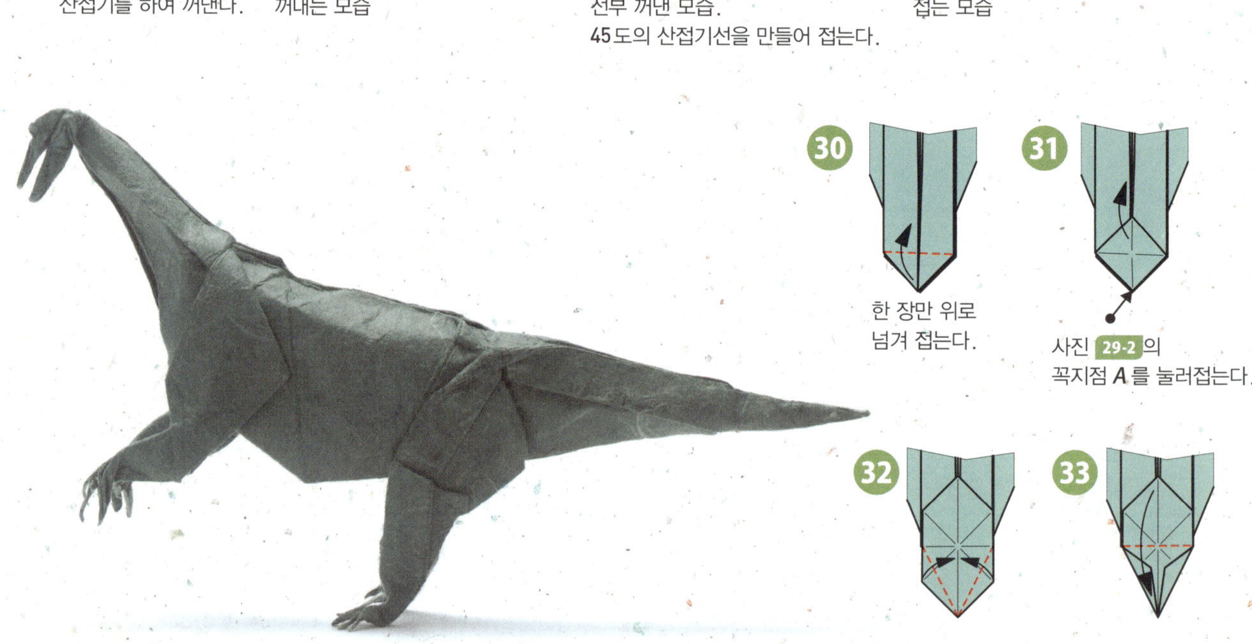

34

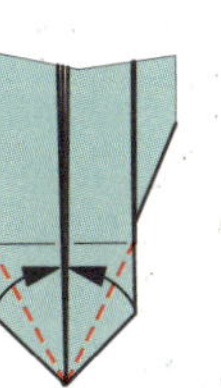

35
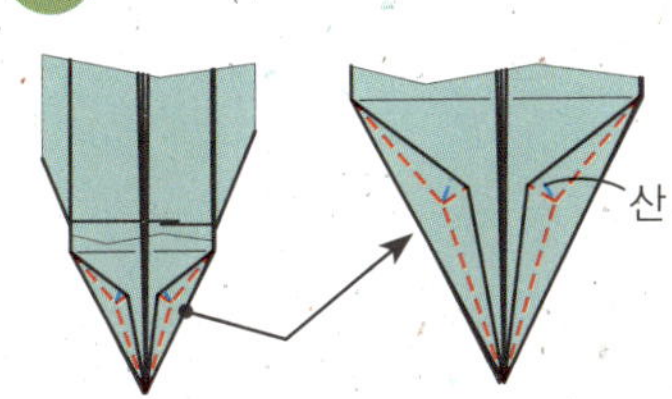

36
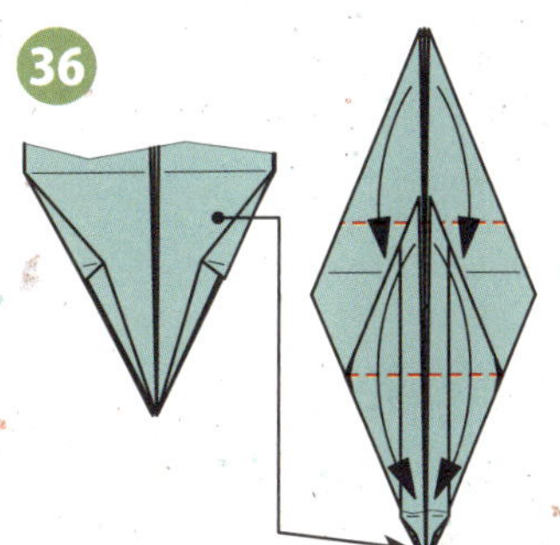

37
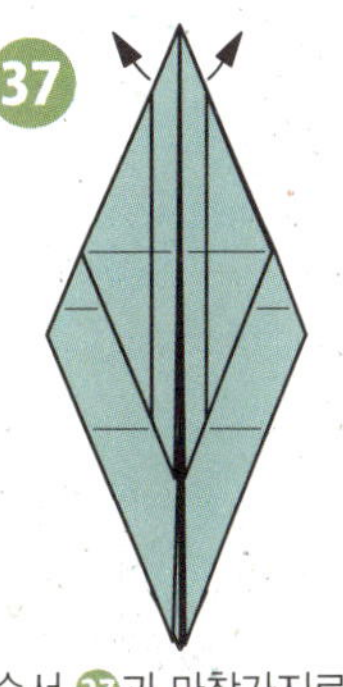

순서 27과 마찬가지로 뒤쪽에 접혀 있는 부분을 꺼낸다.

38
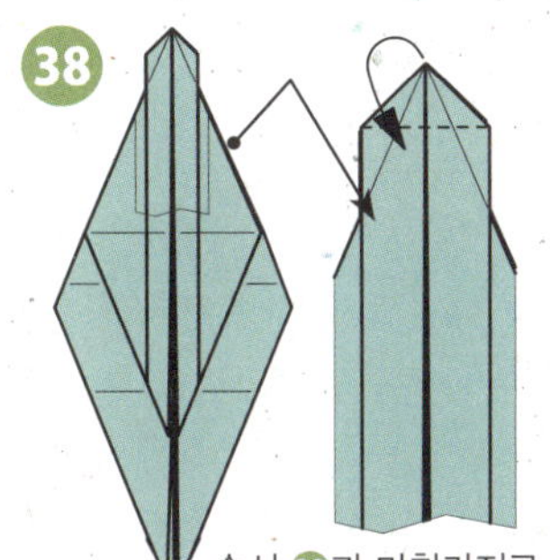

순서 28과 마찬가지로 안쪽에 세 겹으로 들어 있는 부분을 뒤집는다.

39
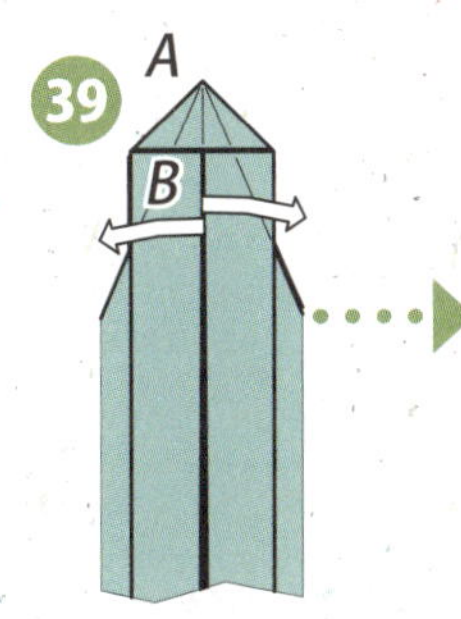

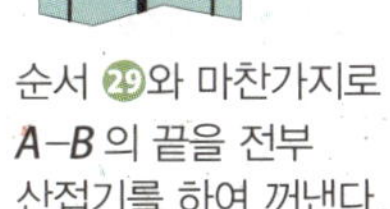

순서 29와 마찬가지로 *A*–*B* 의 끝을 전부 산접기를 하여 꺼낸다.

꺼낸 모습

접은 모습

40
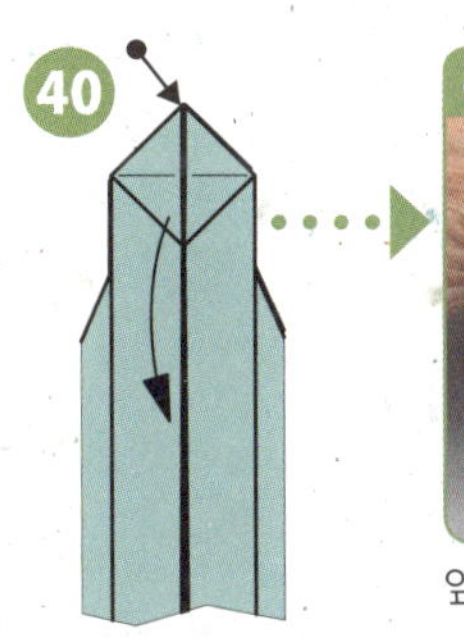

두 꼭지점을 눌러 순서 31과 같은 방법으로 접는다.

앞쪽 꼭지점을 누른 모습

두 번째 꼭지점을 누른 모습

40-2를 옆에서 본 모습

41
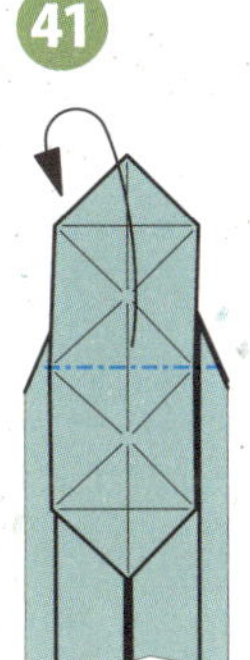

42

43
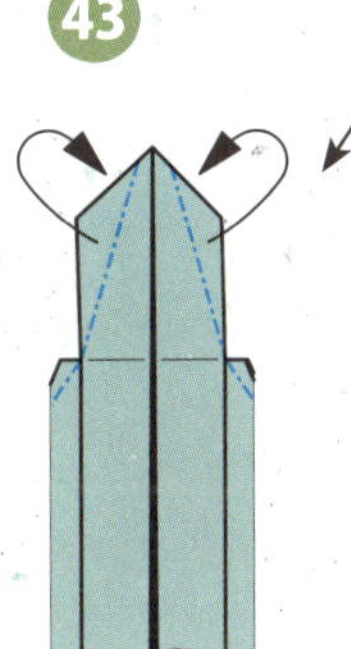

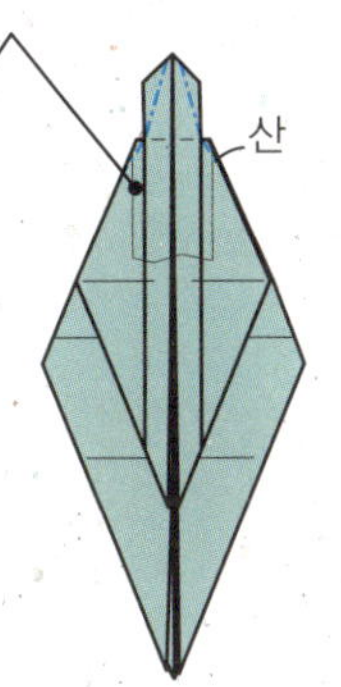

44
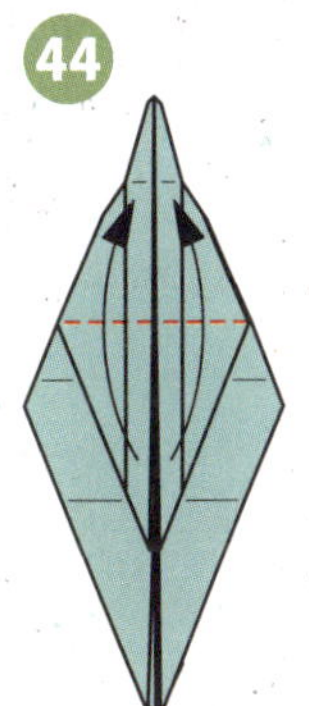

45
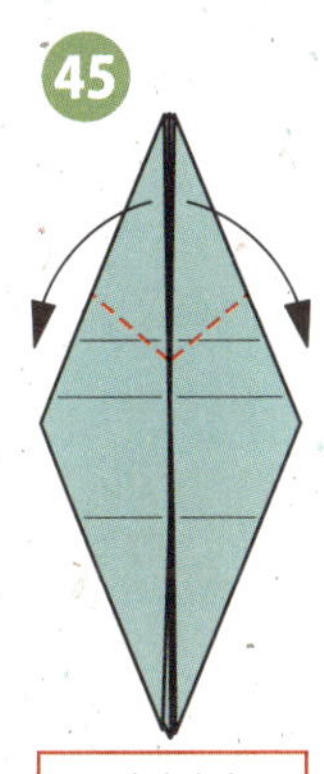

여기까지 기초접기

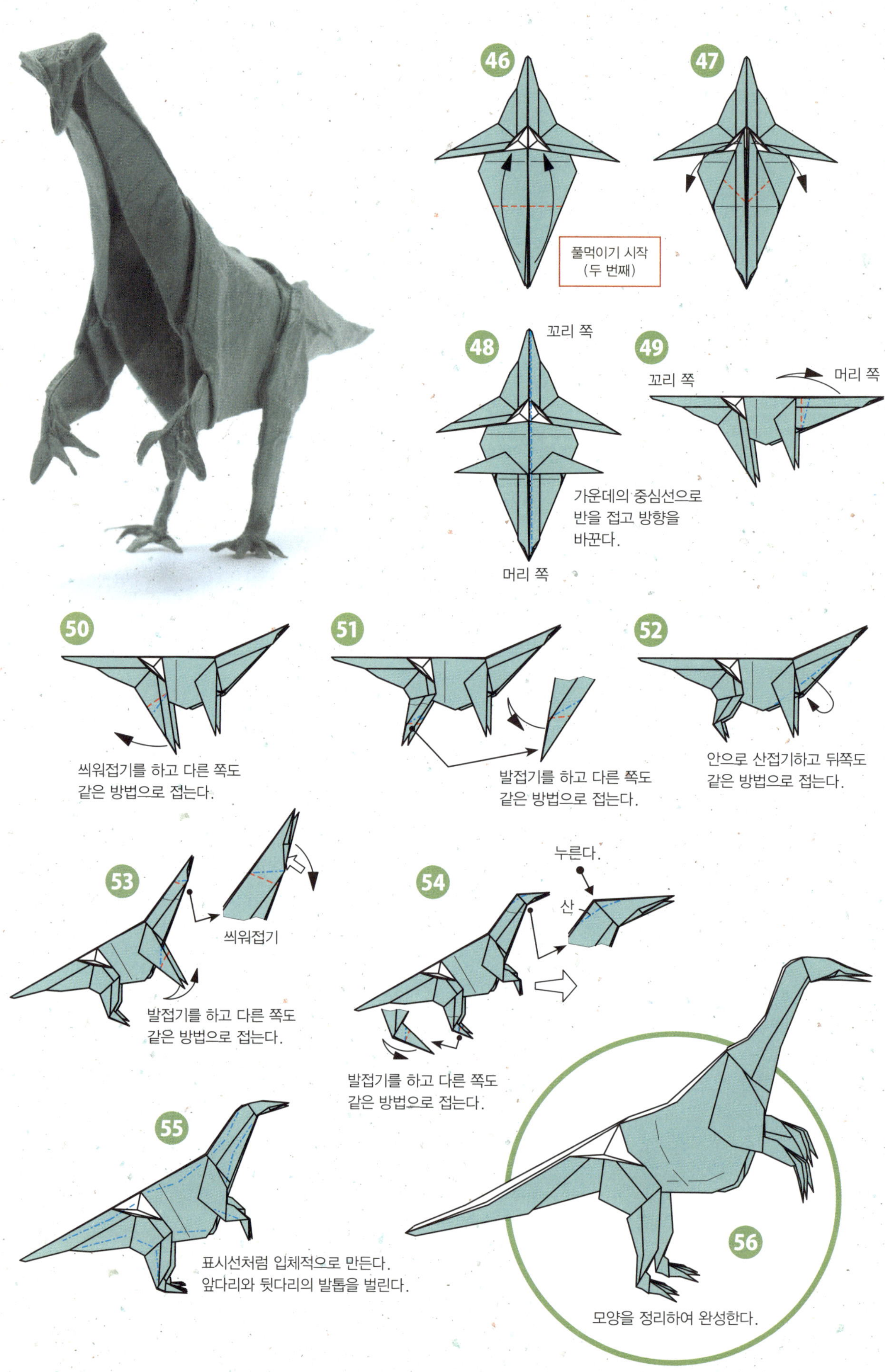
46
47
풀먹이기 시작
(두 번째)
48
꼬리 쪽
49
꼬리 쪽
머리 쪽
가운데의 중심선으로
반을 접고 방향을
바꾼다.
머리 쪽
50
씌워접기를 하고 다른 쪽도
같은 방법으로 접는다.
51
발접기를 하고 다른 쪽도
같은 방법으로 접는다.
52
안으로 산접기하고 뒤쪽도
같은 방법으로 접는다.
53
씌워접기
발접기를 하고 다른 쪽도
같은 방법으로 접는다.
54
누른다.
산
발접기를 하고 다른 쪽도
같은 방법으로 접는다.
55
표시선처럼 입체적으로 만든다.
앞다리와 뒷다리의 발톱을 벌린다.
56
모양을 정리하여 완성한다.

REAL ORIGAMI

▶ 난이도 ★★★★☆

공룡

파라사우롤로푸스

★ 사용한 종이

32cm×32cm 1장

POINT

앞다리가 되는 두 모서리의 앞면에 덧댈 종이를 붙이면 좋다. 첫 번째 책『놀라운 리얼 종이 접기』의 드로마에오사우루스와 비슷한 방법으로 접는다.

순서 28에서 앞다리를 가늘고 길게 보이도록 하기 위해 함몰접기하는 과정과, 순서 29에서 앞다리를 더욱 길어 보이도록 하기 위해 함몰접기하는 과정은 사진 설명으로 확인하자.

순서 34에서 머리와 앞다리를 회전시키듯이 접어 올릴 때 목이 짧아지지 않도록 하고, 또 가능한 한 회전시키는 각도를 크게 하면 머리를 뒤로 젖힌 것처럼 되어 완성된 작품이 근사해진다.

마무리 단계에서 등의 산접기선을 물고기의 등지느러미처럼 접고 전체적으로 완만한 곡선을 이루도록 하여 입체적으로 만들면 한층 볼품 있는 파라사우롤로푸스가 된다.

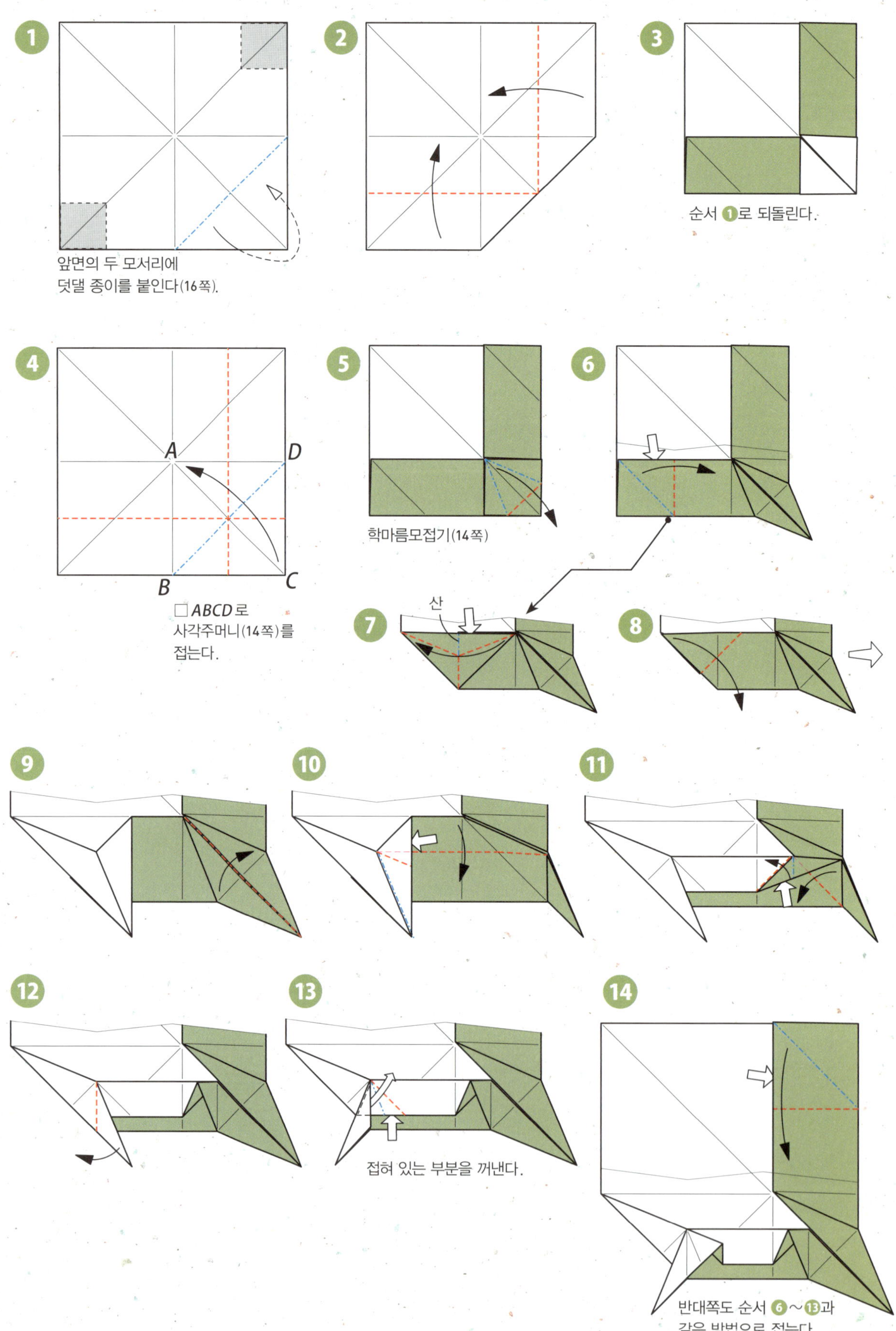
1
앞면의 두 모서리에
덧댈 종이를 붙인다(16쪽).
2
3
순서 1로 되돌린다.
4
A
D
B
C
□ABCD로
사각주머니(14쪽)를
접는다.
5
학마름모접기(14쪽)
6
7
산
8
9
10
11
12
13
접혀 있는 부분을 꺼낸다.
14
반대쪽도 순서 6~13과
같은 방법으로 접는다.

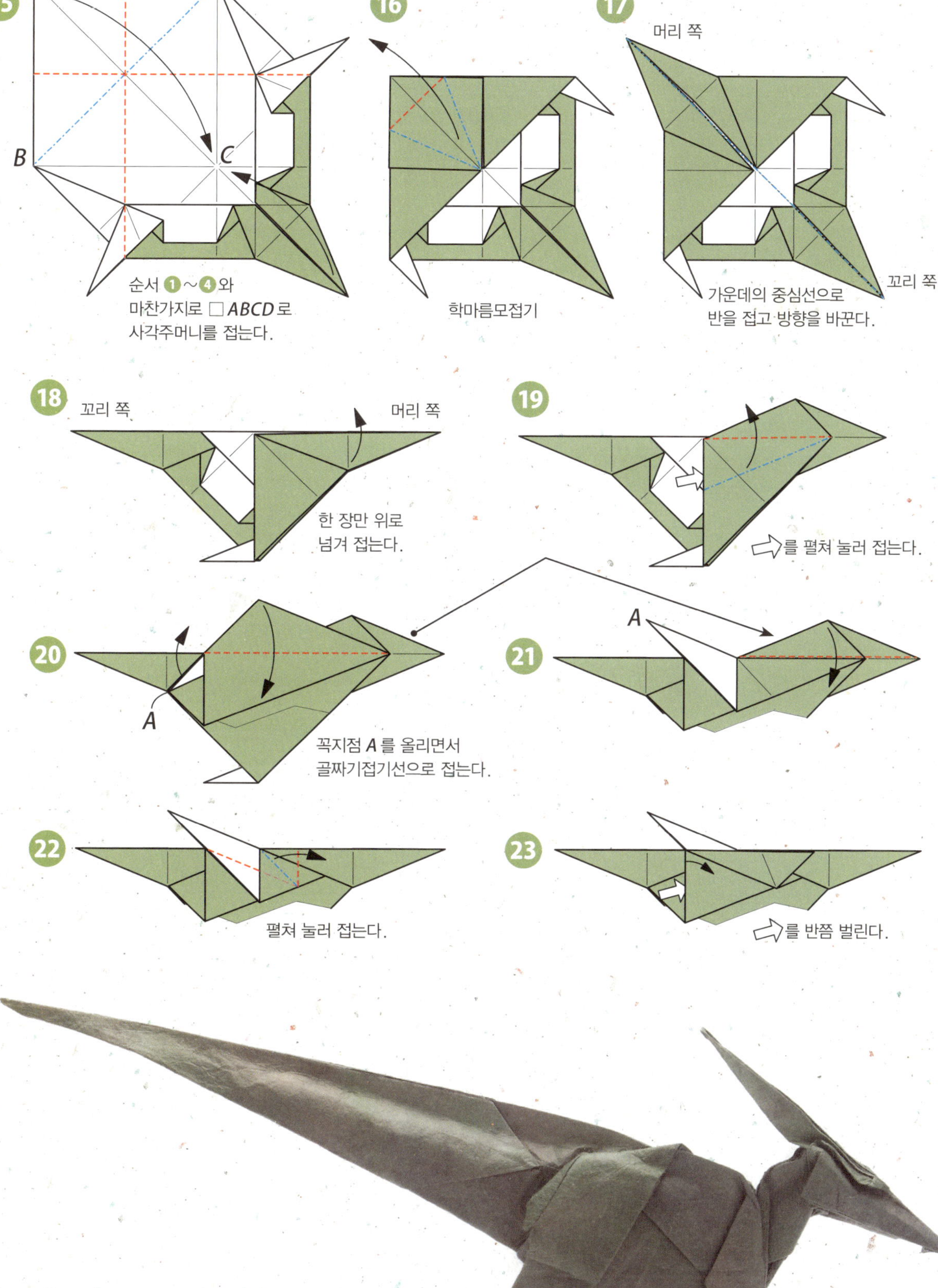
15
A
D
B
C
순서 ❶~❹와
마찬가지로 □ABCD로
사각주머니를 접는다.
16
학마름모접기
17
머리 쪽
꼬리 쪽
가운데의 중심선으로
반을 접고 방향을 바꾼다.
18
꼬리 쪽
머리 쪽
한 장만 위로
넘겨 접는다.
19
⇨를 펼쳐 눌러 접는다.
20
A
꼭지점 A를 올리면서
골짜기접기선으로 접는다.
21
A
22
펼쳐 눌러 접는다.
23
⇨를 반쯤 벌린다.

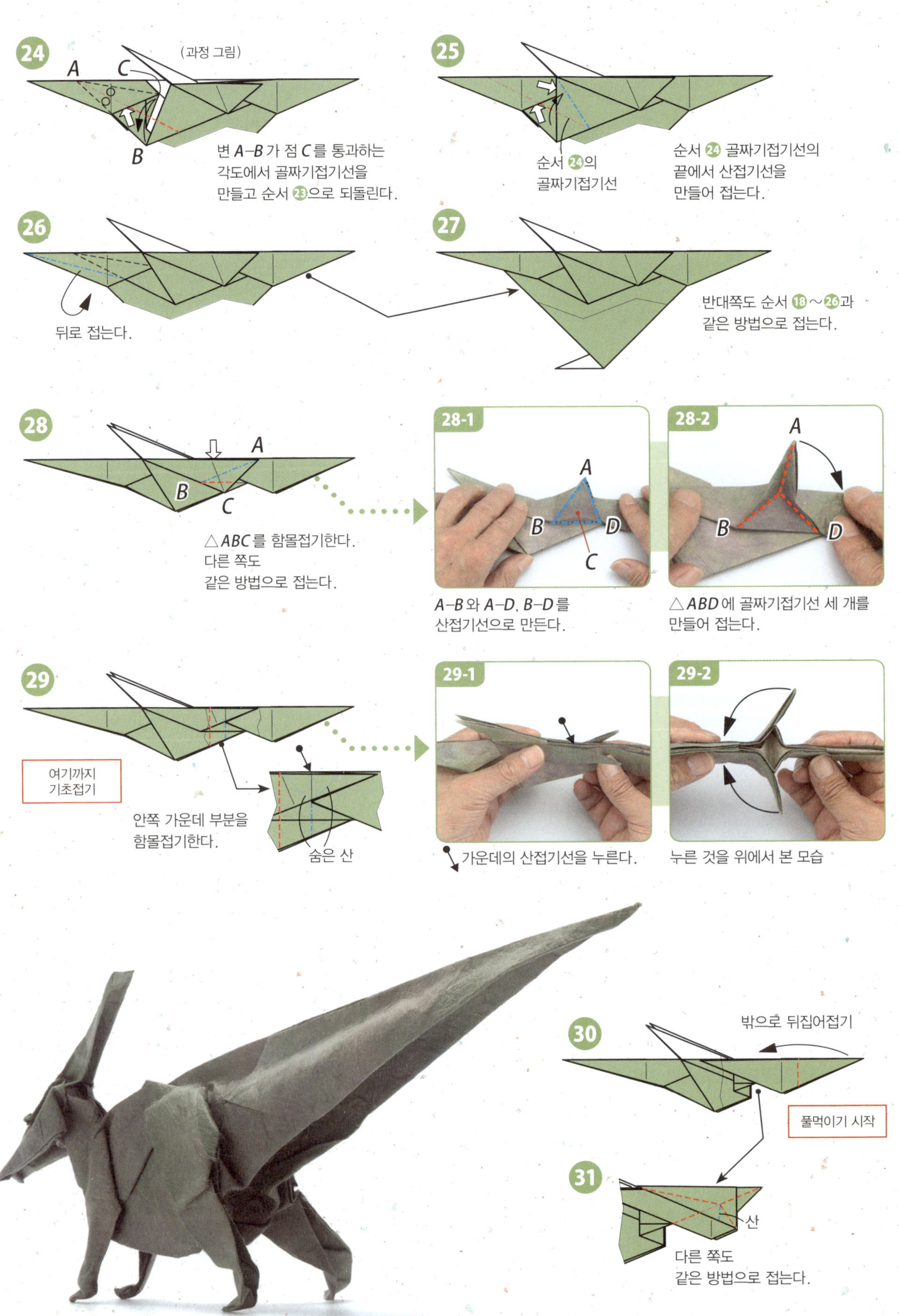
24
(과정 그림)
A
C
B
변 A–B가 점 C를 통과하는
각도에서 골짜기접기선을
만들고 순서 23으로 되돌린다.
25
순서 24의
골짜기접기선
순서 24 골짜기접기선의
끝에서 산접기선을
만들어 접는다.
26
뒤로 접는다.
27
반대쪽도 순서 18~26과
같은 방법으로 접는다.
28
A
B
C
△ABC를 함몰접기한다.
다른 쪽도
같은 방법으로 접는다.
28-1
A
B
D
C
A–B와 A–D, B–D를
산접기선으로 만든다.
28-2
A
B
D
△ABD에 골짜기접기선 세 개를
만들어 접는다.
29
여기까지
기초접기
안쪽 가운데 부분을
함몰접기한다.
숨은 산
29-1
가운데의 산접기선을 누른다.
29-2
누른 것을 위에서 본 모습
30
밖으로 뒤집어접기
풀먹이기 시작
31
산
다른 쪽도
같은 방법으로 접는다.

32 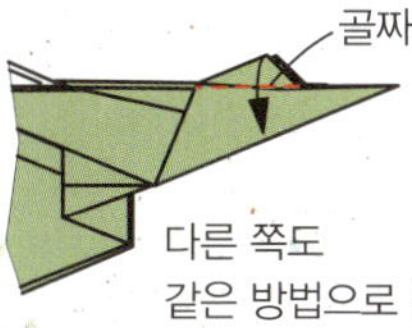
골짜기
다른 쪽도
같은 방법으로 접는다.

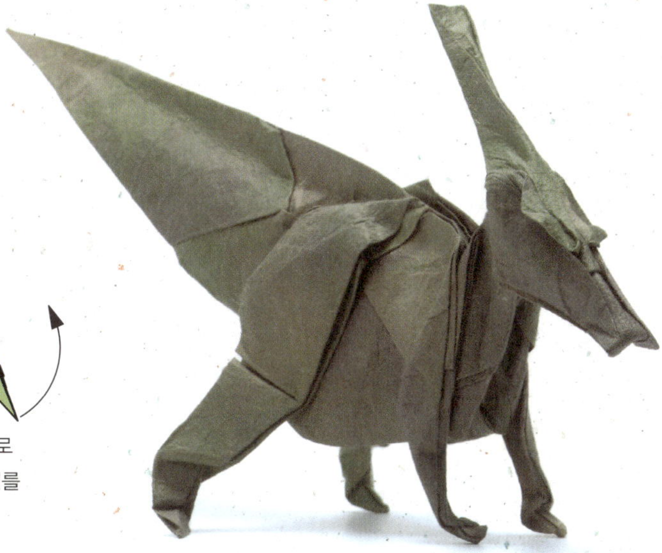

33
숙여접기 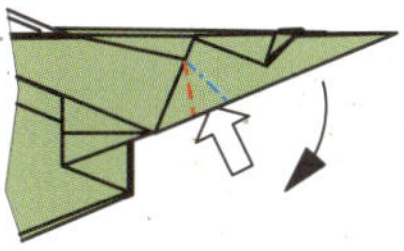

34 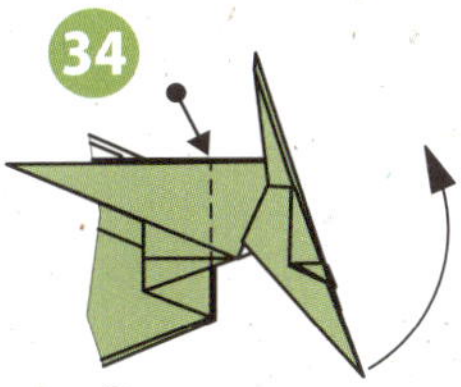
를 중심으로
머리와 앞다리를
회전시킨다.

35
산

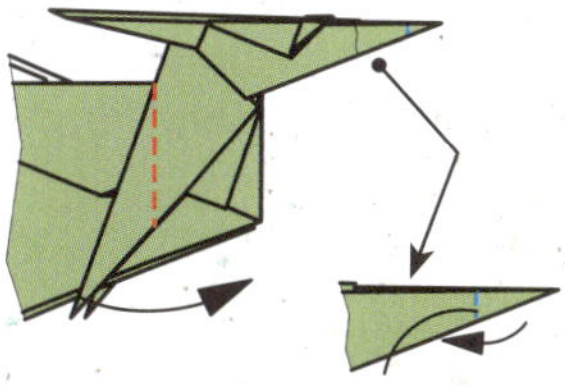

36

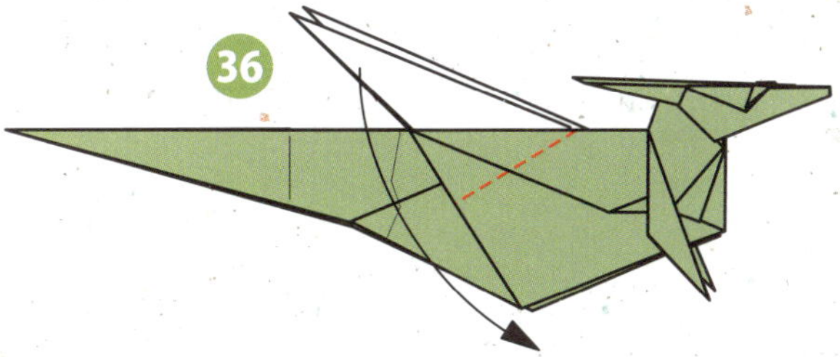

37 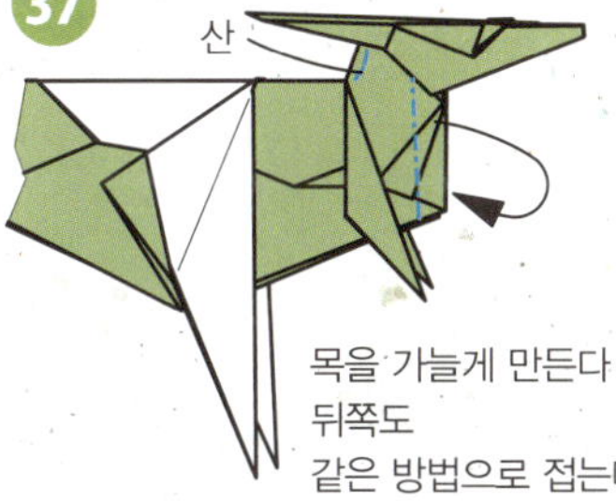
산
목을 가늘게 만든다.
뒤쪽도
같은 방법으로 접는다.

38 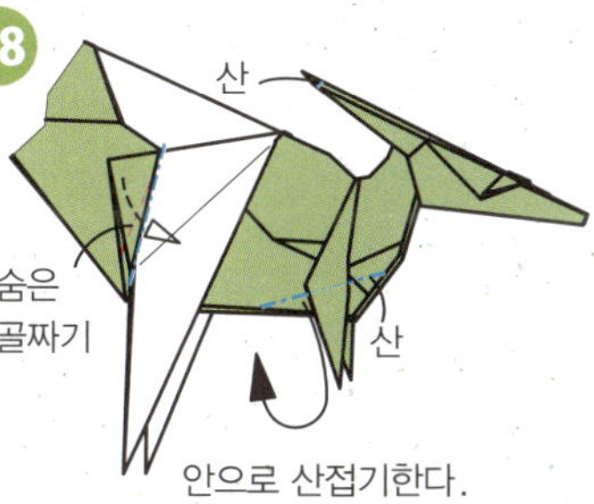
산
숨은
골짜기
산
안으로 산접기한다.
돌출된 관의 끝은 산접기를 한다.
다른 쪽도 같은 방법으로 접는다.

39 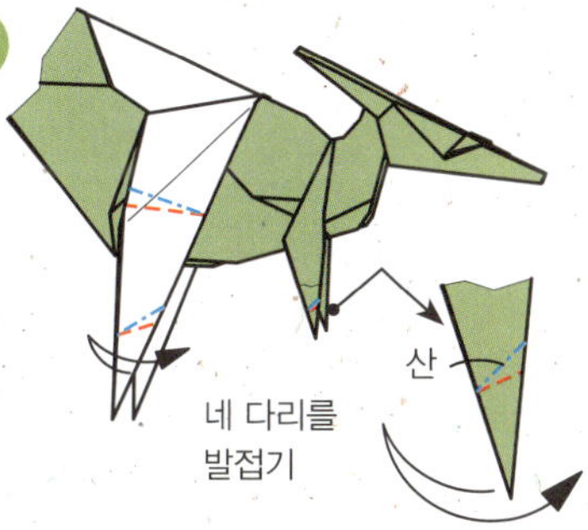
산
네 다리를
발접기

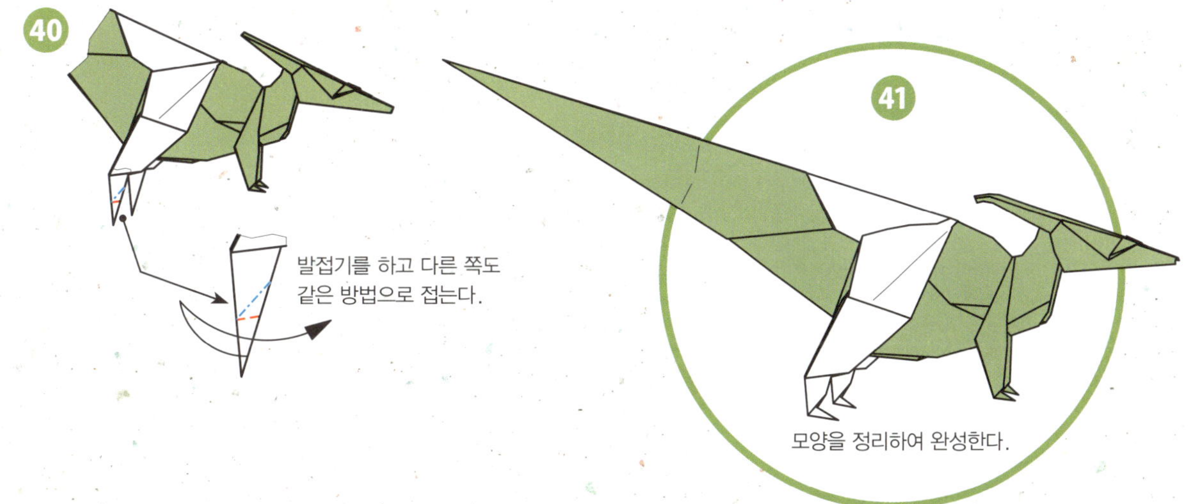

놀라운 리얼 종이접기 3

초판 1쇄 발행 | 2017년 9월 20일
초판 9쇄 발행 | 2026년 1월 5일

지은이 | 후쿠이 히사오
옮긴이 | 민성원
감수자 | 오경란

발행인 | 김기중
주간 | 신선영
편집 | 민성원, 백수연
경영지원 | 홍운선

펴낸곳 | 도서출판 에밀
주소 | 서울특별시 영등포구 당산로41길 11, E동 1410호 (07217)
전화 | 02-3141-8301
팩스 | 02-3141-8303
이메일 | info@theforestbook.co.kr
페이스북 | @forestbookwithu
인스타그램 | @theforest_book
출판등록 | 2012년 10월 10일 제2025-000115호

ISBN | 979-11-86706-06-0 (13630)